SIX BATTERIES OF CHANGE

Tweede druk: februari 2018
Derde druk: januari 2019
Vierde druk: oktober 2019

D/2017/45/513 – ISBN 978 94 014 4718 8 – NUR 801

Vormgeving omslag & binnenwerk: Gert Degrande | De Witlofcompagnie

Uitgeverij LannooCampus maakt deel uit van Lannoo Uitgeverij,
de boeken- en multimediadivisie van Uitgeverij Lannoo nv.

Uitgeverij LannooCampus
Vaartkom 41
3000 Leuven
België
www.lannoocampus.be

Postbus 23202
1100 DS Amsterdam
Nederland
www.lannoocampus.nl

PETER DE PRINS GEERT LETENS KURT VERWEIRE

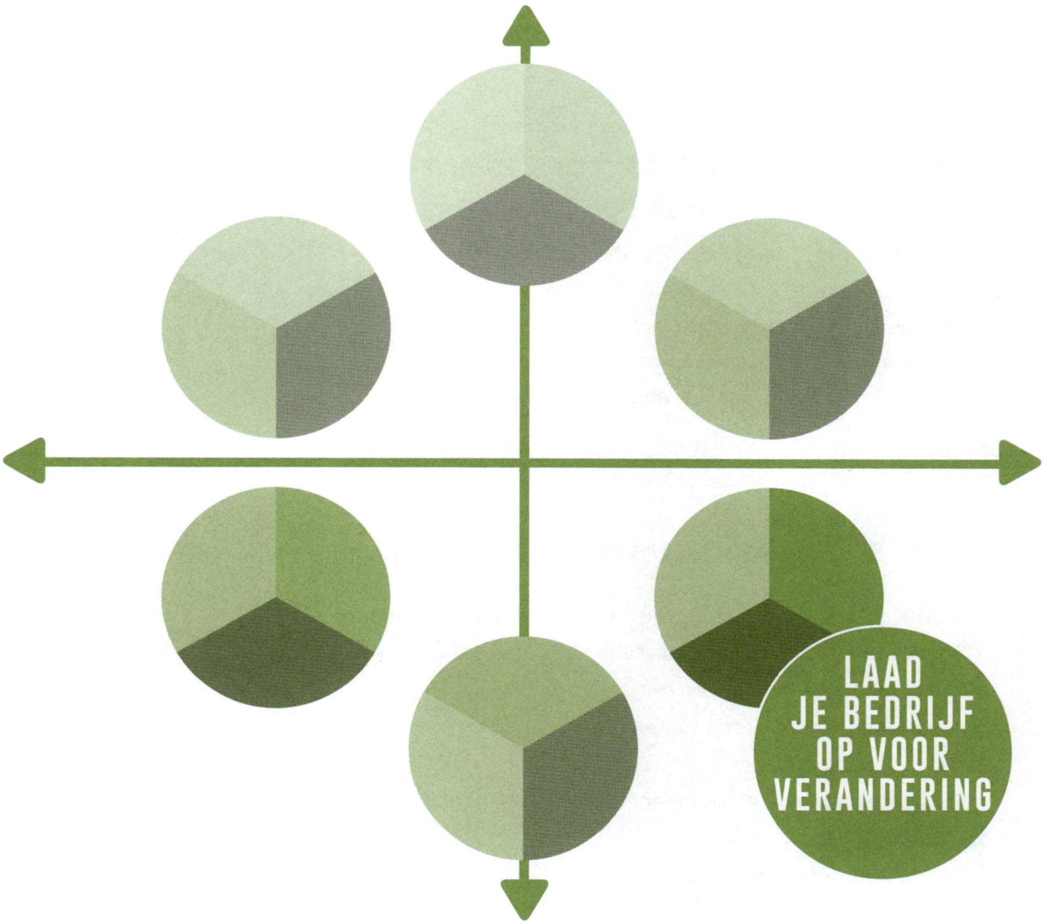

SIX BATTERIES OF CHANGE

LANNOO CAMPUS

INHOUD

Hoofdstuk **1** **EEN INLEIDING OP DE ZES BATTERIJEN VAN VERANDERING** | De bronnen van organisatie-energie **9**

Spark for reflection: De dominantie van Team Sky **11**
Een nieuw model voor verandering? Echt? 12
Energie als de voornaamste motor voor verandering 14
Zes bronnen van organisatie-energie 16
Nieuwe inzichten in veranderingsmanagement 26
De mythische 70 procent 28
Hoe lees je dit boek? 29

Hoofdstuk **2** **EEN AMBITIEUS TOPTEAM** | De spirituele energie **31**

QUICK SCAN | Hoe goed is jouw topteam-batterij opgeladen? 33
Spark for reflection: Het leiderschap van Marissa Mayer bij Yahoo **34**
Topteam: eenheid is kracht, eenheid is energie 35
Kenmerken van een lege topteam-batterij 35
Overzicht van ontladers 40
De topteam-batterij en de effectiviteit van de verandering:
Wat zegt ons onderzoek? 40
Hoe je topteam-batterij opladen? 42
KERNBOODSCHAPPEN VAN DIT HOOFDSTUK **56**

Hoofdstuk **3 EEN DUIDELIJKE STRATEGISCHE RICHTING |** De intellectuele energie **59**

QUICK SCAN | Hoe goed is jouw strategiebatterij opgeladen? 61

Spark for reflection: Newells hemelse deal 62

De rol van strategie in verandering 63

Kenmerken van een lege strategiebatterij 64

Overzicht van ontladers 69

De strategiebatterij en de effectiviteit van de verandering: Wat zegt ons onderzoek? 69

Hoe je strategiebatterij opladen? 71

KERNBOODSCHAPPEN VAN DIT HOOFDSTUK **88**

Hoofdstuk **4 EEN KRACHTIGE MANAGEMENTINFRASTRUCTUUR |** De systemische energie **91**

QUICK SCAN | Hoe goed is jouw managementinfrastructuur-batterij opgeladen? 93

Spark for reflection: Hoe een marktleider 'het' verloor 94

Verandering en managementinfrastructuur 95

Kenmerken van een lege infrastructuurbatterij 95

Overzicht van ontladers 100

Een krachtige managementinfrastructuur voor verandering en de effectiviteit van de verandering: Wat zegt ons onderzoek? 100

Hoe je managementinfrastructuur-batterij opladen? 102

KERNBOODSCHAPPEN VAN DIT HOOFDSTUK **118**

Hoofdstuk **5 EEN GEZONDE CULTUUR |** De sociale energie **121**

QUICK SCAN | Hoe goed is jouw cultuurbatterij opgeladen? 123

Spark for reflection: Wie heeft Nokia vermoord? Nokia! 124

Lessen trekken uit Baywatch 125

Kenmerken van een lege cultuurbatterij 126

Overzicht van ontladers 130

De cultuurbatterij en veranderingseffectiviteit: Wat zegt ons onderzoek? 131

Hoe jouw cultuurbatterij opladen? 132

KERNBOODSCHAPPEN VAN DIT HOOFDSTUK **150**

Hoofdstuk **6** **DUIDELIJKE ACTIEPLANNING EN IMPLEMENTATIE** I De fysieke energie **153**

QUICK SCAN I Hoe goed is jouw actieplanning en implementatie-batterij opgeladen 155

Spark for reflection: FoxMeyers mislukte ERP implementatie **156**

De rol van actieplanning en implementatie in verandering 157

Kenmerken van een lege actieplanning en implementatie-batterij 158

Overzicht van ontladers 160

De implementatie-batterij en veranderingseffectiviteit: Wat zegt ons onderzoek? 161

Hoe jouw actieplanning en implementatie-batterij opladen? 162

KERNBOODSCHAPPEN VAN DIT HOOFDSTUK **176**

Hoofdstuk **7** **EEN STERKE BAND MET WERNEMERS** I De psychologische energie **179**

QUICK SCAN I Hoe goed is jouw verbindingsbatterij opgeladen 181

Spark for reflection: ING verandert veranderingsmanagement **182**

De rol van een sterke band met werknemers in veranderingsmanagement 183

Kenmerken van een lege verbindingsbatterij 183

Overzicht van ontladers 188

De verbindingsbatterij en veranderingseffectiviteit: Wat zegt ons onderzoek? 189

Hoe kan je jouw verbindingsbatterij opladen? 190

KERNBOODSCHAPPEN VAN DIT HOOFDSTUK **211**

Hoofdstuk **8** **ALLES SAMENGEBRACHT** I Een globale energie-snapshot van je organisatie **213**

Analyseer je energiebronnen en energievreters 215

Analyseer jouw verandergingspathologie 218

Analyseer jouw veranderingscontext en geschiedenis 234

KERNBOODSCHAPPEN VAN DIT HOOFDSTUK **238**

Hoofdstuk **9 PRINCIPES VAN ENERGIEDESIGN** | Van analyse tot interventie **239**
Evenwicht 241
Flow 255
KERNBOODSCHAPPEN VAN DIT HOOFDSTUK **268**

Hoofdstuk **10 VERANDERINGSENERGIE BOOSTEN** | Je veranderingsarchitectuur ontwerpen **269**
Wat is de ambitie van jouw veranderingsprogramma? 271
Een veranderingsarchitectuur ontwerpen om energie te boosten 274
Een voorbeeld van een energiebooster: Hoe KBC zich klaarstoomt voor het digitale tijdperk 285
EINDCONCLUSIE **292**

FIGUREN 294
EINDNOTEN 296
QUOTES 300

EEN INLEIDING OP DE ZES BATTERIJEN VAN VERANDERING

De bronnen van organisatie-energie

Kernvragen

Wat is organisatie-energie en waarom is ze de sleutel tot succesvolle verandering?

Waarom zou ons integratief, inclusief model van de zes batterijen beter werken dan de traditionele veranderings-modellen?

70 procent van de veranderings-programma's mislukken. Klopt dat?

Hoe implementeren bedrijven verandering in snel evoluerende tijden?

Spark for reflection: De dominantie van Team Sky

Wielrenner Bradley Wiggins keek door het raampje van zijn privéjet, toen die de Franse kustlijn achter zich liet en richting Engeland vloog. In het gezelschap van zijn vrouw en twee kinderen, en van de manager van Team Sky, Sir Dave Brailsford, keerde hij terug naar huis voor de laatste etappes van zijn voorbereiding op de Olympische Zomerspelen van 2012. Over 10 dagen zou hij voor het goud strijden in de individuele tijdrit. Wiggins keek terug op wat een ongelooflijk jaar was geweest voor hem en voor Team Sky. Hij had drie belangrijke rittenkoersen gewonnen en een paar uur eerder had hij nog op het podium gestaan als winnaar van de Tour de France, de meest prestigieuze wielerwedstrijd ter wereld.

Team Sky was een relatieve nieuwkomer in het wielerpeloton. De ploeg werd amper 3 jaar eerder opgericht door Brailsford, die zijn strepen had verdiend in Beijing 2008. Groot-Brittannië haalde er acht gouden medailles – een unieke prestatie in de geschiedenis van het Britse wielrennen. Zijn doel, toen hij Team Sky oprichtte? De eerste Britse winnaar van de Tour de France afleveren. Missie geslaagd!

Brailsford had in het wielrennen een wetenschappelijke aanpak geïntroduceerd die zorgde voor fenomenale successen. Samen met zijn equipe had Brailsford elk aspect van het wielrennen tot in het kleinste detail onderzocht, op zoek naar mogelijke verbetering. Het cumulatief effect van deze kleine winsten leverde de ploeg een significant voordeel op ten opzichte van de concurrentie. Team Sky had aspecten zoals training, uitrusting, prestatiemanagement, psychologische begeleiding, voeding en racetactiek grondig herdacht en er hard aan gewerkt.

De ploeg had bovendien ook een speciale cultuur en band tussen zijn renners gesmeed. Het team voorzag in individuele psychologische ondersteuning en hielp renners om met hun emotionele uitdagingen en angsten om te gaan.

Na amper 3 jaar intensief en hard werken, leverden hun inspanningen al het verhoopte resultaat op. Wiggins besefte dat hij en Team Sky een bijna perfecte beheersing van de meest complexe alchemie van de sport hadden tentoongespreid: het onweerstaanbare amalgaam van teamwerk en individuele inspanning...[1]

Een nieuw model voor verandering? Echt?

Een organisatie weer op de rails krijgen en/of haar koers veranderen is altijd uitdagend. Managers proberen een nieuwe wind door hun bedrijf te laten waaien, maar de meesten slagen er niet in de strategische doelen te realiseren die ze voor zichzelf hadden bepaald. En dat is verwonderlijk, want er is zoveel hulp beschikbaar, waaronder duizenden boeken die nuttig advies bieden en talrijke consultants die gespecialiseerd zijn in change management.

Verschillende traditionele succesrecepten hebben echter veel van hun waarde verloren, nu bedrijven moeten opereren in steeds turbulentere omgevingen. John Kotter, een Harvard Business School autoriteit op het vlak van verandering en bedenker van het befaamde *Eight-Step Model For Leading Change*, erkent dit. De traditionele veranderingsinstrumenten zijn maar tot op bepaalde hoogte in staat om tactische en strategische kwesties aan te pakken in een snel evoluerende wereld. Met name als het duidelijk is dat je lineair van punt A naar een welbepaald punt B moet gaan en de afstand tussen beide punten niet enorm is.[2]

Die lineaire wereld is er evenwel niet meer. Met dat inzicht wordt het riskant om verandering te zien als een puur top-down, sequentieel proces. Zoals Figuur 1 suggereert, is het niet langer alleen het team aan de top dat dicteert wat er moet gebeuren; heel wat betekenisvolle activiteit vindt plaats aan de *basis*. Managers en werknemers op alle niveaus experimenteren en hun orders en instructies zijn in toenemende mate ambigu. Hedendaagse bedrijven moeten van verschillende markten thuis zijn: ze moeten *efficiënt* zijn in het managen van de business van vandaag maar worden geacht zich ook *aan te passen* aan de eisen van morgen.

De sequentiële, lineaire benadering heeft de neiging om het managen van verandering in de eerste plaats te bekijken als een *rationeel* proces, daarbij voorbijgaand aan het belang van de *emotionele* kant. Bij het succesvol implementeren van of omgaan met verandering gaat het echter voornamelijk over het beïnvloeden en overtuigen van mensen. Hedendaagse werknemers hebben immers de neiging om zich *niet* zomaar te schikken naar de rationele argumenten en orders van de topmanagers. Verandering is veel onvoorspelbaarder dan we vaak aannemen.

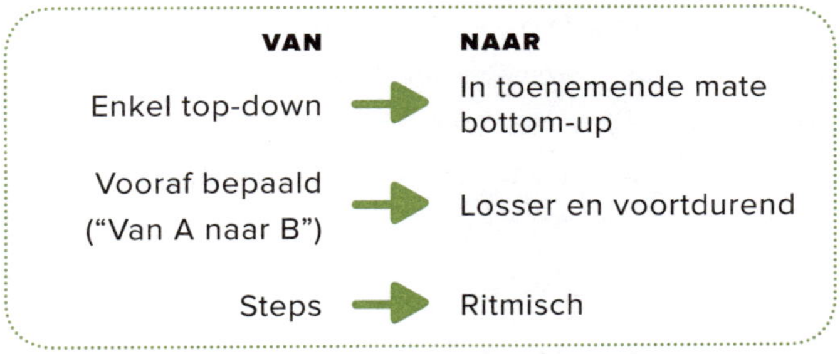

Figuur 1 • Nieuwe benaderingen van veranderingsmanagement

Een nieuw veranderingsmodel moet rekening houden met deze evolutie in het denken over verandering. Een hedendaags en relevant veranderingsmodel moet *inclusief* zijn.

- Het preciseert de rollen van zowel het top- en middenkader als van de werknemers in het veranderingsproces.
- Het toont aan hoe de inspanningen van zowel het topkader als van de werknemers op de lagere niveaus bijdragen tot effectieve verandering.

Daarnaast moet het nieuwe veranderingsmodel ook *integratief* zijn.

- Het verzoent de rationele en de emotionele aspecten van verandering.
- Het laat een voortdurende verandering toe, veeleer dan een voor-eens-en-voor-altijd benadering van verandering.

We moeten de lineaire en sequentiële benadering van verandering vervangen door een benadering waarbij we ritmisch en holistisch denken in plaats van stapsgewijs. Managers moeten hun veranderingsinspanningen en -processen voortdurend evalueren en bijsturen in functie van de wijzigende omstandigheden.

Op de Vlerick Business School hebben we zo'n model ontwikkeld, in samenwerking met de Koninklijke Militaire School van België. Wij, de auteurs van dit boek, allen met een verschillende academische achtergrond, hebben samen gezeten met veranderingsconsultant Carel Boers die verschillende bedrijfstransformaties heeft begeleid. Onze discussie over de veranderingsmodellen van vandaag leidde tot een opmerkelijke diversiteit aan perspectieven over verschillende veranderingscases. Ieder van ons legde zijn eigen inzichten op tafel. Het meest waardevolle van dit boek, zeker voor corporate managers, is dan ook de integratie van onze ideeën in wat volgt.

Energie als de voornaamste motor voor verandering

Het uitgangspunt van ons veranderingsmodel is dat een effectieve verandering begint bij het managen van de organisatie-energie. Als we kijken naar de geschiedenis van veranderingsinspanningen binnen organisaties, kunnen we concluderen dat de meest voorkomende reden waarom bedrijfsleiders er niet in slagen hun vooropgestelde doel te bereiken, ligt in het feit dat hun veranderingsinspanningen zonder energie komen te zitten... Ze doven als het ware zachtjes uit. Leiders die erin slagen de positieve energie die in de bedrijfscultuur en in hun mensen opborrelt, in te zetten voor verandering, en deze energie de vrije loop te laten met het oog op het verwezenlijken van organisatiedoelstellingen, bereiken typisch betere resultaten. Energie opbouwen en behouden om verandering op lange termijn te realiseren is de basisvereiste voor leiders met ambities op het vlak van verandering.

Daar waar het concept van energie verbazingwekkend weinig aan bod komt in de zakelijke pers vinden we in de bedrijfswereld wel verschillende voorbeelden die van het belang ervan getuigen. Southwest Airlines, Apple, Google, Haier, IKEA, ... zijn stuk voor stuk ambitieuze, vitale en veerkrachtige bedrijven, die erom bekend staan innovatief en ondernemend te zijn. Ze positioneren zich met succesvolle producten en diensten op de markt, en worden aangedreven door passionele, positieve en dynamische medewerkers. Deze bedrijven bruisen van de energie; ze zijn '*energized*'. Wat een contrast met lage-energie bedrijven, veelal getypeerd door een gebrek aan uitdaging, gemiste kansen, verspilling van talent, cynisme en frustratie, en met middelmatigheid als norm.[3]

Energie is ook een belangrijk kenmerk van groot leiderschap. Effectieve leiders zijn in staat om de energie van hun mensen te gebruiken om er een betere toekomst mee te creëren. Managementschrijver Peter Drucker beweerde: "Je eerste en omvangrijkste taak als leider is te zorgen voor je eigen energie en daarna te helpen om de energie van de mensen rondom jou te orkestreren." Tony Schwartz en Jim Loehr, auteurs van *The Power of Full Engagement*, deelden zijn visie hierop: "In de eerste plaats is een leider de 'Chief Energy Officer'. Leiders zijn de stewards van de organisatie-energie; ze zetten de energie van alle verbonden cellen in ten dienste van de bedrijfsmissie." [4]

Maar de energie van de leider alleen volstaat niet om grootse resultaten te bereiken. De volledige organisatie moet opgeladen zijn om een succesvolle verandering door te voeren of een baanbrekende prestatie te leveren; met andere woorden, er is *organisatie-energie* nodig om dit te doen.

Organisatie-energie kan gedefinieerd worden als "*de mate waarin een organisatie haar emotioneel, cognitief en gedragspotentieel heeft gemobiliseerd om haar doelen na te streven*". [5]

- De *emotionele* component is de mate waarin mensen gepassioneerd en enthousiast streven naar het verwezenlijken van de bedrijfsdoelstellingen.

- De *cognitieve* component verwijst naar de capaciteit om alert te zijn voor en creatief om te gaan met nieuwe opportuniteiten of bedreigingen.

- De *gedragscomponent* is de mate waarin werknemers net dat beetje extra willen doen of tot het uiterste willen gaan om gedeelde doelstellingen te realiseren.

De organisatie-energie van een bedrijf is een collectieve, dynamische kracht die veel sterker is dan de som van de individuele krachten of persoonlijke motivatie. De intensiteit van de energie verschilt van bedrijf tot bedrijf; sommige organisaties hebben een sterke collectieve kracht, andere hebben dit dan weer nauwelijks. Bedrijven met een hoog energiepeil hebben al hun medewerkers gemobiliseerd om samen te werken om grootse resultaten te realiseren. Bedrijven met een laag energiepeil ontbreekt het aan dergelijke energie. Hun medewerkers voelen zich emotioneel wellicht ver verwijderd van de bedrijfsdoelstellingen of ervaren weinig spanning of hoop. Ze bevinden zich in "slaaptoestand", en berusten in de status quo. Ze missen de vitaliteit en de ambitie om te verbeteren of iets nieuws of iets anders te willen bereiken. [6]

Energie kan echter zowel positief als negatief zijn. Een hoog energiepeil is niet noodzakelijk altijd beter. Sommige organisaties hebben een hoog energiepeil maar zetten de energie in op een destructieve manier: werknemers en managers hebben interne conflicten, de marketing ligt overhoop met de productontwikkeling of de verkoop staat op gespannen voet met 'operations'. Er wordt intern veel energie verspild. De medewerkers zijn overweldigd door projecten die niet duidelijk worden gedefinieerd, niet voldoende doelgericht zijn of waarvoor de juiste resources ontbreken. Andere organisaties verliezen dan weer energie wanneer hun strategische projecten er niet in slagen de werknemers te inspireren. In zo'n geval worden nieuwe projecten met scepticisme ontvangen, gaan de medewerkers in tegen de nieuwe strategische richting of vertonen ze weerstand tegen het aannemen van de zogenaamde 'best practices'.

Het is belangrijk om *energie* te creëren die *gekanaliseerd wordt in een doelgerichte actie*. Alleen dan is een hoog energiepeil ook effectief productief en zal het winst opleveren voor de organisatie.

Ook al is organisatie-energie nog een opkomend concept in de academische en zakelijke literatuur, het is al aangetoond dat productieve energie positief correleert met de bedrijfsresultaten. Productieve energie heeft een impact op het rendement en de productiviteit en heeft een significant effect op klantgetrouwheid en medewerkersbetrokkenheid.[7] Ons onderzoek bevestigt dat *de energie van vandaag de prestaties van morgen aandrijft*. Bedrijven met een hoog (productief) energiepeil presteren niet alleen beter, ze zijn ook beter in verandering.

Zes bronnen van organisatie-energie

De vaststelling dat organisatie-energie een kritische factor is in een succesvol aanpassingsproces bracht ons als vanzelf bij de volgende vragen: waarom hebben sommige bedrijven zo'n laag of negatief energiepeil, en wat zijn de oorzaken van energieverlies die strategische veranderingsprojecten doen mislukken? In ons onderzoek hebben we eerst verschillende bronnen van energieverlies in organisaties geïdentificeerd (zie Figuur 2). Vervolgens hebben we ze ingedeeld volgens betekenisvolle thema's die we de 'zes batterijen van verandering' zijn gaan noemen.

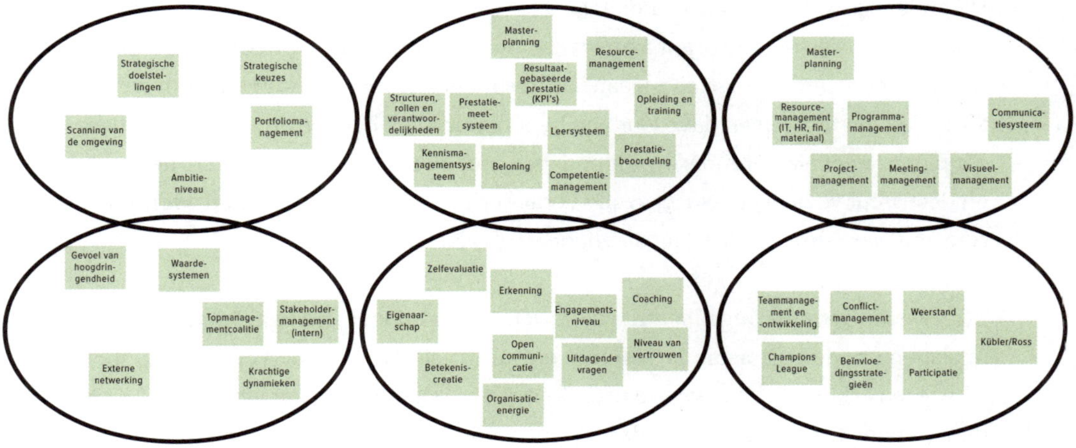

Figuur 2 • Bronnen van energieverlies bij verandering[8]

Deze thema's helpen ons te verklaren *waarom veranderingsinspanningen falen of slagen*. Als je erin slaagt deze 'batterijen' op te laden, genereren ze voldoende energie om het veranderingsproject in de juiste richting te laten bewegen. Veranderingsmanagement gaat over het managen van de batterijen van verandering.

Meer specifiek stellen we dat deze batterijen twee centrale veranderingsdilemma's waar managers tegenaan lopen, helpen te verklaren.

Het eerste is het *onderscheid tussen de top en de werkvloer*. Verandering wordt meestal geïnitieerd aan de top waar senior executives een visie voor hun organisatie creëren en strategische plannen bedenken om deze visie in de praktijk uit te werken. Het staat buiten kijf dat het belangrijk is zowel een doel als een plan te hebben. Veel veranderingsprojecten falen evenwel omdat er een kloof bestaat tussen de aankondigingen door het topmanagement enerzijds en de actieplannen op de werkvloer anderzijds.[9] Executives moeten zich ervan bewust zijn dat een plan voor verandering vaak vertaald wordt naar verschillende lokale initiatieven die op hun beurt gemanaged moeten worden door *local change agents*. In werkelijkheid stoppen bedrijfsleiders niet altijd voldoende energie in de vertaling van hun visie en blauwdrukken naar concrete acties die gelanceerd kunnen worden in de verschillende departementen en kleinere units van de organisatie. Omgekeerd slagen veel veranderingsprojecten er niet in om het operationele niveau te overstijgen.

Verandering wordt geïnitieerd op lokaal niveau, door enthousiaste individuen die het functioneren van de organisatie willen verbeteren, maar ze wordt nooit opgetild tot een meer strategisch niveau. Dit resulteert in veranderingsinitiatieven die lokaal blijven hangen en daardoor een beperkte impact hebben. In andere gevallen conflicteren lokale veranderingsinitiatieven met elkaar, wat leidt tot interne strijd en destructieve energie. Succesvolle verandering vraagt dan ook dat de verandering zowel op *strategisch* als op *operationeel* niveau plaatsvindt.

Een tweede veranderingsdilemma doet zich voor wanneer leidinggevenden er niet in slagen om de zogenaamde 'formele' en 'informele' kanten van verandering met elkaar te verbinden. Zo geven ze meer specifiek voorrang aan het rationele, eerder dan aan het emotionele. Veranderingsstrategieën, projectmanagement en veranderingsmanagementinfrastructuur moeten uiteraard solide zijn – dit is de hardware voor verandering. Maar zelfs de beste hardware kan niet functioneren zoals het hoort zonder adequate software – de mensen en cultuur van een organisatie.

Verschillende organisaties zijn te veel gefocust op het formele (rationele) aspect van verandering, ten koste van het informele (emotionele). Wij stellen dat beide even belangrijk zijn. In *The Happiness Hypothesis*,[10] illustreert Jonathan Haidt de strijd tussen emoties en rationaliteit aan de hand van een metafoor gebaseerd op de (fictieve) premisse dat olifanten van ijs houden. De olifantendrijvers symboliseren de rationaliteit van de geest en verwachten van punt A naar punt B te gaan. Het 6 ton wegende dier staat symbool voor de menselijke emoties. Als iemand langs jouw pad zou staan en je een ijsje voor de neus zou houden, zou je innerlijke olifant heel erg in de verleiding komen. Als olifantendrijver zou je vrij machteloos staan en niet veel kans maken de olifant in een andere richting dan in die van het ijsje te bewegen. De conclusie is dan ook dat de drijver een adviseur of een dienaar is, geen koning. De emoties van de olifant doen hem kiezen voor de kortetermijnbevrediging (het ijsje bemachtigen), en dit blokkeert tijdelijk het langetermijndoel om naar punt B te geraken. Anders gezegd moeten leidinggevenden zich bewust zijn van de emotionele aspecten van de organisatie. Ze moeten deze, vaak verborgen, dynamiek van een organisatieverandering beheersen om te slagen in hun opzet.[11]

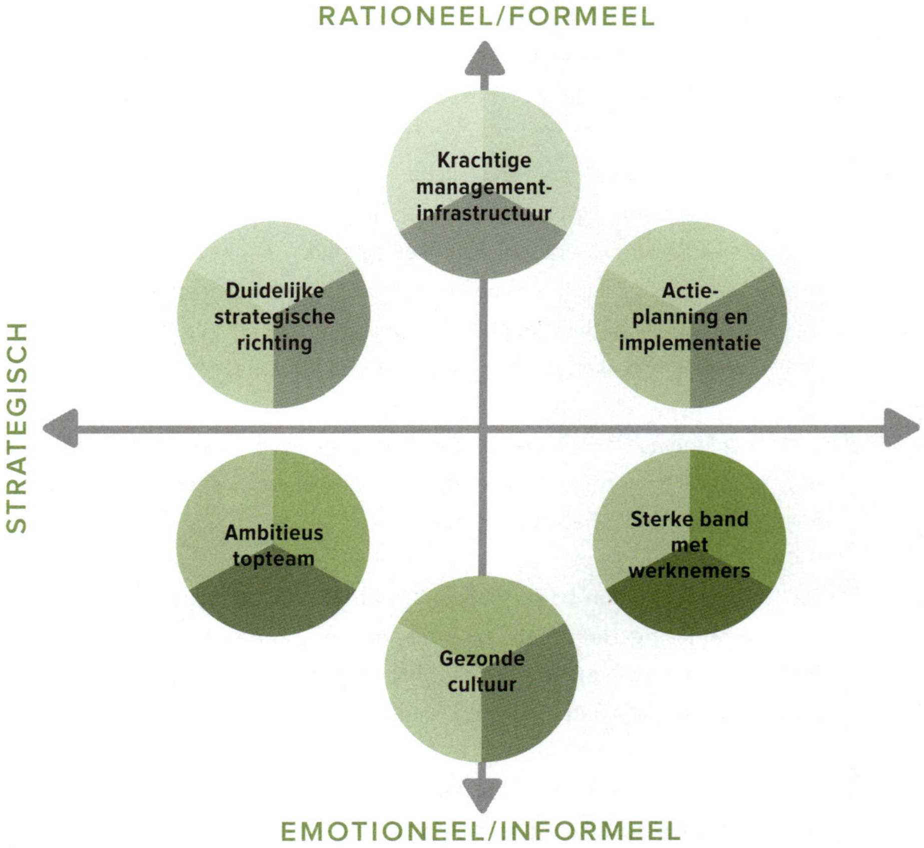

Figuur 3 • Het model van de zes batterijen

Het raamwerk in figuur 3 illustreert een ideaal evenwicht tussen het formele en het informele en het strategische en het operationele:

- De *'Duidelijke strategische richting' batterij* biedt focus en zorgt ervoor dat de veranderingsenergie in de juiste richting wordt gekanaliseerd.

- De *'Krachtige managementinfrastructuur' batterij* omvat de structuren en systemen die nodig zijn binnen de organisatie om het *runnen* en *opbouwen* van de business enerzijds en het *behouden* en *verbeteren* van het prestatieniveau anderzijds in balans te houden. Het is het energiecontrolesysteem dat de high-level strategie verbindt met de vele operationele projecten en processen die opgestart worden binnen de organisatie.

- De *'Actieplanning en implementatie' batterij* behelst project- en procesmanagement. Hier wordt energie omgezet in duidelijke klantenvoordelen of verbeterde organisatiecompetenties.

- De *'Ambitieus topteam'* batterij betreft het topteam dat energie genereert voor verandering. Het is een topequipe die goed aan elkaar hangt en die inspireert met visie en ambitie. Dit team legt passie, doelgerichtheid en inhoudelijk streven aan de dag en is een rolmodel voor verandering.

- De *'Gezonde cultuur' batterij* versterkt de veranderingsenergie door een open en transparante omgeving te creëren die mensen dichter bij elkaar brengt. Dit stimuleert de organisatie om haar doelen verder te stellen en te zoeken naar opportuniteiten voor de groei van zowel het individu als de organisatie.

- De *'Sterke band met de medewerkers' batterij* concentreert zich op de band met de mensen binnen de organisatie. Er kan geen organisatieverandering zijn zonder individuele verandering. Inspelen op de emoties van de werknemers vergroot geleidelijk aan hun verlangen en mogelijkheid om de verandering te omarmen en er zich volledig voor te engageren.

Elke batterij van verandering is op haar beurt gelinkt aan 6 energiedomeinen:[12]

- Een '*Duidelijke strategische richting*' is de bron van *intellectuele energie*. Ze is de keuze voor de richting die de organisatie uit wil, gebaseerd op analyses, inzichten, overpeinzingen en syntheses. Het is de energie die je genereert door je interne en externe omgeving te begrijpen, vooruit te kijken en de daaruit volgende strategische beslissingen te nemen.

- Een '*Krachtige managementinfrastructuur*' draagt bij tot de *systemische energie* van de organisatie. Deze energie vloeit voort uit de systemen, structuren en procedures van de organisatie die prioriteit geven aan veranderingsinspanningen en deze ook ondersteunen door hen voortdurend te verbeteren. Het gaat over het uitzoeken hoe je meer uit het geheel kan halen dan uit de verschillende delen.

- '*Actieplanning en implementatie*' verschaft *fysieke energie*. Zij is de motor om dingen te laten gebeuren, dankzij gedegen data-analyse en doordacht experimenteren die de beste weg vooruit identificeren. Het gaat hierbij ook over het zichtbaar maken van vooruitgang en de vitaliteit die dit creëert. Hierin ligt de kinetische kracht voor verandering vervat.

- Een '*Ambitieus topteam*' vormt de kiem voor *spirituele energie*. Het gaat hierbij om het engagement van de bedrijfsleiders om een gemeenschappelijke visie uit te bouwen en vertrouwen te creëren in een onweerstaanbare en betekenisvolle ambitie.

- Een '*Gezonde cultuur*' levert *sociale energie*. Dat is de energie die mensen halen uit positieve relaties met anderen, hun wij-gevoel in plaats van hun ik-gevoel en hun gezamenlijke zoektocht naar de overwinning.

- Een '*Sterke band met de medewerkers*' genereert *psychologische energie* of het vertrouwen onder werknemers en leidinggevenden, en de moed om de verandering te omarmen. Zij geeft een gevoel van veiligheid en ondersteuning bij het bewerkstelligen van veranderingen die zich uiteindelijk vertalen in een geloof in de kracht van 'zichzelf', het 'team' en de 'organisatie'.

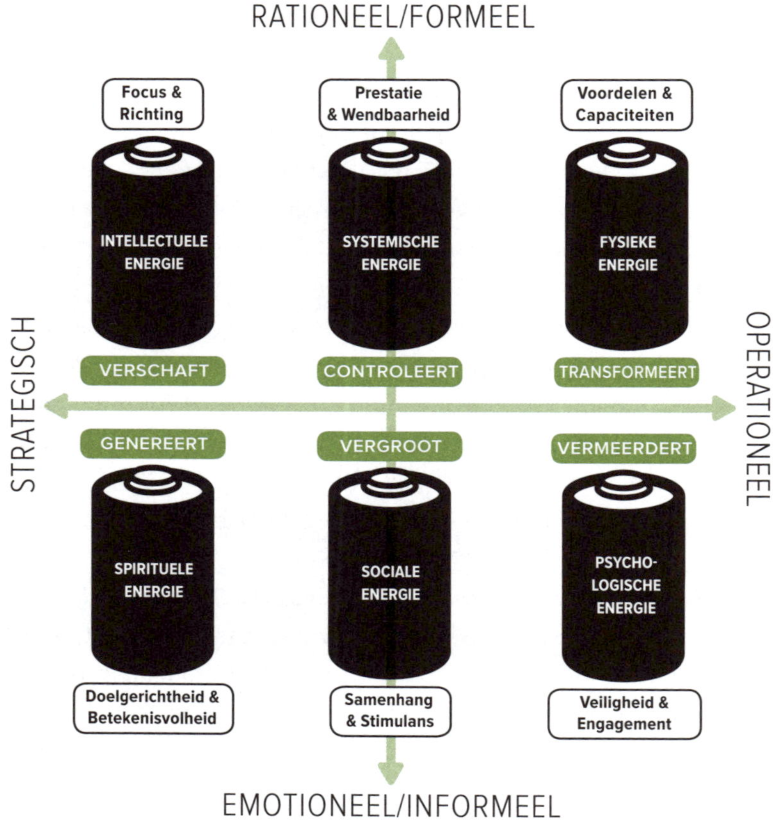

Figuur 4 • De zes batterijen en hun ermee geassocieerde energietypes

ACHTERGROND SNAPSHOT: ACHTER DE SCHERMEN VAN ONS ONDERZOEK

Wij, drie academici en een veranderingsmanager, startten met dit onderzoeksproject in de winter van 2012. Vanuit onze verschillende achtergronden hadden we allen regelmatig contact met de zakenwereld – of het nu als docent, consultant of businessmanager was. Wat ons samen bracht, was het besef dat we allen vanuit een veel te gefragmenteerd perspectief naar verandering keken. Door onze ideeën samen te brengen, geloofden we dat we iets waardevoller konden bijdragen.

Toen we ons batterijmodel ontwikkelden in 2014, stelden we het voor aan honderden managers, in gesprekken, in onze lessen en in onze consultancy meetings. We kregen positieve feedback: het model was eenvoudig, maar niet simplistisch. Het hielp managers om de blinde vlekken in hun benadering van verandering te ontdekken. Heel vaak deelden ze voorbeelden van hoe ze bepaalde veranderingsproblemen hadden aangepakt. We begonnen deze cases vervolgens te documenteren om aan te tonen hoe de batterijen voor verandering gebruikt konden worden om succesvolle verandering te verklaren.

In 2016 beseften we dat het tijd was om empirisch te valideren dat het concept van organisatie-energie effectief gelinkt was aan het succes en de effectiviteit van verandering. We benaderden managers die reeds kennis hadden gemaakt met het batterijmodel en vroegen hen en hun leidinggevende collega's een vragenlijst in te vullen. We verzamelden informatie bij 112 bedrijven: dochterondernemingen van bekende internationale bedrijven, zoals Medtronic, Merck, Yusen, KBC en ING, en vele kleinere firma's. Het betrof bedrijven uit verschillende sectoren, waaronder het bouwbedrijf, financiële diensten, logistiek, automobielindustrie, postdiensten, technologie en andere professionele diensten. We verzamelden informatie over hun batterijen van verandering, maar ook over de kenmerken van hun veranderingsprojecten en de effectiviteit van de veranderingsweg die ze hadden afgelegd. Sommige projecten bijvoorbeeld zorgden ervoor dat bedrijven hun prestaties konden verbeteren. Andere veranderingsprojecten hielpen bedrijven om zich klaar te stomen voor een digitale wereld. Met sommige van de bedrijven uit de steekproef organiseerden we bovendien ook follow-up vergaderingen om de bevindingen en de validiteit van de resultaten te bespreken.

TEAM SKY EN DE BATTERIJEN VOOR VERANDERING

Net zoals in de meeste sporten, gaat succesvol zijn in het wielrennen over meer dan enkel het aantrekken en goed betalen van een hoop topatleten. Ons batterijmodel helpt om beter te begrijpen waarom Team Sky er de voorbije jaren in is geslaagd zo'n opmerkelijke reeks successen aan elkaar te rijgen.

Sir David Brailsford had een inspirerende en motiverende ambitie voor Team Sky: binnen de 5 jaar een Britse winnaar van de Tour de France afleveren. Vervolgens ging Brailsford een stapje verder in een door dopingschandalen bezoedelde sport: hij voegde eraan toe dat hij een zuivere (dopingvrije) winnaar wilde. Hij trok niet enkel geweldige renners aan, maar ook topexperten op het vlak van sport, zoals Rod Ellingworth, Tim Kerrison en Steve Peters, om zich achter die ambitie te scharen. Hij bouwde met andere woorden een *ambitieus topteam* uit dat naar de realisatie van die gedeelde ambitie zou toewerken.

Na een desastreuze Tour de France in 2010 analyseerde Team Sky waar het verkeerd was gegaan. Ze kwamen tot de conclusie dat Bradley Wiggins en zijn ploeg een andere strategie nodig hadden, een strategisch plan dat radicaal zou breken met de traditie van het wielrennen. Kerrison was het brein achter deze nieuwe strategie: intensieve training op hoogte en omgekeerde periodisering – minder koersen, meer trainen. Deze aanpak zette de hele idee van een geleidelijke opbouw naar de Tour op z'n kop. In de wedstrijden koerste Team Sky op een defensieve manier, zeker in de bergetappes. Zo werden Wiggins sterktes als tijdrijder maximaal benut en deze tactiek liet hem toe om de versnelling van de topklimmers van het peloton beter aan te kunnen. Team Sky's *strategie* was duidelijk voor iedereen binnen de organisatie.

Maar zonder actie blijft een strategie bij puur dagdromen. Team Sky had een overzicht van hun actieportfolio en een solide prestatiemanagementsysteem nodig om de vooruitgang van de verschillende acties bij te houden. Het principe van het cumuleren van marginale voordelen bundelde alle inspanningen van Team Sky om hun droom te laten uitkomen. Brailsford en zijn equipe voerden prestatie- en trainingsprogramma's in, besteedden aandacht aan voeding en introduceerden technologische vernieuwingen om een boost te geven aan de rennersprestaties. Daarnaast namen ze nog verschillende andere initiatieven. Het groeperen van al deze acties werd een programma op zich, dat gecontroleerd en doorgelicht moest worden. (Net zoals een strategiekaart alle activiteiten groepeert, was dit een programma voor alle bewegingen van Team Sky.) Team Sky ontwikkelde met andere woorden een *krachtige managementinfrastructuur* om de strategie in resultaten om te zetten. Ellingworth,

Sky's prestatiemanager, was verantwoordelijk voor de registratie van wat iedereen deed en voor de controle van hoe ze dat deden. Iedereen engageerde zich ook om lessen te trekken uit de opgedane ervaringen.

Ellingworth en Kerrison ontwikkelden een interne communicatiestrategie, wat noodzakelijk is (ook al wordt het vaak verwaarloosd) als je team verspreid zit over heel Europa. Het duo voerde ook een geavanceerd systeem voor planning en logistiek in.[13] Of het nu een renner of een staflid betrof, ieder individu binnen de organisatie had een duidelijk beeld van de verschillende rollen en verantwoordelijkheden, van de structuur en de tactiek – een rigoureuze toepassing van *actieplanning en implementatie*.

Het is belangrijk hierbij op te merken dat de toepassing van het principe van de minimale voordelen ook een cultureel iets was. In een interview in *Harvard Business Review* lichtte Brailsford toe: "Misschien is het krachtigste voordeel [van de minimale voordelen] wel dat het een aanstekelijk enthousiasme met zich meebrengt. Iedereen gaat op zoek naar manieren om te verbeteren. Mensen willen opportuniteiten identificeren en ze delen met de groep. Ons team werd een heel positieve plek om te vertoeven. Met dien verstande dat de hele minimale-voordelen-aanpak niet werkt als je slechts de helft van het team aan boord hebt. In dat geval zal de zoektocht naar kleine verbeteringen wrevel met zich meebrengen. Als iedereen zich engageert, verdwijnt naar mijn gevoel de angst om eruit gepikt te worden – er ontstaat een wederzijds verantwoordelijkheidsgevoel, dat de basis vormt voor fantastisch teamwerk."[14] Zoals ook later aan bod zal komen, zijn teamwork, verantwoordelijkheidsgevoel en een sterke wil om er bovenuit te steken, sleutelelementen voor een *gezonde cultuur*.

Tot slot besefte Brailsford dat er meer nodig was dan een gezonde cultuur en topondersteuning. Hij koos ervoor om een aanzienlijk deel van de beschikbare tijd en resources in te zetten voor individuele coaching, en zo dus zwaar te investeren in de begeleiding van de atleten. Dit omvatte ook het gebruik van de beste technologie en het voorzien in psychologische bijstand door Peters, de psychiater van Team Sky. Meer specifiek leerde Peters Wiggins en de andere renners in het team om controle te krijgen over hun zogenaamde 'chimp', het emotionele en irrationele deel van de hersenen dat het leveren van topprestaties potentieel zou kunnen remmen. Geen enkel ander wielerteam investeerde zo zwaar in dit type coaching. Wellicht had dan ook geen enkel ander team een *sterkere band met zijn medewerkers* dan deze ploeg.

Uiteraard beschikte Team Sky over de middelen om in dit alles te investeren en het is duidelijk dat Wiggins toen, en Froome nu over een stel kampioenenbenen beschikken. We zijn er evenwel van overtuigd dat het meer dan enkel geld en sterren vergt om een succesvolle organisatie uit te bouwen. De zes batterijen voor verandering helpen te verklaren waarom Team Sky zo succesvol was en dat tot op de dag van vandaag is. Net zoals in andere succesrijke organisaties waarmee we hebben samengewerkt, geloven we dat hun succes grotendeels te danken is aan hun eigen ontwerp en niet aan het toeval. Dit team heeft consequent gebouwd aan een organisatie die voortdurend energie levert aan alle zes de batterijen voor verandering.

Nieuwe inzichten in veranderingsmanagement

Ons veranderingsmodel biedt nieuwe inzichten in hoe men verandering kan managen in snel evoluerende tijden. Ons model verschilt van andere veranderingsmodellen op de volgende manieren:

Verandering impliceert het kanaliseren van de energie doorheen de hele organisatie

Om je organisatie te veranderen, moet je de energie opwekken die nodig is om haar te verbeteren, die je in staat stelt om betere resultaten te bereiken voor je klanten. Die energie wek je op door *de 6 batterijen van verandering op te laden.*

Verandering is multidimensionaal

Het is belangrijk om een allesomvattend zicht op de energiestatus van je bedrijf te ontwikkelen. De zes batterijen, elk met hun eigen focus, helpen je een meer gedetailleerd en genuanceerd overzicht te verwerven van *het energiepeil van je organisatie.* Sommige betreffen het rationele en hebben impact op de formele kant ('de hardware') van de organisatie. Andere hebben betrekking op het informele en gaan over 'de software' van de organisatie. Enkele batterijen worden opgeladen aan de top; andere hebben te maken met eerder operationele zaken en worden opgeladen door lager geplaatste medewerkers, aan de basis van de organisatie.

Verandering is integratief

De batterijen zijn onderling verbonden en afhankelijk van elkaar. Ze ondersteunen of verzwakken elkaar: de energie of het gebrek aan energie in één batterij heeft impact op alle andere batterijen. Als je bijvoorbeeld nieuwe prestatie-initiatieven lanceert en er een gepaste managementinfrastructuur bij voorziet, zal je enkel geweldige resultaten bereiken als je organisatie ook een gezonde cultuur kent. Het volstaat niet om al je inspanningen te richten op het opladen van een enkele batterij. Het is compleet zinloos om twee jaar te werken aan een strategisch masterplan als je dat plan niet begint te vertalen naar concrete projecten, of als niet elk lid van het topteam achter de strategie staat. Voor een effectieve verandering moet je *een reeks van met elkaar verbonden batterijen opladen.*

Verandering is geen eenheidsworst

We geloven niet in het managen van verandering volgens een vastliggend stap-voor-stap model. Er is geen standaardbenadering om verandering aan te pakken. Organisaties verschillen in hoe hun batterijen zijn opgeladen. Bedrijven dragen een erfenis mee uit het verleden; ze hebben allemaal hun eigen *veranderingsgeschiedenis*. Managers moeten zich bewust zijn van welke batterijen energie leveren en welke energie vreten. De inhoud van je veranderingsprogramma en je veranderingsproces varieert naargelang het energiepeil van je zes batterijen. Waar ligt of wat is de motor voor je verandering? Dit verschilt van bedrijf tot bedrijf.

Verandering is inclusief

Succesvolle verandering is nooit het resultaat van een herculische inspanning van een enkele persoon. Het is van cruciaal belang dat iemand de verandering leidt, maar succesvolle verandering vereist ook dat je een kritische massa van veranderingsleiders opbouwt, op alle niveaus van de organisatie. Top-down verandering genereert geen langetermijnresultaten, een pure bottom-up verandering evenmin. Succesvolle verandering vraagt dat topmanagers, middenkader en werknemers allemaal een rol hebben in het veranderingsproces. Topleidinggevenden zijn de *sponsors* van het veranderingsprogramma; zij creëren het bewustzijn en bepalen het tempo en de richting van de verandering. *Veranderingsmanagers* zorgen ervoor dat het programma de vooropgestelde doelstellingen helpt te realiseren. Ze controleren ook of projecten op tijd en binnen de budgettaire beperkingen worden opgeleverd. Ze doen aan conflictbeheersing, geven feedback, erkenning en beloning. De *kampioenen* coachen hun teamleden om actief bij te dragen aan de verandering en ze ook te ondersteunen naarmate individuele projecten worden opgeleverd.

De mythische 70 procent

Algemeen wordt geloofd en er wordt ook regelmatig naar verwezen in de literatuur, dat 70 procent van alle veranderingsinitiatieven faalt. Wij betwisten dit cijfer, waarvan ons onderzoek bewijst dat het overdreven is. We ontwikkelden een meetinstrument voor globaal veranderingssucces, dat metingen omvat voor *initiële prestatiedips*, *projecttiming*, *het bereiken van de gewenste voordelen*, en de *duurzaamheid van de veranderingsresultaten*. We onderzochten ook de impact van het veranderingsprogramma op zowel harde prestatie-items, zoals financiële resultaten, klantenvoordelen en operationele maatstaven, als zachte prestatiemetingen, zoals werknemerstevredenheid en leiderschapsgerelateerde parameters.[15]

Afhankelijk van de gebruikte maatstaf voor de effectiviteit van de verandering, zien we mislukkingspercentages tussen de 30 en de 58 procent, een stuk lager dan de traditionele voorspellingen van 70 procent. Uiteraard zou het een te boude uitspraak zijn om daaruit te concluderen dat dus meer dan 30 procent van de veranderingsinitiatieven wel slagen. Terwijl meer dan 30 procent van de initiatieven niet mislukken, rapporteert toch maar een minderheid van de bedrijven succes over de hele lijn. De meeste bedrijven hebben 'laag positieve' successcores voor verandering. Dit betekent dat, terwijl het goed mogelijk is dat ze goed gepresteerd hebben op sommige effectiviteitscriteria voor verandering, ze misschien toch niet volledig tevreden zijn over de prestaties voor sommige andere criteria.

Leidinggevenden rapporteren echter dat het opladen van de batterijen significant correleert met veranderingssucces. Hoe hoger het aantal opgeladen batterijen, hoe groter de kans dat leidinggevenden de transformatie als succesvol beoordelen.

AANTAL OPGELADEN BATTERIJEN	AANTAL OBSERVATIES	% VAN DE RESPONDENTEN DIE 'MATIG SUCCES' RAPPORTEREN	% VAN DE RESPONDENTEN DIE 'GROOT SUCCES' RAPPORTEREN
0-2	43	30	0
3-4	29	69	7
5-6	39	95	26

Figuur 5 • Aantal opgeladen batterijen en veranderingssucces

Hoe lees je dit boek?

De volgende zes hoofdstukken zijn allen gewijd aan een van de zes batterijen en mikken op het begrijpen van het energiepeil van elke batterij. De hoofdstukken geven ook aanbevelingen over hoe je elke veranderingsbatterij kunt opladen. Je zou bijvoorbeeld kunnen overwegen om meer tijd te spenderen aan het hoofdstuk dat dieper ingaat op de batterij die je het meeste zorgen baart binnen jouw organisatie. Merk hierbij op dat we de batterijen van links naar rechts zullen behandelen, afwisselend dus tussen de rationele en de emotionele batterijen. We wensen hierbij te benadrukken dat dit niet ons recept is voor succesvolle verandering, maar eerder lijkt op een top-down benadering waarmee vele lezers zich vertrouwd zullen voelen. Elk batterijhoofdstuk bevat een snelle scan die je toestaat je energiepeil van die specifieke batterij te beoordelen. Het hoofddoel van deze hoofdstukken is daarom tweeledig: je in de eerste plaats een snelle energie-gezondheidscheck aanbieden en je ten tweede inspireren met ideeën om de verschillende batterijen op te laden.

De laatste drie hoofdstukken bespreken de volgende te nemen stappen. Hoofdstuk 8 beschrijft de elementen van een goede energieanalyse van je organisatie. Het onderzoekt waarom het belangrijk is oog te hebben voor de meest significante energievreters in je bedrijf. Het schetst een overzicht van de meest voorkomende veranderingspathologieën en toont aan waarom het zin heeft je veranderingscontext en -geschiedenis van naderbij te bekijken. Deze 'diagnose' zal je voorzien van waardevolle inzichten als voorbereiding op de hoofdstukken 9 en 10 naarmate je een gepersonaliseerde 'roadmap' maakt om al je batterijen op te laden.

Hoofdstuk 9 gaat van de analyse over naar de lancering van veranderingsinterventies. Het helpt je veranderingsacties te ontwerpen die zowel de rationele als de emotionele kant van de verandering bespelen en die het spectrum van de strategische tot de operationele kant volledig overspannen. Dit hoofdstuk stelt twee grote energiedesignprincipes voor: evenwicht en 'flow'... beide zijn nuttige concepten bij het uitbouwen van een portfolio van veranderingsinitiatieven.

Het laatste hoofdstuk onderzoekt het niveau van jouw veranderingsambities. Overweeg je een veranderingsproject op te zetten om je organisatie gewoonweg terug op de rails te krijgen? Of heb je de ambitie om veranderingscapaciteiten te ontwikkelen die je helpen om te gaan met snel evoluerende en turbulente omgevingen? In dat laatste geval is de enige manier om te overleven en duurzame verandering te verzekeren wellicht net die competenties te ontwikkelen die je toelaten jezelf sneller te vernieuwen dan de concurrentie. We eindigen dit hoofdstuk met een casestudy van een grote financiële instelling, KBC, die zichzelf heeft omgevormd tot een entiteit die in staat is om te gaan met de digitale ontwrichting binnen haar sector.

Hoofdstuk

2

EEN AMBITIEUS TOPTEAM

De spirituele energie

Kernvragen

Wat is een 'goede' ambitie?

Wat is het belang van een topteam als rolmodel voor verandering?

Hoe creëer je een sterk topteam? Hoe zorg je ervoor dat dit team met één stem spreekt, en een en dezelfde boodschap brengt?

Wat kan je doen als het topteam de band met de rest van de organisatie heeft verloren of vastzit in de eigen gewoontes?

Quick Scan

HOE GOED IS *JOUW* TOPTEAM-BATTERIJ OPGELADEN?

Ben je het eens of oneens met de volgende stellingen? Vink aan.

		EENS	ONEENS
1	In onze organisatie primeren de noden van de topmanagers op de collectieve doelstellingen.		
2	Onze topexecutives zijn rolmodellen voor verandering.		
3	Onze organisatie heeft een topteam dat goed aan elkaar hangt en waarvan de leden elkaar vertrouwen.		
4	Het topteam heeft geen duidelijk mandaat en mist de steun van de belangrijkste stakeholders om de organisatie te transformeren.		
5	Het topteam heeft aanzienlijke budgetten vrijgemaakt om de veranderingsinitiatieven te financieren.		
6	Onze veranderingsvisie is niet inspirerend: ze genereert geen energie binnen de organisatie.		
7	Ons topteam straalt een inspirerende en motiverende ambitie uit binnen de organisatie.		
8	Ons topteam evalueert regelmatig de kloof tussen de huidige en gewenste veranderingscapaciteiten van onze organisatie.		

Geef jezelf een punt per keer dat je het *eens* was met de stellingen:

2 3 5 7 8

Geef jezelf een punt per keer dat je het *oneens* was met de stellingen:

1 4 6

Wat is je totale score op acht?

JE RESULTAAT INTERPRETEREN

Score	Implicaties
0-2	Je topteam-batterij is een energievreter. Er is onvoldoende energie aanwezig om de rest van de organisatie te inspireren omdat werknemers niet geloven in het veranderingsverhaal. Ofwel omdat de leden van het topteam geen rolmodellen zijn voor verandering ofwel omdat de boodschap niet inspirerend en ambitieus genoeg is. Er kan ook een onderling gebrek aan vertrouwen heersen bij de leden van het topteam, mogelijkerwijs omdat ze hun eigen agenda volgen.
3-4	Je topteam-batterij is zwak. Je topteam handelt nog niet als een echt team of het beschikt niet over voldoende budget en resources om de veranderingsambitie te ondersteunen. Je moet extra energie leveren voor het ontwikkelen en communiceren van een geloofwaardige en inspirerende ambitie.
5-6	Je topteam genereert energie voor het veranderingsproject. Om ten volle te kunnen profiteren van de kracht van deze batterij, zou je moeten werken aan een of twee gerichte criteria. De organisatie zou de kloof tussen de huidige en de gewenste veranderingscapaciteiten periodiek moeten evalueren.
7-8	Je topteam-batterij is volledig opgeladen. Je hebt een geweldig team dat een inspirerende veranderingsvisie ondersteunt. Het topteam heeft een duidelijk mandaat gekregen van de belangrijkste stakeholders en je beschikt over de middelen en de energie om de organisatie te veranderen.

Spark for reflection: Het leiderschap van Marissa Mayer bij Yahoo[16]

Yahoo bevond zich in zwaar weer. De internet mediagigant van weleer faalde in zijn corebusiness, want werd weggeconcurreerd door Google en Facebook, maar ook door nieuwe spelers als Instagram en Snapchat. Yahoo werd door velen in de industrie als een risico-onderneming gezien, ondanks hun aandeel ter waarde van 30 miljard dollar in Alibaba en van 8 miljard dollar in Yahoo Japan. Hun businessmodel was ontworpen voor lang vervlogen tijden en financiële analisten waren het erover eens dat het niet eenvoudig zou zijn om het bedrijf nieuw leven in te blazen. Yahoo zag 5 CEO's de revue passeren in evenveel jaren.

In juli 2012 kondigde Yahoo aan dat Marissa Mayer het roer zou overnemen. Gezien haar ervaring als topexecutive in een toonaangevend technologiebedrijf – ze was de 20e werknemer die bij Google in dienst kwam en zat er jaren in de kring van vertrouwelingen – was Mayer optimistisch dat ze voor de ommekeer bij Yahoo zou kunnen zorgen. Tegen 2016 had meer dan een derde van de werknemers de organisatie echter verlaten en de financiële resultaten waren er evenmin op verbeterd.

Businesspublicaties zoals *Forbes*, *Fortune* en *The New York Times* weten de problemen bij Yahoo aan het slechte leiderschap van Mayer. "Mayer's leiderschap lijkt meer te gaan over Mayer zelf dan over de mensen die ze moet leiden," schreef *Forbes*-journalist Mike Myatt. "Mayer houdt van de spotlights en lijkt meer bezig te zijn met het opbouwen van haar eigen merkimago dan met de problemen van Yahoo."[17] Een journalist noemde haar "de koningin van de excessen" en berichtte dat Mayer onder vuur lag bij een Yahoo-investeerder voor haar buitensporige uitgavegedrag, waaronder naar verluidt het spenderen van 7 miljoen dollar aan een 'Great Gatsby'-eindejaarsfeest in San Francisco.

Mayer werd ook beschuldigd van micromanagement. Naar verluidt wilde ze een heel strikte controle aanhouden en verwierp ze heel consequent alle afwijkende en verschillende meningen. Een commentator merkte op: "Ze spreidt een bekrompenheid tentoon die een leider zelden van pas komt. Sterke overtuigingen hebben, is zeer gezond zolang je overtuigd bent door de waarheid en niet door je eigen trots of ego."[18]

Ze had het duidelijk moeilijk om een sterk topteam uit te bouwen. Sinds 2015 hadden senior executives het bedrijf in een alarmerend tempo verlaten; Mayer nam nieuwe executives aan zonder hen vooraf, samen met haar team, grondig door te lichten. Sommigen onder hen moesten kort nadien alweer vertrekken, al dan niet met een gigantische gouden handdruk.

Tot slot kreeg Mayer ook veel kritiek omwille van haar strategische beslissingen. Zo begon ze bijvoorbeeld aan het reorganisatieproces van de productteams binnen Yahoo zonder hierbij eerst een totaalvisie voor te stellen. "In de plaats daarvan, begon ze allerlei scenario's te schetsen in een-op-een meetings met verschillende executives, waarbij ze bij elk directielid met een ander plan naar voren kwam. Dit proces bleef maanden aanslepen omdat Mayer maar niet kon beslissen."[19] Yahoo werd hoe langer hoe meer een zwalpend schip, in groeiende strategische en financiële onzekerheid. In maart 2017 kondigde Mayer ten slotte aan dat Yahoo zou verkocht worden aan Verizon.

Topteam: eenheid is kracht, eenheid is energie

De kracht en de levendigheid van een organisatie starten op het C-level. De CEO van een organisatie speelt uiteraard een cruciale rol. Samen met een goed functionerend topteam is hij de motor voor verandering. Een verdeeld topteam dat vooral bezig is met politieke spelletjes vreet energie en besmet de rest van de organisatie. Zoals het geval van de voormalige CEO en voorzitter van Yahoo, Marissa Mayer, illustreert, werkt het niet om een ego-leider te zijn die alle aandacht naar zich toetrekt. Zonder de steun van de leidinggevenden binnen je bedrijf wordt het implementeren van een strategische verandering een onmogelijke opdracht.

Kenmerken van een lege topteam-batterij

Een topteam kan, eerder dan een troef, ook een risico zijn voor een veranderingsprogramma. We sommen hieronder een aantal typische kenmerken op van een lege topteam-batterij.

Energie beheerst door het ego

Wellicht is niemand immuun voor macht. Het verschil ligt dan ook in hoe het management omgaat met die macht. Een aantal van de meest typische signalen dat ego het management kaapt, zijn:

- Per se controle willen houden
- Zich omringen met mensen die op hen lijken (klonen)
- Bang zijn om diversiteit binnen het team toe te laten
- Feedback negeren of vermijden
- Conflicten vermijden
- Anderen onderbreken alvorens ze hun punt kunnen maken
- Status of positie gebruiken als een argument om hun standpunt als waardevoller te laten overkomen
- Anderen vermijden onder het motto "geen tijd"

Destructieve energie-output, te wijten aan een disfunctioneel team

Verandering vergt veel energie van een heleboel mensen, niet alleen van een enthousiaste veranderingsleider. Succesvolle verandering vraagt om een topteam dat goed aan elkaar hangt, niet om een 'genie met duizend helpers'. Patty McManus van Interaction Associates, een consulting bedrijf voor organisatieontwikkeling, onderscheidt drie courante soorten van disfunctionele teams:[20]

- In de '*war zone*' zijn de leden van het topteam voortdurend op hun hoede, ze vormen pressiegroepen en bekokstoven van alles achter gesloten deuren. De teamleden zijn in de eerste plaats concurrenten van elkaar en ze strijden voor middelen en invloed voor hun bedrijfstak. In een dergelijke omgeving kan de CEO een 'verdeel en heers'-dynamiek hanteren om de controle te bewaren. Leidinggevenden die er niet in slagen om in harmonie te ageren, sturen tegenstrijdige boodschappen naar hun medewerkers, waardoor deze dynamiek zich snel verspreidt in de rest van de organisatie.

- In het '*love fest*' zijn de teamleden gefocust op het goed met elkaar kunnen vinden, vaak vanuit de onderliggende overtuiging dat ze boven de rest van de organisatie staan. Je zou er commentaren kunnen horen als: "Als onze mensen nu toch maar even goed overeen zouden komen als wij." Topteams als deze veronderstellen dat zij alle kennis en vaardigheden in huis hebben om verandering aan te pakken, hetgeen hen dan ook isoleert van de rest van de organisatie. Ze kunnen bovendien geneigd zijn moeilijke kwesties te vermijden om de goede vrede te bewaren.

- In het '*un-team*' hebben de leden van het topteam amper een onderlinge band. Ze voelen zich in de eerste plaats verantwoordelijk voor hun eigen afdeling. Ze functioneren onafhankelijk van elkaar, en hun belangrijkste relatie is die met de CEO. Vergaderingen dienen in de eerste plaats om een stand van zaken te geven en functioneel prestaties te evalueren, niet om een gedeeld perspectief op de bredere organisatie of industrie te ontwikkelen. Meetings van het topteam worden dan ook als tijdverlies gezien.

Geblokkeerde energie: geen mandaat om te handelen

In onze executive trainingen en workshops horen we regelmatig de verzuchting bij de deelnemers dat hun succesvol gelanceerde veranderingsprojecten geblokkeerd worden door corporate managers of door leden van de raad van bestuur. Zowel in kleinere ondernemingen als in grotere internationale bedrijven.

De oprichter binnen een klein bedrijf vraagt bijvoorbeeld aan de managers om het bedrijf voor te bereiden op de volgende groeifase. De betrokken managers ontwikkelen vervolgens nieuwe strategieën en nieuwe organisatiestructuren die aansluiten op die ambitie. Daarna mengt de oprichter zich in het debat, meestal via 'vriendjes'. In eerste instantie om op de hoogte te blijven van de evolutie, maar in een later stadium vaak om de plannen van de managers te saboteren. Vooral als ze een nieuwe stijl met zich meebrengen waarin de oprichter zich niet kan vinden.

In grotere organisaties krijgen businessmanagers dan weer niet altijd de vrijheid en steun om een strategisch veranderingsprogramma te lanceren. Soms slaagt de businessmanager er wel in, maar als de resultaten afwijken van wat werd verwacht, verliest de manager zijn mandaat om te handelen of wordt hij zelfs ontslagen.

Gebrek aan veranderingsenergie: geen stuwkracht voor verandering

JP Morgan, stichter van de bekende Amerikaanse investeringsbank met dezelfde naam, formuleerde dit heel treffend: "De eerste stap om ergens te geraken is de beslissing dat je niet wilt blijven waar je nu bent." Is jouw topteam ervan overtuigd dat de status quo niet langer aanvaardbaar is? Hoe geëngageerd zijn ze voor de verandering?

Organisaties zouden er in het bijzonder alert voor moeten zijn om niet in de 'succesval' te trappen. Dit risico bestaat wanneer een bedrijf naar het heden en de toekomst kijkt vanuit hun vroegere manier van denken. Bedrijven die in het verleden succesvol zijn geweest, hebben hun voorspoed te danken aan een karakteristieke combinatie van strategieën, processen, relaties en waarden die hen onderscheidden van de rest van de industrie. Succes leidt naar meer klanten, meer getalenteerde medewerkers en toename van de winst. Ze doen de juiste dingen en ze doen dat goed. En dan staat er plots onvermijdelijke verandering voor de deur. De buitenwereld stuurt niet mis te verstane signalen dat de vroegere 'juiste dingen' niet langer juist zijn – ze kunnen zelfs heel erg verkeerd zijn; je businessmodel is misschien voorbijgestreefd.

Het innovatieve denken dat de organisatie ooit zo succesvol maakte is nu omgeslagen in een halsstarrig vasthouden aan de status quo. We noemen dit *blind fairness* of blinde rechtvaardigheid. De leidinggevenden binnen het bedrijf verantwoorden hun blindheid voor de bestaande veranderingen in de buitenwereld, niet omdat ze er niet van op de hoogte zijn, wel omdat ze de kracht van de nieuwe bedreiging onderschatten. Ze wuiven elke poging tot verandering weg met reacties als: "Het zal allemaal zo een vaart wel niet lopen, laat ons rustig afwachten wat de markt doet"; "Iets nieuws? Dit hebben we allemaal al eens meegemaakt"; of nog "Ja, we hebben een werkgroep opgericht die geleid wordt door een van de leden van het directieteam, maar niet door de CEO, want die heeft wel andere katten te geselen op dit moment."

Soms *zijn* executives klaar om te veranderen, maar gebruiken ze de verkeerde recepten om de verandering aan te pakken. In dat geval hebben topteams te veel vertrouwen in hun oude recepten. Don Sull, een professor aan de London Business School, noemt dit *active inertia*. "Actieve inertie," legt hij uit, "is de neiging van het management om te antwoorden op de meest ontwrichtende veranderingen door het tempo op te voeren van activiteiten die succesvol waren in het verleden."[21]

Energievreter: doelen zonder aspiraties

Wat wil je bereiken in het leven? Hoe wil je herinnerd worden eens je het schouwtoneel hebt verlaten? De antwoorden op deze vragen – jouw aspiraties – vertellen veel over jou. Aspiraties zijn meer dan doelen; aspiraties zijn *ambities*. Het gaat over wat je wilt bereiken, over wie of wat je wilt zijn. Ze leiden je bij het nemen van beslissingen die bijdragen tot een zinvol leven. Een persoonlijke aspiratie is blijvend en is gebaseerd op een diepe motivatie; het is de kracht die ervoor zorgt dat je blijft doorgaan na een tegenslag of mislukking. Een aspiratie is de eerste voorwaarde voor een strategie. Omgekeerd roept het ontwikkelen van een strategie zonder een aspiratie de vraag op: "een strategie om *wat* te bereiken?"[22]

Bedrijven moeten hun ambities duidelijk stellen, zeker als ze op het punt staan om te beginnen met een veranderingsprogramma. Ze moeten een innemend antwoord formuleren op de vraag: "*Waarom moeten we veranderen?*" In de meeste organisaties leidt de beslissing om te veranderen echter naar een reeks doelstellingen, zoals een toename van de winst, een verlaging van de kosten of een reductie van het aantal managementniveaus. Ook al zijn ze belangrijk, deze doelen zijn geen aspiraties. Ze inspireren de werknemers niet.

Wat zijn de aspiraties van je bedrijf voor het veranderingsproject? Voelen je mensen zich verbonden met deze aspiraties? Slaag je erin je mensen hiermee te raken? Inspireer je hen? Worden je mensen enkel door financiële beloningen gemotiveerd om je te helpen je doelstellingen te realiseren? Of zal de verandering tot een betere toekomst leiden voor de meeste stakeholders?

Overzicht van ontladers

Figuur 6 • Waarom je topteam-batterij leegloopt

De topteam-batterij en de effectiviteit van de verandering: Wat zegt ons onderzoek?

Een analyse van de twintig procent meest succesvolle hervormers ('Top 20') en de twintig procent minst succesvolle hervormers ('Laagste 20') uit onze onderzoeksdatabank geeft aan dat bedrijven met een hoge veranderingseffectiviteit hogere energiescores kunnen voorleggen voor hun topteam-batterij dan bedrijven die worstelen met hun veranderingsinitiatieven.

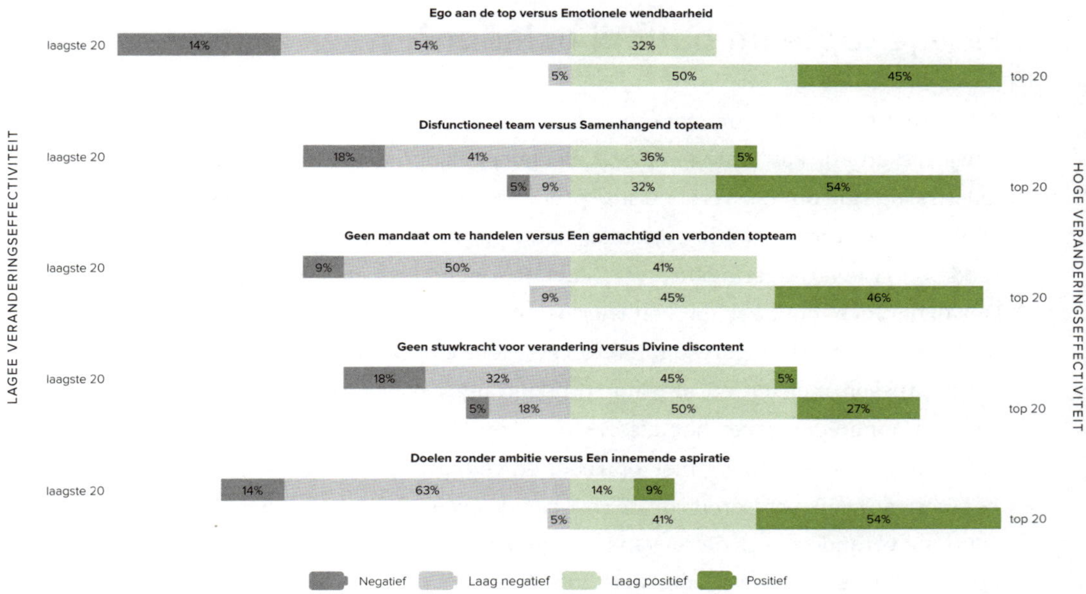

Figuur 7 • Hoe succesvolle en onsuccesvolle hervormers scoren voor de topteam-batterij[23]

Figuur 7 toont aan dat de onsuccesvolle hervormers een topteam-batterij hebben die negatieve energie genereert, terwijl de topteam-batterij van de best presterende hervormers positieve energie opwekt. Voor vier van de vijf criteria van de topteam-batterij hebben de slechtste leerlingen van de klas meer negatieve dan positieve scores. Desalniettemin is er een significante groep van de zwakste presteerders die (laag) positieve scores kunnen voorleggen voor sommige criteria.

Bijna alle toppers hebben een topteam-batterij die heel veel positieve energie opwekt. Ze hebben allemaal (laag) positieve scores voor elk van de vijf topteamcriteria. Ten minste 77 procent van de beste presteerders scoren positief voor elk van de vijf dimensies van de topteam-batterij.

De topteam-batterij is de batterij die gemiddeld de hoogste scores heeft van alle batterijen. Desalniettemin geeft ons onderzoek aan dat een aanzienlijk deel van de bedrijven nog ruimte heeft voor verbetering op dit vlak.

Hoe je topteam-batterij opladen?

Als je met een slecht functionerend topteam wordt geconfronteerd, is de vraag hoe je die situatie kan omkeren. Een volledig opgeladen topteam-batterij genereert massa's energie om het veranderingsproces op te starten. De rol van het topteam gaat evenwel verder dan het initiatief nemen voor de verandering. Je hebt gedurende de *hele* veranderingstrip een samenhangend en ambitieus topteam nodig. Ons onderzoek toont aan dat een energiek topteam essentieel is om de *duurzaamheid* van de veranderingsresultaten te verzekeren. Verandering veroorzaakt wrijvingen tussen mensen en afdelingen onderling: niet iedereen zal zich erachter scharen, sommigen geven het misschien wel op. Daarom is het van cruciaal belang dat de top als een krachtig blok optreedt en volhardt in het trekken en duwen, in het motiveren en inspireren van de rest van de organisatie. In woelige tijden, en bij continue verandering, is de rol van het topteam zelfs nog belangrijker. Wat zijn de opties om deze batterij volledig op te laden?

In onze gesprekken met managers hebben we opgemerkt dat topteams worstelen met de volgende vragen als ze hun topteam-batterij willen aanpakken:

- Hoe betrokken moet de top zijn in een succesvol veranderingsprogramma?
- Hoe benaderen we verandering als het topteam vertrouwen mist of hun leden dinosaurussen zijn?
- Hoe vormen we een topteam dat met een stem spreekt en handelt?
- Hoe ontwerpen we een innemende aspiratie? Hoe ziet een inspirerende en activerende veranderingsvisie eruit? En hoe kunnen we ervoor zorgen dat onze aspiratie alle stakeholders aanspreekt, niet alleen onze medewerkers?

Deze vragen kunnen gegroepeerd worden in drie grote activiteitensets (zie Figuur 8). Ten eerste moeten topmanagers zich ervan bewust zijn dat verandering start aan de top. Daarom moeten ze acties ondernemen die model staan voor de gewenste verandering. Ten tweede vraagt succesvolle verandering dat het topteam een echt team is, niet een werkgroep noch een pseudoteam. En ten derde moeten topmanagers aanzienlijk veel tijd spenderen aan het ontwikkelen van een innemende aspiratie voor de hele organisatie.

Figuur 8 • De topteam-batterij opladen

Wees het rolmodel voor veranderingsenergie

De meeste managers zouden het eens zijn met Gandhi's bekende uitspraak: "Wees de verandering die je in de wereld wilt zien." Kan je geen goed voorbeeld zijn, dan ben je waarschijnlijk wel een verschrikkelijke waarschuwing. Opdat verandering zou plaatsvinden moet elk individueel lid van het topteam het gewenste gedrag vertonen. Vaak gaan leiders ervan uit dat ze sowieso al het juiste gedrag vertonen om een rolmodel te zijn. Ze rekenen zichzelf zelden tot de groep die moet veranderen.

Bouw emotionele wendbaarheid

Een rolmodel zijn, vergt een hoog niveau van emotionele intelligentie. De meeste executives hebben een goed ontwikkeld *rationeel* brein. Ze zijn slim en in staat om problemen efficiënt en doeltreffend aan te pakken. En dat is precies de reden waarom ze promotie kregen. Maar het is ook belangrijk om een goed ontwikkeld *emotioneel* brein te hebben. *Emotionele wendbaarheid* is een cruciale trek van doeltreffende veranderingsleiders[24].

Veel bedrijven organiseren leiderschapstrainingen waarbij executives een beter inzicht verwerven in hun persoonlijkheidskarakteristieken. Deze trainingen helpen hen bij de ontwikkeling van hun emotionele intelligentie – de gave om je eigen emoties en die van de anderen accuraat waar te nemen.[25] Emotionele intelligentie an sich is evenwel niet voldoende. Een even belangrijke eigenschap is emotionele wendbaarheid, of de *gave om je gedachten en gevoelens, in het bijzonder de negatieve, te beheersen*. Onze Vlerick-collega en leiderschapsprofessor, Katleen De Stobbeleir, ontmoet vaak leiders die worstelen met hun 'negatieve' emoties, zoals kritiek, twijfel of angst. Hoe goed je hiermee kunt omgaan heeft een significante impact op je leiderschapsstijl. Executives zijn zich niet altijd bewust van de gevolgen van hun leiderschapsstijl. Zo kan een directielid bijvoorbeeld vaak zijn of haar kalmte verliezen en vervolgens gefrustreerd zijn omdat werknemers bang zijn om vrijuit te spreken.

Ervaren leiders zijn zich niet altijd bewust van de implicaties van hun eigen onaangepaste copingstrategieën voor de rest van de organisatie. Vaak negeren of onderdrukken ze hun negatieve gevoelens. Ze geloven dat negatieve gedachten geen plaats hebben op kantoor: leiders moeten stoïcijns of opgeruimd voor de dag komen, ze moeten vertrouwen uitstralen en alle negativiteit die in hen opborrelt, terugdringen. Maar het minimaliseren of negeren van emoties versterkt ze alleen maar.[26] En wat nog slechter is: collega's of werknemers nemen die emoties over door een vorm van emotionele besmetting. Voor je het weet, sijpelt het ondoeltreffende gedrag van de executive door in de volledige organisatie, resulterend in een machocultuur of een toxische bedrijfsomgeving. Ook dat is een rolmodel ... alleen niet bepaald hetgeen wat je wenst.

Spreek vrijuit over negatieve emoties

Individuele coaching, groepscoaching en mentoring sessies, geleid door een expert, zijn een goede manier om emotioneel bewustzijn te creëren bij je topteam. Deze sessies kunnen executives de dramatische gevolgen doen inzien van een gebrek aan emotionele wendbaarheid. Als ze zelf eerlijke feedback geven (en krijgen) en elkaar durven uitdagen over hoe ze het hoofd bieden aan negatieve emoties, ontwikkelen de directieleden emotionele competenties die ook de organisatie ten goede komen. Deze sessies kunnen behoorlijk zwaar zijn en het is dan ook belangrijk dat de executives elkaar ondersteunen om te begrijpen hoe en waarom ze op een bepaalde manier reageren. Die bijeenkomsten zullen iemands persoonlijkheid niet fundamenteel wijzigen maar ze zullen wel helpen om enkele essentiële gedragswijzigingen aan te brengen. Er zijn verschillende voorbeelden van executives die hun leiderschapsstijl hebben aangepast in het voordeel van de organisatie.

Creëer een 'band of brothers and sisters'

Het wordt algemeen aangenomen dat teamwork bevorderlijk is: teams beschikken over meer kennis, en brengen de meest uiteenlopende perspectieven en beoordelingen samen. De teamdynamiek zorgt voor een betere prestatie dan de som van de individuele inspanningen. Een goed team heeft betere ideeën en werkt efficiënter. *Waarom is het dan zo moeilijk om goede, samenhangende teams te vinden aan de top?*

Een werkgroep is geen team

Jon Katzenbach, een voormalige directeur van McKinsey en auteur van verschillende boeken over teams en de 'informele organisatie', argumenteert dat een team vormen aan de top tegennatuurlijk is voor leiders. De meeste directiecomités functioneren als een efficiënte en doeltreffende werkgroep met een enkele leider, maar passen zelden de basisbeginselen van teamwork toe op hun eigen groep. Topteams hebben vaak eerder algemene doelen – niet de specifieke doelen die de operations of sales teams hebben. Het lidmaatschap binnen het topteam is niet altijd gebaseerd op vaardigheden, maar vaak op formele positie. Topleiders zijn *individuele* aansprakelijkheid gewoon – dat is precies de manier waarop ze zijn doorgegroeid naar de hoogste regionen – waardoor het moeilijk is om *wederzijdse* aansprakelijkheid te ontwikkelen.[27]

Als de zaken hun gewone gangetje gaan, kan deze set-up werken. Ingrijpende veranderingen daarentegen vragen om *teamwork, ook – en vooral – aan de top.* Een strategische transformatie houdt zoveel beslissingen en acties in op verschillende niveaus dat ze nooit kan worden gemanaged met een traditioneel leiderschapsmodel, waarbij een leider dicteert en de anderen volgen en orders uitvoeren. De betrokkenheid en het engagement van het hele leiderschapsteam is onmisbaar. Veranderingsleiders moeten tijd investeren en inspanningen leveren om een sterk, samenhangend topteam te smeden. Alleen zo kan dit team zijn energie en aandacht volledig richten op de ophanden zijnde taak. Alleen zo vermijden de teamleden om zich strategisch oneerlijk of sluw op te stellen tegenover elkaar.

DE 'BAND OF BROTHERS AND SISTERS' BIJ EEN BANK

Digitalisering is een potentiële grote bedreiging voor de meeste financiële instellingen. Erik is lid van het directieteam van een van de grotere Europese banken en is verantwoordelijk voor haar succesvolle digitale transformatie. Hij werkte samen met zijn managementteam aan het smeden van een 'band of brothers and sisters'[28]. "Als je niet op een lijn staat en niet bereid bent om elkaar bij te staan, zullen je projecten hieronder leiden," zegt hij. "Er zullen discussies ontstaan bij je mensen. Dus zullen ze wachten op beslissingen, en dat zal je projecten vertragen. Al die extra tijd en extra kosten zullen je belemmeren bij het bereiken van je doelstellingen en resultaten. Voor je de gigantische krachtmeting aangaat die je hele business zal transformeren, moet je je ervan verzekeren dat het topteam volledig op dezelfde lijn staat en bereid is om net dat tikkeltje meer te doen voor elkaar. De eerste vereiste attitude voor topmanagers is dat ze hun ego laten varen. Daarna moeten ze elkaar durven vervangen en risico's durven nemen voor elkaar. Je collega's ideeën ondersteunen, ook al liggen ze niet helemaal in de lijn van de jouwe. Als de staf merkt dat het topteam niet op een lijn staat, zal de verandering nooit slagen."

Hoe smeed je nu een 'band of brothers and sisters' in je topteam? Hieronder vind je een aantal van de aanbevelingen die uit ons onderzoek naar voor kwamen.

Definieer het team

Bepaal wie lid is van het topteam en wie niet. Dit is minder evident dan het lijkt. Leden van het topteam moeten zich engageren om de strategische ambities en prioriteiten van de firma uit te tekenen. Ze moeten de mensen activeren en empoweren en ervoor zorgen dat de juiste structuren en systemen geïnstalleerd zijn om de organisatie te doen vooruitgaan. Zijn alle teamleden klaar om deze rol op te nemen in het proces? Is je CFO hiertoe in staat? Je COO? De rest van het directieteam? Wie er in het team belandt, is meestal een beslissing die de algemeen directeur toekomt. Maar de CEO kan ook een disfunctioneel team oprichten uit angst voor de perceptie dat hij mensen zou uitsluiten of mensen buiten het team zou plaatsen om puur politieke redenen. Wij raden aan om meedogenloos te zijn als het erop aankomt te beslissen wie een plaats heeft in het team en wie niet. Professor Leigh Thompson van de Kellogg School of Management merkt hierbij op dat teams geen cocktailfeestjes zijn. Als je probeert om te inclusief te zijn, leidt dit onvermijdelijk tot teams die te groot zijn. Een strategie die ze aanraadt om de teamomvang te beheersen, is om specialisten enkel te raadplegen wanneer hun expertise nodig is, eerder dan hen fulltime in het team op te nemen.[29]

Maak tijd om een team te bouwen

Een geweldig team uitbouwen, neemt tijd in beslag. Topteams verwaarlozen maar al te vaak om de manier waarop zijzelf als team functioneren in vraag te stellen.

DURF DE VRAAG TE STELLEN!

Frank was manager bij een grote industriële organisatie. Zijn bedrijf vond een aantal strategische uitdagingen op zijn weg die om input vroegen van het volledige topteam. "Op een bepaald ogenblik vroeg ik aan de managers: 'Hoe goed vinden jullie dat wij als team handelen?' Ze waren ietwat verrast door de vraag, maar waren het erover eens dat we een redelijk goed functionerend team hadden. Vervolgens vroeg ik hen om een punt van 1 tot 10 te geven voor het functioneren van het team. Toen reageerden ze veel aarzelender. Het resultaat? Een ontgoochelend gemiddelde van 4 op 10." Frank had meer dan zes maanden nodig om een goed presterend, sterk topteam te creëren. Pas achteraf beseften ze hoe inefficiënt en egocentrisch ze voordien waren geweest.

Stel jezelf de vraag: hoeveel tijd spendeert jouw topteam aan het aanpakken van de teamdynamiek en het uitbouwen van een samenhangend team? Veel te vaak horen we commentaren van topmanagers als "Emotionele intelligentie is voor softies," of "Businessmanagers hebben wel andere (lees: dringendere) katjes te geselen ..." Wij zijn het daar niet mee eens. Een samenhangend team smeden is een van de beste investeringen voor een topteam. Het is moeilijk, maar het rendeert. Er is veel hulp beschikbaar die jou kan ondersteunen en inspireren om een beter team uit te bouwen. Een goed vertrekpunt is Patrick Lencioni's *The Five Dysfunctions of a Team*, waarin hij beschrijft wat er nodig is om een samenhangend team samen te stellen. Een team dat geëngageerd is, zijn verantwoordelijkheid opneemt en gefocust is op resultaten.[30] Hij identificeert ook vijf belangrijke disfuncties van een team en hoe ze op te lossen.

DISFUNCTIE	OPLOSSING
Gebrek aan vertrouwen	Durf je kwetsbaar op te stellen; word betrouwbaar.
Angst voor conflicten	Neem tijd voor het oprecht delen van meningen zonder te oordelen.
Gebrek aan engagement	Aanvaard dat je het niet altijd eens bent met elkaar. Wees duidelijk over wat de finale beslissing is, zorg dat iedereen dit begrijpt en ernaar handelt.
Vermijden van aansprakelijkheid	Creëer een cultuur van feedback en verantwoordelijkheid; durf te verwijzen naar de aangegane engagementen.
Geen aandacht voor (team)resultaten	Formuleer zowel team- als individuele doelstellingen.

Figuur 9 • Werken aan teamdisfuncties (Lencioni)

PSEUDOTEAMS WERKEN NIET

John, topmanager bij een wereldwijd farmaceutisch bedrijf, deelde het volgende met ons: "Een topteam uitbouwen is cruciaal en ik besteed er veel tijd aan. Een aspect van het smeden van een team is gedeelde doelen te hebben. Als team hebben we altijd een teamdoel waar we naartoe werken en ik sta erop dat mijn teamleden het gemeenschappelijk doel laten voorgaan op hun eigen individuele doelen. Als ze daar niet toe in staat zijn, is er maar een mogelijke optie: het team verlaten. Dus bepaal ik doelen voor elk lid van het topteam. Het eerste doel is voor iedereen in het team hetzelfde. En ik vraag hen vaak, soms zelfs wekelijks: 'Wat heb je gedaan om de teamdoelen te realiseren?' Verder is het ook belangrijk om niet te veel doelen per team te hebben. Hoe meer doelen je formuleert voor elk team, hoe meer je leidinggevende collega's kunnen afwijken van het kerndoel voor het team. Ik geloof evenmin in doelstellingen per kalenderjaar. We kunnen na drie maanden al overgaan op een ander doel, zo lang het maar past binnen de grotere, langetermijnvisie.

De dynamieken binnen mijn topteam managen is een van mijn kerntaken. En dat is niet altijd eenvoudig. Voor mij is het hebben van een pseudoverbond in het team het ergste – als iedereen het met elkaar eens is en er geen conflicten zijn maar ook geen engagement. Pseudoteams kunnen niet omgaan met conflicten; teamleden voelen zich er ongemakkelijk bij. Ik haat het wanneer iedereen het eens is. Als ik een nieuw topteam ontmoet, vraag ik hen om eerst Lencioni's boek te lezen. Daarna trekken we een halve dag uit om het te bespreken. Ik besteed hierbij expliciet aandacht aan hoe wij functioneren als een team. Ook in teamvergaderingen verwijs ik vaak naar de kernboodschappen van het boek. Bijvoorbeeld, als een teamlid niets heeft bijgedragen in de teamvergadering, durf ik te vragen: 'Engageer je je echt voor wat we hebben afgesproken?' Een goed topteam managet zichzelf, dat is de laatste stap in Lencioni's raamwerk.

Ik coach mijn teamleden ook in een-op-een discussies. Ik beleg feed-forward vergaderingen met hen en stel dan vragen als: 'Dit was een gemiste kans om je punt hard te maken. Hoe zou je deze situatie in de toekomst beter kunnen aanpakken?'

Ik heb ondertussen de ervaring dat een goed functionerend team ook goede mensen en resources aantrekt. Iedereen *wil* voor een goed team werken waar netelige kwesties worden besproken en de visie duidelijk is."[31]

Verhoog de potentiële energie dankzij een innemende aspiratie

Als individuele leden van het topteam als geloofwaardig en betrouwbaar worden beschouwd en als het topteam handelt als een samenhangende groep is de volgende stap een meeslepende aspiratie te creëren.

'Divine discontent' zet je aan tot actie

Een aspiratie is de hoop of ambitie om iets te bereiken. Met de verandering wil je een betere toekomst verzekeren voor je bedrijf. Een ingrijpende verandering vraagt dat je de status quo in vraag stelt en dat je de ambitie om vooruit te gaan laat doorsijpelen. Meedoen is niet voldoende; winnen moet de ambitie zijn. Elk lid van het topteam moet doordrongen zijn van het verlangen om te winnen en van de passie om een gemeenschappelijk doel, een raison d'être, te dienen. *Divine discontent (gedreven ongenoegen)* bij de topleden – een leer- en groeihouding waarbij men nooit tevreden is over prestaties in het verleden en altijd uitkijkt naar de volgende uitdaging – zorgt ervoor dat je organisatie de nood voelt om te blijven bewegen. Het vermijdt de toestand van *blinde rechtvaardigheid*. Het is de permanente zoektocht naar zelfs de kleinste verbetering. Een gezonde dosis vertrouwen in de mogelijkheid om te verbeteren, compenseert de *divine discontent* over de grenzen van de huidige prestaties.[32]

Je belangrijkste stakeholders moeten ook begrijpen waar dit onbehagen vandaan komt. Ga na in welke mate je stakeholders – de raad van bestuur, de vakbonden – begrijpen en het erover eens zijn dat er iets moet veranderen. Probeer uit te zoeken over hoeveel vrijheid je beschikt om te veranderen wat veranderd moet worden. Wat kan absoluut niet veranderen? Hoeveel tijd heb je voor de verandering?

Hoe kun je dit gevoel van gedreven ongenoegen opwekken bij je topteam? Ontevredenheid creëren betekent dat je je topteamcollega's twee vragen voorlegt:

1. Waarom moeten we veranderen?

2. Wat moeten we veranderen?

Pas als je het eens bent over de antwoorden op deze vragen, ben je klaar om verder te gaan. Directieleden in een topteam moeten voldoende tijd uittrekken om deze vragen te beantwoorden. Slimme executives zijn verbonden en nemen hun tijd om dit te bespreken en de belangrijkste stakeholders te beïnvloeden opdat ze over de nodige vrijheid kunnen beschikken om de verandering door te voeren. In onze ervaring kan dit proces verschillende maanden duren. Een businessmanager vertelde ons dat hij regelmatig op zijn minst een of twee dagen per week uittrok om te spreken met de corporate managers. Hij informeerde hen over de stand van zaken om zo de nodige resources en vrijheid te krijgen om een veranderingsvisie te formuleren en te implementeren. Ons onderzoek geeft aan dat dit een van de meest differentiërende factoren is tussen succesvolle en niet-succesvolle hervormers.

Uitgaand van dit beginsel van 'divine discontent' dienen de volgende vragen zich aan:

- Is iedereen ervan overtuigd dat de status quo niet langer aanvaardbaar is?
- Is iedereen ervan overtuigd dat, bijvoorbeeld, het veranderen van de regels een enorme impact zal hebben op het succes van je bedrijf?
- Knabbelen technologische revoluties daadwerkelijk aan je winsten?
- Welke impact zal dit alles hebben op je organisatie?
- Hoe imminent is de dreiging (of de opportuniteit)?
- Wat moet er gebeuren om met de veranderingen om te gaan?

Bepaal *waar* je naartoe wilt

'Divine discontent' zorgt ervoor dat je in actie schiet, maar een innemende en stimulerende aspiratie vertelt jou ook welke richting je uit moet. Het is het antwoord op hoe je de interne en externe uitdagingen voor je bedrijf kan aanpakken. Het maakt niet uit of je deze aspiratie een visie, ambitie, strategische intentie of 'big hairy audacious goal (BHAG)' noemt. Belangrijk hierbij is vooral dat je een gewenste, gedeelde toekomst schetst. Een aspiratie wekt energie op en motiveert medewerkers aangezien ze de richting voor de verandering duidelijk maakt.

EEN POSITIEVE TOEKOMST CREËREN VOOR JE BEDRIJF

Francis is de oprichter van een importeur van materiaal voor de gezondheidszorg, bestemd voor eindgebruikers en professionals in ziekenhuizen, rusthuizen en apotheken. Als importeur zat Francis vast in een eindeloze strijd om kosten te besparen. Zijn leveranciers vroegen hem grotere volumes te verkopen met kleinere marges. Zijn klanten zagen hem als een puur doorgeefluik, een noodzakelijk kwaad dat de kost van de in wezen standaardproducten verhoogde. Francis besefte dat hij deze uitdaging anders moest aanpakken wilde hij ontsnappen aan het 'commodity game'. Zijn visie was om zijn bedrijf om te vormen in een aanbieder van oplossingen. Hij was ervan overtuigd dat hij kon ontsnappen aan de prijzendruk door een kenniscentrum op te richten voor zijn leveranciers en zijn klanten. Francis geloofde dat hij dankzij deze extra dienstverlening meer toegevoegde waarde kon bieden aan zijn klanten. Hij zou ook een betere partner worden voor zijn leveranciers door inzicht te verwerven in de evoluerende noden van ziekenhuizen en rusthuizen. Deze aspiratie had significante implicaties voor de organisatie. Francis en zijn team moesten hun strategie volledig herdenken, in training en kennisontwikkeling investeren en een meer proactieve verkoops- en dienstverleningscultuur ontwikkelen. De aspiratie om een dienstverlener te worden was aantrekkelijk omdat ze een betere en positievere toekomst voor zijn bedrijf impliceerde.

Formuleer een inspirerende aspiratie

Je aspiratie zal meer inspireren naarmate je veranderingsaspiraties beter ingebed zijn in een gezamenlijk doel en een duidelijke identiteit.

HET MISSION STATEMENT VAN ING DIRECT

Toen Arkadi Kuhlmann, voormalig CEO van ING Direct USA en Canada, geïnterviewd werd over het succes van ING Direct, had hij het niet over financiële zaken – eerder ongewoon voor een bankier – maar wel over het kerndoel en de missie van het bedrijf. "ING Direct werd opgericht in een tijd van verbroken beloftes. Het laatste wat Amerika nodig had, was nog een bank, maar dat betekende niet dat Amerika ons niet nodig had. Wij zijn onconventioneel. Wij zijn niet zoals andere banken. We hebben niet alleen een uniek businessmodel ontwikkeld, ook de manier waarop wij naar de business kijken, verschilt van die waarop onze concurrenten ernaar kijken. Onze doelstelling is om er te zijn voor de gemiddelde persoon. Eerder dan mensen ertoe aanzetten om meer uit te geven – wat de meeste banken doen – is onze aanpak veeleer om Amerikanen meer te doen sparen, om hen te laten terugkeren naar de waarden van het sparen, van de financiële onafhankelijkheid en van het aanleggen van een appeltje voor de dorst. Hoe we dat doen? We maken het gemakkelijk om te sparen door dezelfde geweldige tarieven aan te bieden aan alle Amerikanen."[33]

Een stimulerende aspiratie formuleren is verre van gemakkelijk. Trek de nodige tijd uit om je collega's wakker te schudden uit hun diepgewortelde overtuigingen en tot een akkoord over een gemeenschappelijke toekomst te komen. Om de discussies levendig en relevant te maken stel je de vraag welke verschillen in de nieuwe wereld het belangrijkst zijn. Gebruik je verbeeldingskracht om het verschil tussen het verleden en de toekomst te versterken of zelfs te overdrijven. Vasthouden aan het puur rationele is de reden waarom businesscases niet volstaan om echte verandering te bewerkstelligen.[34] Mik zowel op het hart als op de geest!

Tips om een resonerende veranderingsvisie volledig te herdenken en te communiceren:

- Nodig je klanten uit naar de vergaderingen van je topteam.
- Haal specialisten binnen of stuur je mensen op pad.
- Creëer ervaringen en maak verhalen die beroep doen op alle zintuigen.
- Zet je veranderingsaspiratie om in een verhaal, niet in een powerpoint-slide met een droge opsomming.
- Vertel een verhaal in de taal van je publiek (niet in de taal van je collega's uit het topteam).
- Vermijd om te veel financiën in je verhaal op te nemen en vermijd een stortvloed aan managementjargon.
- Gebruik video's om je boodschap over te brengen.
- Kom in iedere meeting terug op je innemende aspiratie.

Kotter noemt dit de 'See-Feel-Change'-benadering van verandering. Als je erin slaagt om voor de mensen een zintuigelijke ervaring te creëren van de verandering die je in gedachten hebt, zal de gedragsverandering die je van hen verwacht ook veel gemakkelijker tot stand komen.[35] Zoek uit wat er moet veranderen maar leg ook uit waarom mensen ernaar zouden moeten streven om die toekomst te bouwen. Martin Luther King zei "I have a dream", niet "I have a plan". Dromen raken mensen, plannen niet.

Een veranderingsvisie moet ambitieus zijn. Het mag niet te gemakkelijk zijn om ze te bereiken. Het bedrijf zal energie moeten steken in het realiseren van die veranderingsvisie. En eens het zover is moet de veranderingsvisie een brede groep stakeholders aanspreken, niet alleen je aandeelhouders.

HET ASPIRATIEVERHAAL VAN INTERPOLIS

In de vroege jaren 90 van de vorige eeuw stond de Nederlandse verzekeringsmaatschappij Interpolis voor gigantische financiële uitdagingen. Ze moest haar kosten met veertig procent verminderen en het topteam besefte dat het laten afvloeien van personeel niet voldoende zou zijn. Piet van Schijndel, een lid van het topteam en een van de architecten achter de succesvolle transformatie van het bedrijf, legt uit voor welke aanpak ze kozen: "We hebben inderdaad het aantal medewerkers verminderd en ons bedrijf kleiner gemaakt. Onze winstgevendheid steeg weer, maar ons fundamenteel probleem bleef hetzelfde: onze klanten waren nog steeds ontevreden over onze manier van werken. Dat was niet alleen bij ons zo – klanten waren ontevreden over de hele verzekeringsindustrie. We beseften dat er een vertrouwensprobleem was. De hele industrie was en is nog steeds gebaseerd op onderzoeken, audits en controles. Verzekeraars zien en behandelen hun klanten als oplichters. We vroegen ons af: wat als we een verzekeringsmaatschappij zouden uitbouwen waar vertrouwen de basis vormt van de relatie met de klant? Wat als we ervan uitgaan dat klanten betrouwbaar zijn? Dus maakten we onze verzekeringen glashelder. Dat vergde een transformatie van ons en van onze klanten, maar het werkte. We waren een van de meest succesvolle verzekeraars in de late jaren 90 en de vroege jaren 2000 – omdat we een veranderingsvisie hadden ontwikkeld die innemend en inspirerend was, niet alleen voor onze aandeelhouders maar ook voor onze klanten en medewerkers."[36]

Kernboodschappen van dit hoofdstuk

Een ambitieus topteam uitbouwen is een van de belangrijkste uitdagingen in een succesvolle transformatie. Deze batterij voorziet veel energie aan de top van de organisatie en dat is essentieel voor elke verandering.

In dit hoofdstuk hebben we geschetst hoe een lege en een volle topteam-batterij eruitzien. Ons onderzoek toont aan dat bedrijven relatief goed scoren op deze batterij. De topteam-batterij is van alle batterijen de batterij met de hoogste gemiddelde scores.

Een lege topteam-batterij	Een volledig opgeladen topteam-batterij
Egotripperij	Emotionele wendbaarheid
Disfunctioneel team	Samenhangend topteam
Geen mandaat om te handelen	Empowered en verbonden topteam
Geen drive om te veranderen	Gedreven ongenoegen ('Divine discontent')
Doelen zonder aspiratie	Stimulerende aspiratie

Figuur 10 • Van een lege naar een volledig opgeladen topteam-batterij

Er zijn significante verschillen tussen winnaars en verliezers voor elk van de vijf dimensies van deze batterij (zie Figuur 10). Hoe smeed je een ambitieus topteam dat spirituele energie uitstraalt en doelgerichtheid en betekenisvolheid opwekt? Wat doen winnaars om deze batterij op te laden?

- In de eerste plaats beseffen managers van succesvolle hervormers dat de verandering bij *hen* begint. Topexecutives zijn rolmodellen voor de verandering. Als zij het verwachte gedrag niet vertonen, is er een grote kans dat je verandering nergens toe zal leiden.
- Ten tweede spenderen executives van succesvolle teams voldoende tijd aan het bouwen van een echt team, geen pseudoteam.
- Ten derde creëren winnende topteams een gevoel van 'divine discontent' dat ervoor zorgt dat de organisatie in actie schiet. Tegelijkertijd formuleren ze een inspirerende aspiratie die de rest van de organisatie stimuleert en motiveert om van koers te veranderen.

EEN DUIDELIJKE STRATEGISCHE RICHTING

De intellectuele energie

Kernvragen

Waarom kan strategie zowel energie vreten als opwekken bij verandering?

Wat is een 'duidelijke' strategische richting? Hoe is een veranderingsstrategie gelinkt aan een business- en corporate strategie?

Hoe ontwikkel je een duidelijke strategie? Wie moet erbij betrokken worden?

In welke mate is het concept van strategie nog relevant in de huidige woelige tijden? Is het strategisch om totaal geen strategie te hebben?

Quick Scan

HOE GOED IS *JOUW* STRATEGIEBATTERIJ OPGELADEN?

Vink aan of je het eens of oneens bent met elk van de volgende stellingen.

		EENS	ONEENS
1	Onze organisatie verzamelt systematisch informatie over de prestaties en acties van de concurrentie.		
2	We zijn altijd laat met het detecteren van en antwoorden op nieuwe ontwikkelingen in de industrie.		
3	Onze organisatie verzamelt systematisch informatie over hoe goed we beantwoorden aan de veranderende behoeftes van onze klanten.		
4	Wij hebben een reeks initiatieven opgezet om onze organisatie te vernieuwen.		
5	Onze werknemers hebben een duidelijk idee van waar en hoe we het verschil maken met onze concurrenten.		
6	Onze strategie schetst zeer duidelijk wie niet te bedienen en wat niet te aan te bieden.		
7	Onze businessstrategie is een compilatie van de actieplannen van de verschillende afdelingen.		
8	We hebben strategische experimenten opgezet om met radicaal nieuwe producten of businessmodellen voor de dag te komen.		

Geef jezelf een punt voor iedere keer dat je het *eens* was met de volgende stellingen:

1 3 4 5 6 8

Geef jezelf een punt voor iedere keer dat je het *oneens* was met de volgende stellingen:

2 7

Wat is je totale score op acht?

INTERPRETEER JE RESULTAAT

Score	Implicaties
0-2	Je strategiebatterij lekt energie. Je hebt geen duidelijke prioriteiten en je organisatie lijkt richtingloos en onzeker over wat te gebeuren staat.
3-4	Je strategiebatterij is zwak. Ook al voert je organisatie wel een aantal strategische activiteiten uit, de richting ervan is niet goed bepaald noch duidelijk geformuleerd. Je bent waarschijnlijk niet klaar voor veranderingen ingegeven door je concurrenten of door strategische disruptors.
5-6	Je strategiebatterij wekt positieve energie op voor je veranderingsproces, ook al moet je wellicht wel wat extra acties ondernemen om haar verder op te laden. Dat kan door bijvoorbeeld systematisch informatie te verzamelen over veranderende behoeften bij je klanten, over de acties van concurrenten en over wat er gaande is in de periferie van je markt. Zet experimenten op om nieuwe businessmodellen op je markt uit te testen en verzeker je er zo van dat je klaar bent voor disruptie.
7-8	Je strategiebatterij is goed opgeladen. Je strategie is gebaseerd op de realiteit en is goed gedefinieerd. Je hebt sterke antennes uitgebouwd om te scannen wat er gaande is in jouw markt en je bent klaar om actief te bouwen aan de toekomst.

Spark for reflection: Newells hemelse deal[37]

John McDonough werd CEO van de Newell Company in januari 1998. Newell was een grote producent van basis huis-, kantoor- en hardwareproducten. Newell bood zijn producten aan via grote detailhandelaars, kantoorsupermarkten en bouwmarkten, zoals Walmart, Staples en Home Depot.

Sinds de jaren 60 van de vorige eeuw bewandelde het bedrijf een agressief groeipad door kleinere, ondermaats presterende concurrenten over te nemen. Deze bedrijven werden 'ge-Newellizeerd', wat erop neerkwam dat ze integreerden in Newells financiële, productie- en logistieke systemen en dat ze uitgedaagd werden om hun prestaties te verbeteren. Die strategie had gerendeerd: voor het hele jaar 1997 kon Newell een 10-jarig gemiddelde ROI van 31 procent voorleggen, vergeleken met een jaarlijkse gemiddelde van 18 procent voor de S&P 500. De inkomsten waren bovendien gestegen tot boven de 3 miljard dollar.

Maar McDonough geloofde dat het bedrijf nog verder moest groeien. Financiële analisten hadden aangehaald dat bedrijven met meer dan 10 miljard dollar marktkapitalisatie hogere koers-winstverhoudingen afdwingen. In het licht van de toenemende marktmacht van Newells belangrijkste klanten geloofde McDonough dat hij sterkere merken moest ontwikkelen of kopen. Rubbermaid, een fabrikant van plastic B2B- en consumentenproducten met 2,4 miljard dollar aan inkomsten, leek een excellente opportuniteit om de groeiambities van het bedrijf te helpen realiseren. McDonough begroette deze overname als een geweldige strategische match en in 1999 werd Newell Rubbermaid gevormd.

In November 2000 werd McDonough echter ontslagen, amper een jaar na de megafusie. De hemelse deal was een helse fusie geworden, zoals *Business Week* het formuleerde. Aandeelhouders van Newell zagen hun investering met 50 procent in waarde verminderen in de 2 jaar na de fusie, en Rubbermaid-aandeelhouders verloren 35 procent. In 2002 schreef Newell 500 miljoen dollar af op goodwill.

Hadden ze te veel betaald en is de fusie daarom mislukt? Of was de zogezegde 'strategische match' dan toch niet zo strategisch? Vanop afstand leek alles oké: de twee bedrijven verkochten producten voor het huishouden via in wezen dezelfde kanalen en er was voldoende schaalvoordeel te winnen bij het combineren van de activiteiten van beide. Newell kon Rubbermaid bovendien ook helpen bij de problemen met hun productieketen.

Van dichterbij bekeken, zat de deal echter niet goed. Ook al waren beide bedrijven actief in hetzelfde concurrentiële speelveld, hun concurrentiebasis was fundamenteel verschillend. Rubbermaid was vooral concurrentieel op het vlak van innovatie en merk, terwijl Newell de nadruk legde op lage productiekost en efficiëntie in de productieketen. Hun operationele modellen lagen ver uit elkaar, net als hun toegevoegde waarde. Newell had geen gepast antwoord op de strategische problemen van Rubbermaid en had de ernstige verschillen in hun strategische benaderingen onderschat.

De rol van strategie in verandering

In het vorige hoofdstuk benadrukten we dat het belangrijk is om een inspirerende veranderingsvisie te hebben, een ambitie om aan een toekomst te bouwen die beter is dan wat nu bestaat. Het is even belangrijk om die aspiratie te vertalen naar een *welbepaalde richting en strategie*. Een aspiratie zonder strategie is niet veel meer dan een droom. In te veel organisaties is de 'hoe' van de verandering even onduidelijk als het 'waarom'.

Strategie is complex. Iedereen is het erover eens dat strategie belangrijk is, maar bijna niemand is het eens over wat strategie nu precies is. Een van de redenen hiervoor is dat ze op verschillende niveaus plaatsvindt: er is een corporate strategie en er is een business(unit)strategie. De kern van die laatste wordt gevormd door de manier waarop een bedrijf een *competitief* voordeel op zijn concurrenten kan verkrijgen.

Verschillende bedrijven omvatten echter meer dan een business. Disney is bijvoorbeeld een internationaal entertainmentconglomeraat met een filmstudio, pretparken en televisienetwerken. Het bedrijf had op een bepaald moment zelfs een professioneel ijshockeyteam – de Mighty Ducks of Anaheim. Apple is dan weer een technologiebedrijf met een computer-, telefoon- en tabletbusiness en nog zoveel meer. Deze bedrijven hebben een aparte business-strategie nodig voor elk van hun businessunits, naast een corporate strategie die bepaalt welke 'businesses' deel zouden moeten uitmaken van het bedrijfsportfolio en die bekijkt hoe synergieën kunnen worden bereikt binnen de corporatie. De corporate strategie biedt met andere woorden een antwoord op de vraag waarom het geheel meer is dan de som van de delen.

In de rest van het boek ligt onze focus bij *business-strategie* en op hoe dit een belangrijke stimulans, dan wel een barrière voor verandering kan zijn.

Drie checkpunten om te bepalen hoe duidelijk jouw strategische richting is:

- Organiseer je eindeloze meetings om de juiste prioriteiten te bepalen voor het bedrijf en de verschillende onderdelen? Of is de richting van de verandering binnen je organisatie duidelijk?
- Is de strategie gebaseerd op een diepe analyse?
- Ben je klaar om met disruptieve bedreigingen om te gaan?

Kenmerken van een lege strategiebatterij

In de meeste veranderingsprojecten spenderen managers aanzienlijke hoeveelheden geld en tijd aan het definiëren van de richting van de verandering. Ons onderzoek onthult echter dat weinigen kunnen claimen dat ze een duidelijke en robuuste strategie hebben die energie boost om efficiënt de veranderingsproblemen aan te pakken. Hoe weet je of je strategiebatterij energie lekt?

SWOT-energie (Strategic Waste of Time) van een snelle oplossing

Wat is de voorgestelde oplossing voor je veranderingsuitdaging? Nog maar eens een herstructureringsoefening? Nog meer kosten besparen? Succes ermee! We betwijfelen of ze doeltreffend zullen zijn. Snelle oplossingen werken niet. In het beste geval bieden ze wat ademruimte voor nog een jaar, misschien twee. Het zijn vaak oplossingen die er niet in slagen het kernprobleem aan te pakken: hoe bieden we op een winstgevende manier waarde aan onze klanten? We zien managers vaak teruggrijpen naar een standaardpakket van recepten en oplossingen voor om het even welk strategieprobleem. Maar, zal herstructureren je helpen om een verschil te maken op de markt? En zal verdere centralisering je helpen om op een meer overtuigende manier toegevoegde waarde te creëren?

Veel managers lanceren veranderingsprojecten die het verkeerde probleem aanpakken. Ze houden amper rekening met de interne kosten en baten. Dit brengt de rest van de organisatie in verwarring. Werknemers scharen zich niet achter het project als ze er niet van overtuigd zijn dat de voorgestelde oplossing het bedrijf ook effectief beter zal maken. Dit vraagt om een doorgedreven analyse van de kernoorzaken van de problemen van het bedrijf. Een rentabiliteitsdaling kan veroorzaakt worden door verschillende factoren: een toename van de prijs van je grondstoffen of een daling van de inkomsten doordat je producten en diensten niet langer concurrentieel zijn. Weet je echt waarom je bedrijf in de problemen kwam? Misschien ben je het contact met je klanten verloren? Heb je de tijd genomen om te onderzoeken waar het fout liep en te begrijpen hoe je echt het verschil kan maken met de concurrentie? Kan je eerlijk zeggen dat je weet hoe je sterktes en zwaktes zich verhouden ten opzichte van de opportuniteiten en bedreigingen in de omgeving? Of staat de SWOT in je SWOT-analyse voor Strategic Waste of Time?

Kortzichtige energie

Bedrijven moeten de huidige situatie beoordelen en zich ervan verzekeren dat ze adequaat voorbereid zijn op de toekomst. Die voorspellen is natuurlijk nooit uitdagender geweest dan vandaag. Maar dat is geen excuus om de veranderingsleiders in je industrie niet te identificeren. Kodak, Motorola, en de traditionele Europese luchtvaartmaatschappijen die uitgedaagd werden door lagekostenconcurrenten, zijn bekende voorbeelden van marktleiders die serieus in de problemen raakten omdat ze er niet toe in staat waren om de nieuwe ontwikkelingen in hun industrie te volgen.

Jim Lovell, een NASA-astronaut en voormalig commandant van de Apollo 13 missie zei ooit: "Er zijn mensen die dingen doen gebeuren, er zijn mensen die dingen zien gebeuren en er zijn mensen die zich afvragen wat er is gebeurd." Managers zouden ervoor moeten zorgen dat hun bedrijf zeker niet onder die laatste categorie valt. Een onderzoek bij 140 corporate strategen, uitgevoerd door de Fuld-Gilad-Herring Academy of Competitive Intelligence toonde aan dat twee derden onder hen in de voorbije vijf jaar verrast waren geweest door zeker drie events van de concurrentie die een hoge impact hadden gehad.[38] Een van de belangrijkste problemen was dat het de bedrijven ontbrak aan een vroeg waarschuwingssysteem: ze zagen het gewoonweg niet aankomen. En toen ze eindelijk doorhadden wat er aan het gebeuren was, duurde het lang om zich aan te passen aan de bewegingen van de belangrijkste disruptors op hun markt (denk aan de 'blinde rechtvaardigheid' die we bespraken in het vorige hoofdstuk).

'Alles is belangrijk'-energie: strategie-obesitas

Veel organisaties hebben te veel strategieën. Alles wat belangrijk is noemen ze 'strategie'. Dus hebben ze een strategie voor de sales, eentje voor de marketing, een voor operations en ook een voor IT. Maar wat ze vaak niet hebben, is een overkoepelende business-strategie. Het gevolg daarvan is dat verschillende onderdelen van de organisatie aparte – vaak conflicterende – strategieën proberen te implementeren.

In deze bedrijven zijn de concurrenten niet de vijand, de vijand zit er in de organisatie zelf. Voor de productie kan die vijand de sales zijn: "Ze blijven maar voorstellen aanvaarden van klanten die niet bij ons profiel passen". Voor de productontwikkeling is de marketing misschien de vijand: "Ze blijven een beeld schetsen dat niet overeenkomt met de producten en diensten die wij ontwerpen".

Wondermiddel-energie: een sloganparade

We werden recentelijk uitgenodigd door de CEO van een grote Europese bank om feedback te geven op een nieuw veranderingsprogramma. De bank zat in de nasleep van de financiële crisis van 2008 en was de lancering van een nieuw strategieprogramma aan het voorbereiden. Het strategieprogramma bestond uit twintig grote projecten, elk met duidelijke eindproducten en deadlines, en met projectsponsors en -managers uit de hogere echelons van de organisatie. Elk van die programma's was gericht op kostenvermindering, de vereenvoudiging van organisatiestructuren, activiteiten om dichter bij de klant te geraken en de creatie van een meer innovatieve, wendbare organisatie. Zonder daarbij te vergeten dat ze ook een betere maatschappelijk verantwoorde onderneming wilden zijn, de internationalisering wilden herdenken en een betere cultuur wilden ontwerpen. Toen we hen vroegen wat de bank dan niet meer zou doen, bleven ze ons het antwoord schuldig.

Om de zoveel jaar, je kan er de klok op gelijk zetten, beslist een directielid, in sommige organisaties, dat er een nieuw wondermiddel nodig is om het bedrijf opnieuw succesvol te maken. Bedrijven met een lege strategiebatterij springen van de ene managementbevlieging naar de andere. 'De slanke organisatie', 'dual-purpose organisaties', 'klantgerichtheid', 'Blauwe-Oceaan-Strategie', 'strategische wendbaarheid', 'strategische innovatie'... Ze hebben allemaal hun eigen woordenschat die natuurlijk ook weerspiegeld moet worden in de nieuwe strategische recepten van het bedrijf. Organisaties proberen een strategie uit gedurende een of twee jaar, raken erop uitgekeken en gaan dan over naar de volgende. Consultants houden ervan!

Deze benadering leidt niet tot succes op lange termijn. *Bedrijven winnen niets door voortdurend van strategie te veranderen*, ook niet in turbulente industrieën. Strategie-auteurs Paul Leinwand en Cesare Mainardi hebben ontdekt dat bedrijven die goed zijn in strategie en de uitvoering ervan een zeer duidelijk idee hebben van wat ze het best doen. Ze ontwikkelen een solide toegevoegde waarde en bouwen karakteristieke kwaliteiten in die die toegevoegde waarde ondersteunen.[39] Ook op dat vlak maakte Newell een vergissing: het bedrijf vergat als het ware dat zijn karakteristieke kwaliteiten in het management van de productieketen en in operationele uitmuntendheid lagen, niet in innovatie en merkmanagement. Strategie gaat met andere woorden niet over het zich inkopen in de laatste nieuwe hype.

Waarom is de 'sloganparade' zo populair bij zo veel grotere organisaties? Voornamelijk omdat strategiediscussies vaak zwaar en pijnlijk zijn. Strategie is een keuze. Al te vaak willen managers die harde keuzes niet maken en in dat geval verzachten strategieslogans de klap en voelen ze aan als een gift uit de hemel. Vind een leuke slogan waarbij iedereen zich aansluit en je bent vertrokken. Wie kan er nu tegen 'klantgerichtheid' of 'strategische wendbaarheid' zijn? Maar als slogans eigenlijk een gebrek aan duidelijke strategische keuzes maskeren, maken ze de dingen erger aangezien ze energie wegzuigen uit je strategiebatterij.

Sluimerende energie van bureaucratische doelstelling en planning

Voor veel managers is strategie een vervelende jaarlijkse planningsoefening geworden. Een strategisch plan bestaat typisch uit de volgende ingrediënten.

Eerst wordt het missionstatement bepaald. Daarin worden hoogdravende doelen geformuleerd, zoals "We willen nummer 1 of 2 in onze markt worden", of "Ons doel is de beste te zijn in onze sector". Op de tweede plaats komt een lijst van initiatieven om deze doelen na te jagen. De afmetingen van de flipchart vormen hierbij de enige beperking voor de lengte van deze lijst. Het derde ingrediënt, de vertaling van deze initiatieven naar de financiën, is vaak het meest uitgebreide deel van het plan. De nadruk ligt op het hebben van een strak, datagestuurd proces, dat gedomineerd wordt door budgettering en financiële voorspellingen. Managers maken uitgebreide provisies van de kosten en herhalen deze oefening vervolgens ook voor de inkomsten, waar ze plannen maken per verkoper, per product, per kanaal, per regio enzoverder.[40]

Dit is een waardevolle oefening omdat ze helpt om doelen te bepalen. Maar doelen vormen niet de strategie. Doelen formuleren wat het bedrijf wil zijn, niet *hoe* het zo wil worden. Dit valt te vergelijken met een atleet die zegt: "Op de volgende Olympische Spelen win ik de 400 meter door sneller te lopen dan alle anderen." Dat is geweldig, maar *hoe*?[41] Doelen zijn belangrijk maar ze kunnen de strategie niet vervangen. Als de geplande inkomsten uitblijven, vragen managers zich af: "Wat hadden we meer kunnen doen?" En dat is exact waar de strategie op de proppen komt. Strategie gaat over het maken van keuzes over waar te spelen en hoe te winnen. Het gaat om het ontwikkelen van recepten om goede klanten te werven en ze ook te houden.

Fantastische strategieën bieden een leidraad en zorgen voor coherentie in de organisatie. Financiën doen dat jammer genoeg niet. Dit is ook de val waar Newell in is getrapt. McDonough leek wel verblind te zijn geweest door een obsessie voor omzetgroei en week hierdoor af van een strategie die Newell verfijnd had gedurende meer dan 30 jaar.

Planning is nog gevaarlijker in turbulente sectoren, waar het bijna onmogelijk is om accurate en duurzame plannen te maken. In die markten gaat het niet langer om accuraatheid en precisie, maar wel om snelheid en wendbaarheid. Doeltreffende topmanagers bepalen de richting, bestuderen wat er gaande is in de markt, en doen aan onderzoek door het managen van een portfolio van experimenten die erop mikken om opkomende noden en technologische revoluties beter te begrijpen. Ze selecteren de veelbelovende opportuniteiten en rollen ze uit wanneer ze succesvol worden. Dit verschilt in grote mate van het typische strategische planningsritueel dat we vandaag nog steeds zien.

Overzicht van ontladers

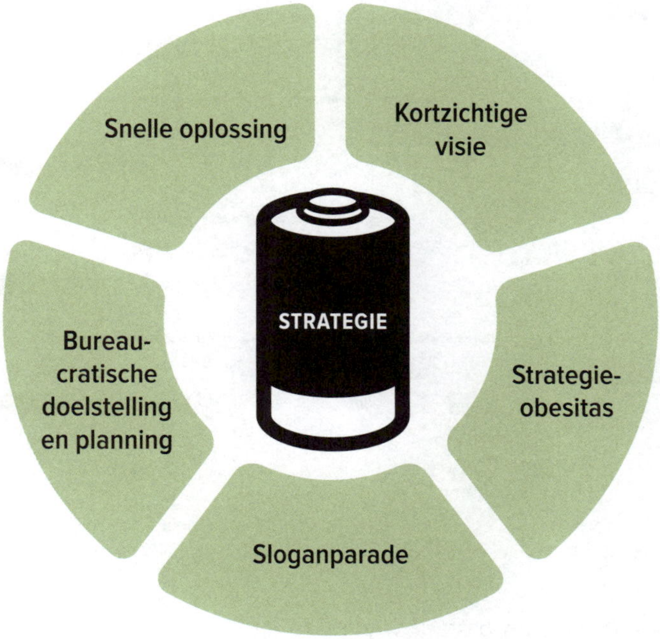

Figuur 11 • Waarom je strategiebatterij leeg is

De strategiebatterij en de effectiviteit van de verandering: Wat zegt ons onderzoek?

Figuur 11 vat de typische kenmerken van een lege strategiebatterij samen. Maar hoe belangrijk is de strategiebatterij om je organisatie te activeren voor verandering? Hoe verschillend scoren succesvolle hervormers voor deze specifieke batterij vergeleken met onsuccesvolle hervormers? We selecteerden opnieuw de 20 procent beste hervormers en spiegelden hen aan de 20 procent slechtste hervormers om hun scores te vergelijken voor elk van de vijf criteria van de strategiebatterij.

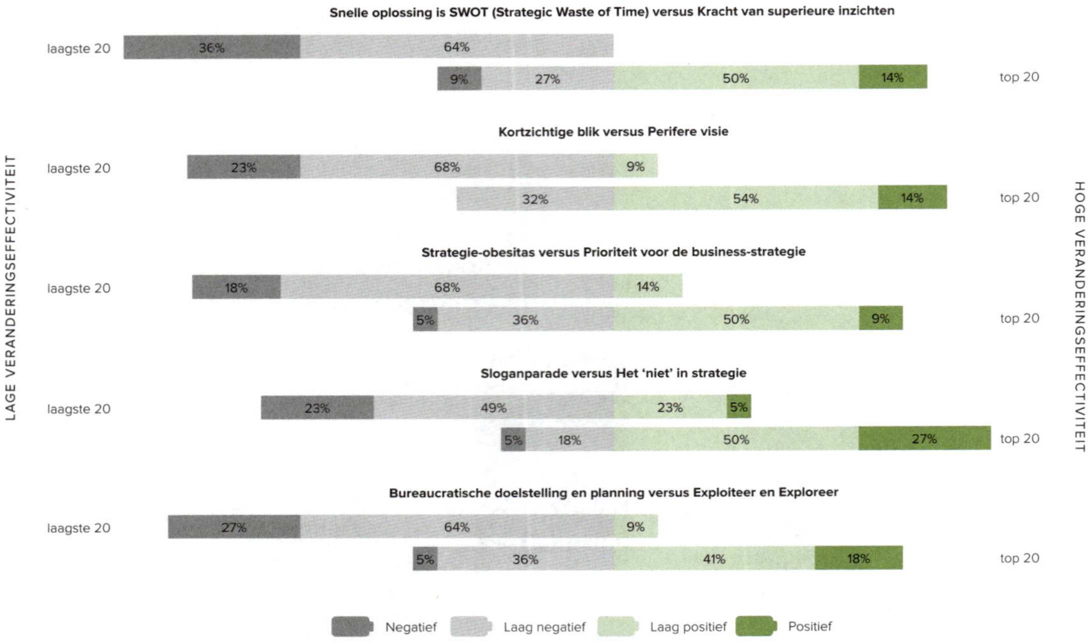

Figuur 12 • Strategiescores voor succesvolle en onsuccesvolle hervormers[42]

Net zoals voor de topteam-batterij, vinden we significante verschillen tussen de 20 procent bedrijven met de hoogste veranderingseffectiviteit ('Top 20') en de 20 procent bedrijven met de laagste veranderingseffectiviteit ('Laagste 20'). Op dezelfde manier als bij de topteam-batterij genereren de minst goede hervormers voornamelijk negatieve energie voor deze batterij, terwijl de meeste tophervormers hier positieve energie opwekken.

De resultaten geven aan dat de minst goede hervormers worstelen met grondige analyses. Ze slagen er niet in om duidelijke keuzes te maken, hun strategie neigt naar een sloganparade en ze zien strategie dan ook voornamelijk als doelstelling en planning.

De tophervormers presteren gemiddeld veel beter voor elk van de vijf strategiecriteria. Het is evenwel de moeite waard hierbij te vermelden dat een aanzienlijke groep van deze toppers ook worstelen met de strategiebatterij. Voor de meeste criteria ligt het aantal tophervormers dat het er moeilijk mee heeft hoger dan 30 procent. Meer dan 40 procent van de beste hervormers lijden aan strategie-obesitas. Verschillenden onder hen ondervinden moeilijkheden bij hun voorbereiding op succes in snel veranderende omstandigheden. Te veel bedrijven volgen nog steeds het 'oude' paradigma voor strategische planning.

Hoe je strategiebatterij opladen?

Nu je een idee hebt van hoe een slechte of middelmatige strategie eruitziet, en je een beter zicht hebt op het energieniveau van de strategiebatterij van jouw bedrijf, is de volgende vraag hoe je jouw strategiebatterij volledig kan opladen. De typische vragen die we krijgen van managers die hun strategiebatterij willen opladen, kunnen we samenvatten als volgt:

- Wat is een duidelijke strategische richting. Wanneer is je veranderingsstrategie echt duidelijk?
- Hoe ontwikkel je zo'n strategie? Hoeveel mensen zouden betrokken moeten worden bij het bepalen van de strategische richting?
- Waar komt een goede strategie vandaan? Komt strategie van een visionair of van hard werk?
- En niet in het minst, hoe relevant is het concept van strategie nog in de hedendaagse woelige tijden?

Schep klaarheid

Wat is een duidelijke strategische richting? We argumenteerden al dat die uit meer bestaat dan precieze financiële doelen. Bovenal moet ze specifiëren hoe je deze doelen zal bereiken. Een duidelijke strategische richting biedt specifieke antwoorden op de volgende vragen:

- Wie bedienen we? Welke zijn onze klantsegmenten?
- Wat bieden we aan? Passen al onze producten of diensten in onze productportfolio?

- Wat is onze toegevoegde waarde? Waarom verkiezen klanten ons boven de concurrentie?

- En wat is ons basisbedrijfsmodel? Hoe zijn we georganiseerd om onze toegevoegde waarde ook daadwerkelijk te realiseren?

De eerste twee vragensets vertellen je *waar te spelen*; ze bakenen je 'concurrentieel speelveld' af. De laatste twee vragensets specifiëren *hoe je wint;* zij schetsen met andere woorden je 'concurrentieel thema'.

Figuur 13 • De vier essentiële strategische vragen waarop elk bedrijf een antwoord zou moeten zoeken

EASYJET, DUCATI EN HARLEY DAVIDSON: BEDRIJVEN MET EEN DUIDELIJKE STRATEGIE

EasyJet is een luchtvaartmaatschappij met een duidelijk concurrentieel speelveld: ze biedt korteafstandsvluchten (wat we aanbieden) aan klanten die zelf moeten betalen, eerder dan aan zakenklanten (wie we bedienen). Ze heeft ook een duidelijk concurrentieel thema. Haar toegevoegde waarde is dat ze een prijzenbreker is die streeft naar operationele excellentie (bedrijfsmodel).

Ducati en Harley Davidson zijn twee motorfietsbedrijven met een gelijkaardig concurrentieel thema: ze bieden geweldige, iconische producten (toegevoegde waarde) en hebben beide een bedrijfsmodel dat is gestoeld op het ontwikkelen van innovatieve en kwalitatieve producten. Maar de twee bedrijven zijn actief in verschillende concurrentiële speelvelden: Ducati maakt sportmotoren en mikt op raceliefhebbers. Harley Davidson is actief op de cruisermarkt en mikt op klanten voor wie motorrijden een lifestyle is.

Strategie is keuzes maken

Onze ervaring leert dat managers bang zijn om duidelijke beslissingen te nemen op het vlak van deze vier essentiële, strategische vragen. De essentie van strategie is ook kiezen wie *niet* te bedienen, wat *niet* aan te bieden. Winnen betekent je grenzen aanvaarden, betekent 'nee' zeggen tegen sommige klanten om andere klanten beter te kunnen bedienen, betekent focussen op de high-end producten, niet op de low-end markt.

Richting bepalen, betekent duidelijk grenzen afbakenen, eerst voor de business, vervolgens voor de afdelingen. Het 'niet' in strategie is zeer belangrijk. Veel bedrijven proberen om te veel klantensegmenten aan te spreken, wat kan leiden tot compromissen die hen duur kunnen komen te staan. Wat je goed doet voor een segment kan schade toebrengen aan een ander. Het resultaat hiervan is dat het bedrijf kleurloze, saaie producten of diensten aanbiedt, die zich nauwelijks onderscheiden van wat de concurrentie voorstelt.

Bedrijven worstelen met het afbakenen van hun concurrentieel speelveld omdat ze bang zijn klanten te verliezen. Maar klanten die niet adequaat worden geholpen zullen sowieso wegtrekken.

Beantwoord deze vragen om jouw concurrentieel speelveld duidelijk te helpen bepalen:

- Hebben we een duidelijk beeld van wie onze belangrijkste klanten zijn?
- Wie zijn de goede en de slechte klanten in onze portfolio? Zijn er klantensegmenten zonder dewelke we beter af zouden zijn?

- Hoeveel slechte klanten hebben we in onze portfolio?
- Hoe kunnen we deze slechte klanten ontmoedigen om bij ons te kopen?
- Mikken we met onze producten/diensten op de high-end markt of situeren we ons eerder aan de low-end? (Merk op: er is niets mis met het mikken op de low-end klanten. Denk maar aan IKEA.)

Een even belangrijk element van een duidelijk strategie is een innemend concurrentieel thema. Waar maak je het verschil met je concurrenten? Hoe win je? Wat is je toegevoegde waarde? In hun inspirerend book *The Myth of Excellence: Why Great Companies Never Try to Be the Best at Everything*, argumenteren Fred Crawford en Ryan Mathews dat veel bedrijven lijden aan het nastreven van grensoverschrijdende superioriteit. Ze proberen om concurrenten tegelijkertijd te overtreffen op een veel te breed scala aan parameters, bijvoorbeeld met én lagere prijzen, én betere dienstverlening én aantrekkelijkere producten. Wij zijn het met hen eens dat bedrijven zouden moeten weerstaan aan de constante verleiding om te streven naar universele excellentie.[43]

Beantwoord deze vragen om jouw concurrentieel thema te bepalen:

- Op welk van de vijf waarde-kenmerken – product, prijs, toegankelijkheid, dienstverlening en verbondenheid[44] – wil je de leider zijn binnen jouw sector? Waarin wil jij de 'nummer 1' zijn?
- Op welk vlak wil je 'top 3' zijn in het hoofd van de klant?
- Voor welke kenmerken wil je gemiddeld presteren?
- In welke mate ondersteunen alle afdelingen dit voorstel?

Kies en breng alles op een lijn

Antwoorden op deze vragen over je concurrentieel speelveld en je concurrentieel thema kan leiden tot enkele moeilijke discussies. Maar eensluidende antwoorden formuleren op deze vragen is een essentiële stap om je strategiebatterij op te laden. Kiezen 'waar te spelen' en 'hoe te winnen' is cruciaal om richting te geven aan de rest van de organisatie. Als er geen keuzes worden gemaakt, wordt er energie verspild aan conflicterende prioriteiten. Als je geen stevige beslissingen neemt, creëer je de perfecte setting voor een gevecht over resources binnen je bedrijf.

HET BELANG VAN DUIDELIJKE KEUZES MAKEN

Tom was een executive in een bedrijf gespecialiseerd in procesbegeleiding in de sector van de nutsvoorzieningen. Het bedrijf groeide snel en had een succesvol softwareproduct ontwikkeld dat energieleveranciers en andere nutsbedrijven hielp om hun prestaties en processen beter te managen. Het had een uitgebreid netwerk van wereldwijde partnerships uitgebouwd met businessconsultants, systeemintegratoren en aanbieders van oplossingen om de software module over de hele wereld te verkopen. Tegelijkertijd was het bedrijf ook zelf een systeemintegrator geworden in drie Europese landen, waar ze verdergingen dan enkel het product verkopen. Ze boden er ook geavanceerde controle- en IT-oplossingen aan.

Tom voelde evenwel dat zijn bedrijf was vastgelopen en hij nam het initiatief voor een strategieworkshop voor de hele organisatie. De leden van het topteam vonden het moeilijk om duidelijke antwoorden te geven op zijn strategische vragen. Was de kern van het bedrijf zijn softwareproduct? Of zou het bedrijf zich moeten concentreren op het aanbieden van zijn oplossingen? Wie zouden dan de kernklanten zijn? Zou de focus moeten liggen bij het veroveren van de wereld, of zouden ze al hun inspanningen moeten bundelen om een regionale dienstverlener te worden? Er waren meerdere managementmeetings nodig alvorens de beslissing werd genomen om het bedrijf op te splitsen in twee delen: een globaal softwarebedrijf en een regionale dienstverlener. Dit waren geen simpele discussies en de inzet was hoog. De CEO, die voorstander was van een geïntegreerd bedrijf, verloor zijn baan. Het nieuwe bedrijf heeft nu twee CEO's and Tom is een van hen. De groei op het vlak van inkomsten en winst in de voorbije twee jaar is ronduit indrukwekkend. Tom zegt hierover: "Het is nu voor iedereen duidelijk waar het bedrijf voor staat en hoe we ons positioneren op de markt. Het is ongelooflijk te zien hoeveel energie deze duidelijkheid creëert."

Het voorbeeld hierboven illustreert dat het niet vanzelfsprekend is om uitgelijnde antwoorden te verkrijgen. Executives dwingen om na te denken over wat *niet* te doen creëert een zeer aparte dynamiek in de directiekamer. Managers hebben vaak uiteenlopende meningen over welke klanten te bedienen of niet te bedienen. Ze zijn het regelmatig oneens over wat de toegevoegde waarde van het bedrijf zou moeten zijn. Het is evenwel van cruciaal belang dat executives de nodige tijd nemen om dit duidelijk te stellen.

Over het algemeen vloeien deze discussies samen in twee of drie sleutelbeslissingen. Zo kwam de discussie in een bedrijf bijvoorbeeld neer op de keuze tussen flexibel zijn voor hun 20 beste klanten of een snelle en probleemloze ervaring bieden aan al hun klanten. Als er dergelijke grote meningsverschillen bestaan, valt het aan te raden om wat tijd uit te trekken om de verschillende scenario's uit te werken. Splits het directiecomité op in twee groepen en laat hen voor elk geval een oplossing uitwerken. Na enige tijd – afhankelijk van de situatie kan dit drie tot zes maanden in beslag nemen – moet het team evenwel een duidelijke beslissing nemen. Eens de beslissing genomen, is er geen weg terug.

Het kan waardevol zijn om een strategie-expert het team te laten begeleiden bij het beantwoorden van deze vragen. Als de discussie eindeloos blijft doorgaan, moet de CEO uiteindelijk de knoop doorhakken.

Verschillende executives vertelden ons dat het niet gemakkelijk was om deze discussies te voeren, maar dat het nemen van de uiteindelijke beslissingen heel veel energie heeft opgewekt binnen het topteam. Op die manier kunnen strategiediscussies ook bijdragen tot het smeden van een goed samenhangend topteam.

Gebruik drie fases om strategische energie op te bouwen

Hoe ontwikkel je een duidelijke strategie? Hoeveel mensen zouden betrokken moeten worden in het bepalen van de strategische richting?

Organiseer meerdere strategische sessies

Een strategie creëren is geen lineair proces, waarbij je input verzamelt, beslissingen neemt en ze dan communiceert aan de rest van de organisatie. Figuur 14 toont dat we verschillende fases onderscheiden in het strategie-ontwikkelingsproces.

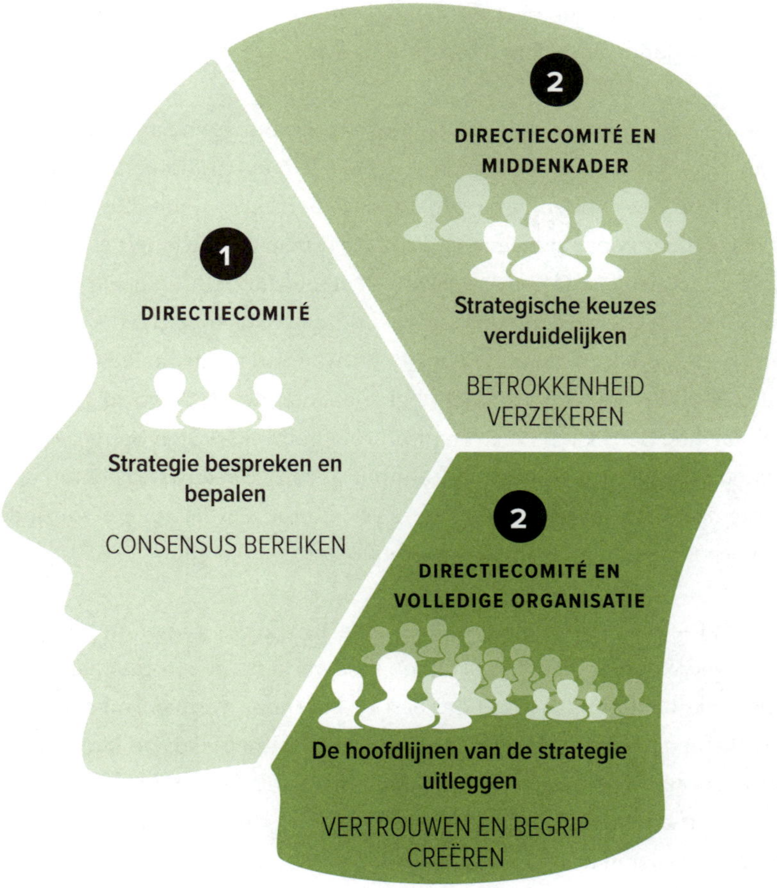

Figuur 14 • Verschillende strategiediscussies

De eerste stap is de strategiediscussies binnen het directiecomité op te starten. Dit team denkt, eventueel samen met een paar invloedrijke bestuursleden, na over de strategische vragen die in de sectie hierboven werden voorgesteld. We geloven dat het beter is om in deze discussies geen managers uit het middenkader of high potentials te betrekken. Zeker als je tussen de topexecutives onenigheid verwacht over de strategie, is het wenselijk om die eerst weg te werken in een aparte strategieretraite. Het middenkader zou niet moeten worden blootgesteld aan de spanningen die bij de top leven. Het doel van deze eerste stap is om bij de topexecutives een consensus te bereiken over de strategische keuzes en richting en om steun te krijgen van de aandeelhouders of bestuursleden.

De volgende stap bestaat erin de strategie te communiceren aan het middenkader. Een vaak toegepast procedé is om de sessie die je met het topteam hield, te herhalen maar er nu het middenmanagement bij te betrekken, samen met enkele high potentials – meer bepaald diegenen die jij als cruciaal beschouwt om de verandering te helpen uitrollen. De belangrijkste strategische richting is al bepaald, maar door het middenkader te confronteren met dezelfde strategische dilemma's als het topteam, begrijpen deze managers ook beter waarom die bepaalde keuzes werden gemaakt. Het middenkader verwacht helemaal niet dat zij de strategie mogen bepalen, maar hen betrekken bij strategische sleutelbeslissingen bouwt vertrouwen op. Bovendien zullen ze wellicht extra input geven en nieuwe inzichten delen die helpen om de kwaliteit van de strategie te verbeteren. Op die manier wordt de strategie scherper gesteld en wordt ze ook robuuster.

In stap 3 vat je de belangrijkste strategische conclusies samen in een strategieverhaal dat je communiceert naar al je medewerkers, in een taal aangepast aan je publiek (zie hoofdstuk 2: 'Tips om een resonerende veranderingsvisie volledig te herdenken en te communiceren'). We geloven dat het geen zin heeft om andere medewerkers te betrekken in de *bepaling* van de strategie. Betrek hen in de operationalisering en de vertaling van de strategie, of zelfs in een strategie-analyse oefening, maar niet in de formulering van de strategie.

Begrijp het verleden om de toekomst te maken

Waar komt een goede strategie vandaan? Spruit strategie voort uit een helder inzicht van een visionair binnen je bedrijf of resulteert ze uit een hoop hard werk? Meestal is het dat laatste. Elke strategie berust op een aantal unieke inzichten, die verzameld werden via een gedegen en diepgaande strategische analyse. De kwaliteit van deze inzichten heeft een directe impact op de kwaliteit van je strategie. Veel bedrijven zijn zo gefocust op hun dagelijkse operationele beslommeringen dat ze vergeten te observeren en te analyseren wat er gaande is in de buitenwereld.

Een goede strategie-analyse zou je unieke en superieure inzichten moeten opleveren in je vroegere en huidige prestaties en in de trends van morgen en daarna.

Net zoals de god Janus moet je zowel terug- als vooruitkijken. Maar wat houdt dit precies in?

Terugblikken: je vroegere en huidige prestaties begrijpen

Waarom verander jij jouw organisatie? Voornamelijk omdat je prestaties niet langer aan de standaarden beantwoorden of omdat ze in de toekomst achteruit zullen gaan. In dat laatste geval geloof je dat je organisatie slecht uitgerust is om een antwoord te bieden op de uitdagingen van de toekomst.

Als je organisatie ondermaats presteert, is het zaak om te begrijpen op welke vlakken dat zo is en wat ervan aan de bron ligt. Het is belangrijk dat je een goed begrip ontwikkelt van waarom je prestaties achterblijven of niet aan de verwachtingen beantwoorden. Is de terugloop van prestaties een sectorbreed fenomeen? Of heb jij het moeilijker dan je concurrenten?

Om op deze 'eenvoudige' vragen te antwoorden, moet je meer gedetailleerde informatie verzamelen over:

- Je bedrijfssituatie: Waar verdien je geld? Waar verlies je geld? Hoe zijn je prestaties veranderd door de tijd heen? Waar groeit je marktaandeel? Waar verlies je het? Wat is jouw kostenpositie ten opzichte van die van je concurrenten? Wat zijn jouw belangrijkste sterktes? Wat zijn je zwaktes die je van dichterbij zou moeten opvolgen?

- Je concurrenten: Waar zijn je concurrenten actief? Welke specifieke markten bedienen ze? Wat bieden ze aan op elke markt? Wat is hun strategie? Hoe succesvol zijn ze in elk van die markten? Groeit hun marktaandeel? Maken ze winst? Wat zijn hun marges?

- Je klanten: Welke klantsegmenten zijn winstgevend? Welke zijn dat niet? Wat verwachten je klanten van je? Wat zijn hun belangrijkste behoeften? En hoe goed beantwoord jij op dit moment aan die noden? Wie zien jouw klanten als je belangrijkste concurrenten om die noden te vervullen?

Het is niet altijd gemakkelijk om de juiste data te vinden om deze vragen te beantwoorden en soms is het moeilijk om patronen te onderscheiden in de data en het eens te worden over sleuteltrends. Een goede strategie-analyse maken vraagt veel en hard werk, maar ze is de inspanning zeker waard. Ze vergt vaardigheden en netwerkconnecties die misschien niet in overvloed aanwezig zijn in je organisatie. Het kan zeer nuttig zijn in dit proces een consultancybedrijf in te schakelen. Zij kunnen je immers voorzien van benchmarks en goede analysemethodologieen. We raden je echter ook aan je eigen mensen te engageren. Een degelijke strategie-analyse is een leerproces met een *focus van buiten naar binnen*, geleid door functie-overschrijdende teams. Alleen dan zal je in staat zijn om rijke data te verwerven die je toestaan om de concurrentie te slim af te zijn.[45]

Een strategische analyse zou je moeten voorzien van *informatie die je concurrenten niet hebben*. Om krachtige plannen te kunnen genereren en echt impact te hebben, moet een strategie-analyse nieuwe, onbekende, ongemakkelijke en onverwachte inzichten onthullen, die geen van je concurrenten heeft.[46] Een strategische analyse is *geen* bevestiging van de actieplannen die je al in gedachten had.

DE CONCURRENTIE TE SLIM AF ZIJN

Wim was manager in een kleine businessunit van een groter consumentenfinancieringsbedrijf. Zijn bedrijf keek uit naar nieuwe groeipaden en aan Wim werd opgedragen de aantrekkelijkheid van de Belgische hypotheekmarkt te onderzoeken. Hij raadpleegde consultancyrapporten en verzamelde informatie over de hypotheekactiviteiten van de grootste Belgische financiële instellingen. Hij concludeerde hieruit dat er sprake was van een verzadigde markt met sterke concurrenten die agressief zouden reageren op iedere nieuwkomer die in hun marktaandeel zou pogen in te breken. Anders gezegd, het was geen aantrekkelijke markt en een nieuwkomer had er geen kans op slagen.

In gesprekken met sectorexperten leerde Wim evenwel dat de markt van de subprime hypotheken groeipotentieel had. Dit was een speelveld binnen de markt dat verwaarloosd werd door de grote, gevestigde financiële spelers. Enkel kleinere spelers boden speciale hypotheekproducten voor dit nichesegment. Er waren echter geen data beschikbaar over de omvang en het groeipotentieel van het segment, noch over de winstgevendheid ervan. Dus ging Wim nog meer discussies met experten aan, interviewde hij consumenten en ging hij creatief op zoek naar unieke data om een betere grip te krijgen op de markt. Samen met zijn collega's van marketing en sales zocht hij ook meer informatie over de noden van dit bijzondere klantensegment. Zijn inspanningen rendeerden: na zes maanden had hij voldoende data verzameld om een goed geïnformeerde beslissing te nemen... Het bedrijf betrad uiteindelijk de markt.

Vooruitkijken: Van het heden managen naar de toekomst creëren

Een goede analyse verschaft inzichten in de trends van de vroegere en huidige prestaties, maar zou ook vooruit moeten kijken. Industrieën evolueren, consumentennoden veranderen en concurrenten zullen je verrassen met nieuwe tactieken en strategische moves. Een goede strategie-analyse helpt je om je klaar te stomen voor de uitdagingen van morgen. Daarom is het een absolute voorwaarde om te begrijpen hoe jouw prestaties in de toekomst zullen evolueren.

De volgende vragen helpen je een betere grip te krijgen op wat je eventueel mag verwachten in de nabije toekomst:

- Je bedrijfssituatie: Welke markten bieden geweldige groei-opportuniteiten voor de toekomst? Welke markten zouden moeten worden geëxploiteerd? Welke investeringen kan je doen om je concurrentiepositie te verbeteren? Op welke sterktes zou je moeten speculeren in nieuwe markten?

- Je concurrenten: Waar verwacht je dat je concurrenten zullen spelen in de toekomst? Wat hebben zij al gedaan om zich voor te bereiden op de toekomst? Wie verwacht jij als winnaars in de toekomst, en waarom?

- Je klanten: Hoe evolueren de klantennoden? Op welke manier zal de toekomst anders zijn voor jouw klanten?

Het belang om vooruit te kijken en de toekomst te plannen wordt steeds groter in de woelige tijden van vandaag. Het volstaat niet langer om zich voor te bereiden op morgen, men moet ook al tijd uittrekken om na te denken over 'overmorgen', zoals trendwatcher Peter Hinssen het heeft geformuleerd.

Veranderlijkheid of ontwrichting?

Turbulentie is heden ten dage een hot topic in management en het betekent iets verschillend voor iedereen. Een woelige omgeving is een omgeving waarin snelle en onvoorspelbare veranderingen de mogelijkheden van een bedrijf beïnvloeden om waarde te creëren. In dat geval verwijst 'turbulentie' naar *veranderlijkheid*. Als macro-economische veranderingen elkaar snel opvolgen, bijvoorbeeld wanneer wisselkoersen met de helft zakken, zien bedrijven hun inkomsten misschien significant verminderen. Anderen gebruiken de term 'turbulentie' als een synoniem voor *strategische disruptie*. Als bedrijven geconfronteerd worden met strategische disruptie komt de meest significante bedreiging niet van de traditionele concurrenten, maar van disruptors, die vreemde eenden in de bijt die je territorium met hoge snelheid binnendringen. Denk hierbij aan Uber, of Airbnb, of Alibaba.... Bedrijven die je vijf jaar geleden niet op de radar had maar die nu snel groeien in de richting van het marktleiderschap.

Disruptie kan technologisch zijn; smartphones die traditionele gsm's vervangen. Of ze kan komen van bedrijven die een ander businessmodel hebben. Kan jij voorspellen wie de winnaars van morgen zullen zijn in, bijvoorbeeld, de sector van de financiële diensten? Zal het een leidende bank zijn, of een '*fintech*' met een superieur nieuw financieel platform?

Technologische disruptie is een belangrijke uitdaging voor gevestigde bedrijven. De gevestigde waarden beseffen dat hun arsenaal aan strategische instrumenten en manoeuvres om bestaande concurrenten te verslaan niet geschikt is om de strijd aan te gaan met strategische disruptors. Het gaat hier immers niet om concurrentie 'as usual'. Het is een soort concurrentie waarmee gevestigde bedrijven nooit geconfronteerd werden. Er is heel wat opwinding – en onzekerheid – rond deze nieuwe businessmodellen, maar we weten nog niet welk model succesvol zal zijn. Ubers businessmodel lijkt aantrekkelijk, maar het bedrijf moet zich keer op keer verdedigen voor de rechtbank. In turbulente tijden is er geen bewezen formule voor succes. Er is geen duidelijk antwoord op de vraag hoe je het best reageert. Bedrijven zullen moeten experimenteren en zelfs fundamenteel verschillende groeipaden voor de toekomst moeten onderzoeken. Ze zouden dit moeten doen als nieuwkomers een directe bedreiging vormen voor hun belangrijkste bron van inkomsten. Traditionele printmediabedrijven zagen hun inkomsten uit reclame en oplage wegslinken door de komst van de online mediabedrijven. Je moet zelfs nog meer voorzichtigheid aan de dag leggen als nieuwkomers businessmodellen hebben die jouw huidige troeven achterhaald maken. Denk opnieuw aan de financiële diensten: wat is het nut van een kantorennetwerk als iedereen mobiel bankiert?

Als de disruptors sneller beginnen te groeien dan je traditionele concurrenten is het tijd om het nieuwe gebeuren te onderzoeken en te analyseren. De focus van je strategie-analyse ligt niet langer bij je rechtstreekse klanten en concurrenten maar verschuift naar wat er gaande is in de periferie van je sector. Je moet met andere woorden een perifere visie ontwikkelen.[47] Je moet een vroegtijdig waarschuwingssysteem ontwikkelen om zelfs verre, vage signalen te detecteren, te interpreteren en erop te reageren. Het is gemakkelijk om de grote evoluties in je markt te spotten eens ze een redelijke omvang hebben bereikt, maar in feite moet je lang daarvoor al je voelsprieten uitsteken zodat je gepast en tijdig kan reageren.[48] Het doel van een analyse van 'overmorgen' is om de hypes te onderscheiden van de fundamentele trends:

- In welke richting wijzen de nieuwe trends? Wat er is er echt gaande? Bijvoorbeeld, wat betekent digitale disruptie in jouw industrie? Gaat het enkel om een verandering van het distributiemodel of heeft ze ook een impact op andere delen van de waardeketen?
- Op welke vlakken verschilt jouw businessmodel van die nieuwe businessmodellen?
- Hoe waarschijnlijk is het dat de disruptor de markt zal veroveren, en hoe snel? Over welke tijdspanne hebben we het?
- Hoeveel van jouw klanten zullen overwegen om van leverancier te veranderen? En wat zal het effect op je inkomsten en winst zijn als ze dat doen?
- Welke opties heb je om je business te beschermen?

Daag je jouw eigen businessmodel uit? Voer je experimenten uit op kleine schaal die zeer verschillend zijn van wat je normaal gezien doet?

Gebruik strategische energie als innovatieve energie

We leven in een VUCA-wereld: *veranderlijk, uitermate onzeker, complex* en *ambigu*. Hoe relevant is het strategieconcept dan nog? In onze sessies met executives horen we vaak: "In de huidige turbulente tijden is onze strategie om er geen te hebben." Als je de toekomst niet langer kan voorspellen, heeft het dan zin om een strategie te hebben? Zijn ongelimiteerde innovatie en ontketend ondernemerschap de nieuwe mantra's? Vraagt de concurrentiële omgeving om een nieuwe strategie... voor strategie?

Exploiteer en onderzoek

Het antwoord is: zeker wel! Het hoofdkenmerk van het nieuwe strategische denken is dat *innovatie* en *ondernemerschap* veel belangrijker zijn geworden. Dit betekent niet dat je strategie zomaar kan vergeten – een goede strategie hebben en je corebusiness blijven onderzoeken blijft essentieel.

Om je voor te bereiden op disruptie, zou je jezelf tegelijkertijd moeten onderzoeken en heruitvinden door experimenten op te zetten die je huidige businessmodel uitdagen. Amazon heeft zichzelf bijvoorbeeld al verschillende keren heruitgevonden. Het begon als een online boekhandel en evolueerde naar een online superwinkel (1994–2000). In de vroege jaren 2000 verkocht Amazon al niet enkel meer zijn eigen producten maar bood het aan retailers ook een online verkoopplatform aan. Sinds 2005 is Amazon geëvolueerd naar een *cloud computing* bedrijf, en het heeft hiervoor nieuwe vaardigheden en talenten ontwikkeld en bedrijven gekocht zoals Zappos, ClusterK, NICE, Curse, en andere om zijn capaciteitsbasis te verruimen.[49]
Vaak ontwikkelen bedrijven een portfolio van groei-initiatieven, sommige wat meer gefocust op *exploitatie*, andere wat meer op *exploratie*. Figuur 15, een populaire grafiek die de 'Groeihorizons' wordt genoemd en ontwikkeld werd door consultancybedrijf McKinsey, illustreert dit idee. Naast het financieren van groei-initiatieven voor hun kernactiviteit (horizon 1), zouden bedrijven ook initiatieven moeten lanceren om hun business in nieuwe markten te laten groeien (horizon 2) en om nieuwe businessconcepten te valideren via pilootprojecten met potentiële

klanten (horizon 3). Consultants raden aan om het groeibudget als volgt te verdelen: 70 procent – horizon 1; 20 procent – horizon 2; 10 procent – horizon 3.

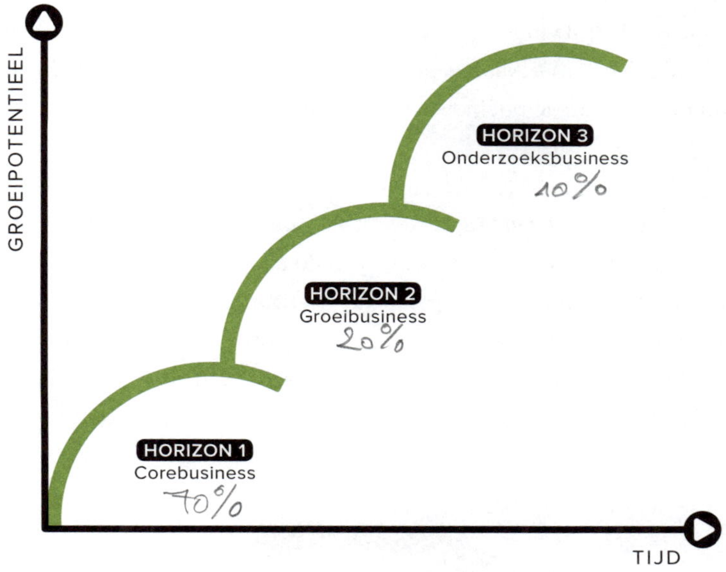

Figuur 15 • Groeihorizons (Baghai, Coley en White, 1999)[50]

Zonder af maar isoleer niet

Nieuwe groeiplatformen opzetten is niet moeilijk. Hoe je je kan organiseren voor innovatie lijkt veel uitdagender. Er bestaat sterk academisch bewijs dat veel groei-initiatieven uit horizon 3 falen en nooit een levensvatbare business worden. Organisaties worstelen als ze proberen om een mature business (de tanker) en een nieuw strategisch experiment uit horizon 3 (een speedboot) tegelijkertijd te managen. Er bestaan veel potentiële conflicten tussen de oude en de nieuwe onderneming, waaronder kannibalisatie, merkverwoesting en de vernietiging van gevestigde relaties met distributiepartners of klanten.

Dat is waarom onderzoekers zoals Clay Christensen van de Harvard Business School (en vele anderen) aanraden om de nieuwe business af te zonderen van de traditionele kernactiviteiten. Een te nauwe betrokkenheid van de managers van de corebusiness geeft niet voldoende ademruimte aan de nieuwe unit. Al te vaak kiezen die managers immers voor de oude recepten die helemaal niet toepasbaar zijn op de nieuwe business. *Afzondering* garandeert dat de managers van de oude kernactiviteiten weerstaan aan de drang om zich te mengen. De nieuwe ondernemingen moeten hun eigen succesrecept samenstellen: ze moeten *hun* concurrentieel speelveld en thema vinden en die zijn typisch heel verschillend van de originele kernactiviteiten. De Amerikaanse spaarbank ING Direct had een ander businessmodel dan de traditionele business van ING; Nespresso verschilt van Nestlé, enzoverder.

Er is evenwel bewijs dat *rigide afzondering evenmin werkt*. Xerox PARC staat erom bekend aan de wieg te staan van enkele van de allermodernste uitvindingen in de technologiewereld. Jammer genoeg was het niet Xerox zelf dat van deze uitvindingen kon profiteren. Xerox heeft een aanzienlijke fout gemaakt: het isoleerde PARC te ver van de traditionele kern, zowel geografisch, cultureel als commercieel. En het was Steve Jobs die de meeste van hun uitvindingen commercialiseerde.[51]

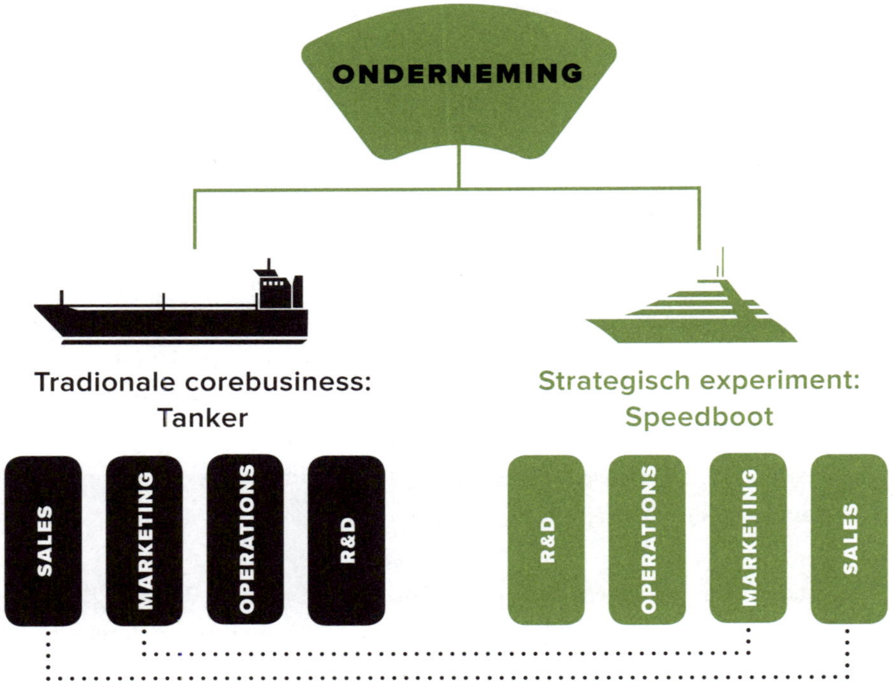

Figuur 16 • Dubbele doelstelling/tweeledige organisatie (Govindarajan & Trimble, 2005)[52]

Het is ook belangrijk dat een nieuwe business kan profiteren van de sterktes van de *corebusiness*. Figuur 16 illustreert dat deze linken cruciaal zijn zodat de traditionele corebusiness en het strategisch experiment wederzijds kunnen exploreren en elkaar kunnen voeden (Sales en Marketing in dit voorbeeld). Een geweldig voorbeeld hiervan is New York Times Digital (NYTD): NYTD gebruikte inhoud aangeleverd door journalisten van de *New York Times*. Publiciteitsteams van de traditionele kern werkten samen met de hun collega's van de digitale unit, die op zijn beurt kon profiteren van de gevestigde waarde van het moedermerk.

Onze collega Marion Debruyne raadt aan om *afzondering* te combineren met *mechanismes die de nieuwe onderneming en het moederbedrijf met elkaar verbinden*. Volgens haar kunnen het moederbedrijf en de nieuwe onderneming samenleven en hun sterktes delen door gedeelde resources uit te wisselen. Dit faciliteert het niveau van operationele integratie dat nodig is om de nieuwe onderneming maximale mogelijkheden tot slagen te bieden. De nieuwe onderneming gebruikt hiervoor alle mogelijke resources van het moederbedrijf die passen bij haar businessmodel. Er is wel een voorbehoud: de operationele integratie mag niet worden gedicteerd door het moederbedrijf. Noch mag ze worden ingegeven door het verlangen om operationele synergieën te creëren die tot lagere kosten leiden. De enige valabele reden om operationele linken te creëren is om de nieuwe onderneming te helpen groeien en haar concurrentiëler te maken.

Ter afronding kunnen we stellen dat de belangrijkste aanbeveling om erop vooruit te gaan in turbulente en disruptieve tijden is om te kiezen voor een '*verbonden afzondering*'. Je inspanningen voor de iets verdere toekomst onderbrengen in een aparte unit binnen je organisatie is een goed idee, maar zorg ervoor dat die nooit helemaal losstaat. Als ze te veraf staat, zoals PARC ten opzichte van Xerox, kunnen je inspanningen een averechts effect hebben.[53]

Kernboodschappen van dit hoofdstuk

De strategiebatterij opladen is een moeilijke opdracht voor elk managementteam, maar is cruciaal om verandering succesvol te managen. Figuur 17 toont hoe een lege en een volle strategiebatterij eruitzien. Een opgeladen strategiebatterij helpt je met je veranderingsprogramma omdat het de energie die van het topteam komt, richt en geleidt. Ze zorgt ervoor dat deze energie niet versnippert omdat het bedrijf aan te veel losstaande, ja, zelfs conflicterende projecten werkt. Een goede strategie levert samenhang en leiding die naar *coherente actie* leiden.

Snelle oplossing is SWOT (Strategic Waste of Time)	Kracht van superieure inzichten
Kortzichtige blik	Perifere visie
Strategie-obesitas	Prioriteit voor de business-strategie
Slogan parade	Het 'niet' in strategie
Bureaucratische doelstelling en planning	Exploiteer en exploreer

Figuur 17 • Van een lege naar een volledig opgeladen strategiebatterij

Hoe ga je van een lege naar een volledig opgeladen strategiebatterij? Hoe wek je intellectuele energie op die strategische focus en aandacht oplevert?

- Maak *duidelijke keuzes* voor je concurrentieel speelveld en thema.
- Trek de nodige tijd uit voor een *degelijk strategie-ontwikkelingsproces*. Betrek de verschillende niveaus op verschillende momenten.
- Vul sessies voor het formuleren van de strategie aan met *sessies voor strategie-analyse*. Probeer input te krijgen over klanten, concurrenten en je interne situatie.
- Wees je ervan bewust dat de toekomst niet gewoon een extrapolatie van het verleden is. Als je bedrijf in zwaar weer zit, zet dan experimenten op om nieuwe businessmodellen te ontwikkelen.

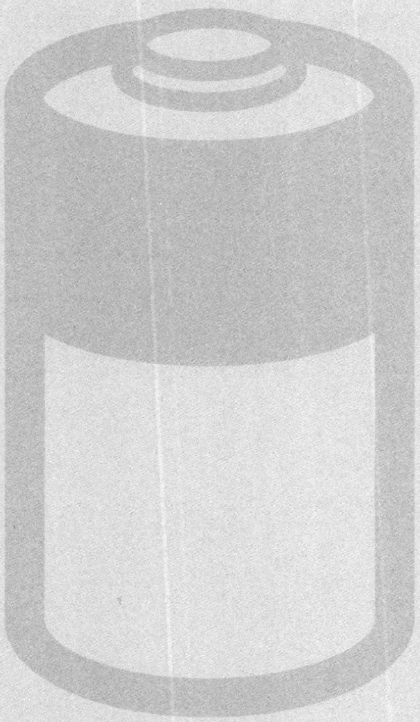

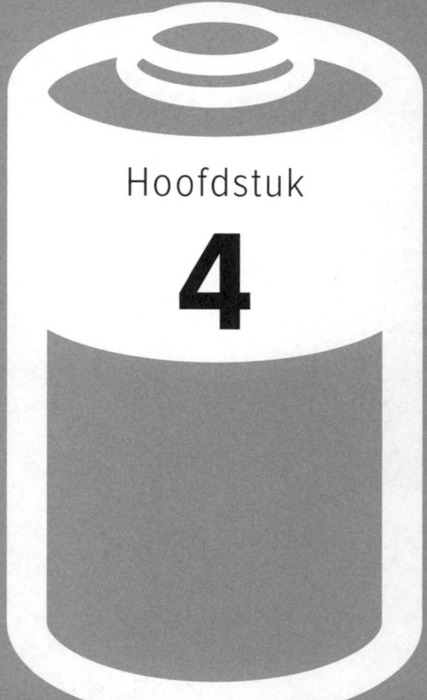

Hoofdstuk

4

EEN KRACHTIGE MANAGEMENTINFRASTRUCTUUR

De systemische energie

Kernvragen

Wat is een krachtige managementinfrastructuur?

Hoe kan je een krachtige managementinfrastructuur opzetten die niet verandert in een star bureaucratisch monster?

Hoe belangrijk is het om te investeren in de creatie van een krachtige managementinfrastructuur?

Hoe kunnen je managementsystemen je helpen je strategie te implementeren?

Wat kan je doen als je systemen ouderwets zijn en niet geschikt om je veranderingsvisie te realiseren?

Quick Scan

HOE GOED IS *JOUW* MANAGEMENT-INFRASTRUCTUUR-BATTERIJ OPGELADEN?

Vink aan of je het eens of oneens bent met elk van de volgende stellingen.

		EENS	ONEENS
1	Onze managementinfrastructuur en -processen zorgen ervoor dat we focussen op wat het belangrijkst is voor onze klanten.		
2	Door gebrek aan tijd of ervaring hebben we de neiging om belangrijke veranderingsinitiatieven uit te besteden aan externe specialisten.		
3	Alle managementniveaus binnen onze organisatie communiceren goed onderling.		
4	We worstelen om onze veranderingsinitiatieven tot een goed einde te brengen door de hoeveelheid projecten die we tegelijkertijd willen implementeren.		
5	We evalueren de vooruitgang en resultaten periodiek en linken die aan hoe ze werden bereikt.		
6	Rapporteren over veranderingsprojecten in onze organisatie is een overdreven complexe bureaucratische activiteit en levert weinig toegevoegde waarde – of er wordt amper gerapporteerd.		
7	We delen de getrokken lessen en de best practices via systematisch kennismanagement om te vermijden dat we het wiel opnieuw uitvinden.		
8	Ons programmabeheerkantoor identificeert systematisch de best practices en opportuniteiten om onze veranderingsaanpak te vereenvoudigen.		

Geef jezelf een punt voor iedere keer dat je het *eens* was met de volgende stellingen:

1 3 5 7 8

Geef jezelf een punt voor iedere keer dat je het *oneens* was met de volgende stellingen:

2 4 6

Wat is je totale score op acht?

INTERPRETEER JE RESULTAAT

Score	Implicaties
0-2	Je managementinfrastructuur-batterij is een energievreter voor je veranderingsproject. Het ontbreekt je aan de meest kritische processen en structuren om je veranderingstraject succesvol tot een einde te brengen.
3-4	Je managementinfrastructuur-batterij is zwak. Je mist ofwel kritische middelenallocatie of besturingsprocessen, of je slaagt er niet in om vooruitgang te meten. Het resultaat is dat het je projecten ontbreekt aan richting, mensen en budgetten.
5-6	Je managementinfrastructuur helpt de verandering te sturen. Je hebt misschien wel een programmabeheerkantoor opgericht om de voortgang van je strategische projecten op te volgen. Maar voorzie je voldoende middelen voor elk project? En zorg je ervoor dat je leert uit de successen en mislukkingen van elk project?
7-8	Je managementinfrastructuur is een krachtige motor voor verandering. Je hebt een uitzonderlijk sterke infrastructuur die duidelijk gelinkt is aan je strategie en een ankerpunt is voor individuele projecten. Je infrastructuur is bovendien een krachtig instrument om ook je cultuurbatterij op te laden.

Spark for reflection: Hoe een marktleider 'het' verloor[54]

In de jaren 80 van de vorige eeuw had Medtronic, vandaag een leidend bedrijf voor medische technologie en pacemakertechnologie, veel van zijn aantrekkingskracht verloren. Hun marktaandeel was fors gezakt van 70 procent in 1970 naar amper 29 procent in 1986 en veel goede krachten hadden het bedrijf verlaten. De firma had kwaliteitsproblemen ondervonden, wat ronduit zorgwekkend was voor een bedrijf dat bekend stond om zijn hoogwaardige producten. Wat ging er fout – en hoe kon het zo erg worden?

Innovatie was altijd de belangrijkste motor voor Medtronic geweest: het was een pionier en had een sterke technologische voorsprong uitgebouwd. Hoewel het bedrijf zwaar was blijven investeren in technologie en productontwikkeling, hadden veel van die investeringen weinig opgeleverd.

Veel innoverende bedrijven ontbreekt het aan goede ideeën – dat was echter niet het probleem van Medtronic. Zoals een executive aangaf: "In onze situatie – met snel veranderende technologische mogelijkheden, enkele zeer sterke concurrenten en duizenden cardiologen met ideeën voor allerlei nieuwe functionaliteiten – is het omgekeerde waar. We hebben altijd te veel ideeën gehad voor nieuwe producten. In onze functionele organisatie, zonder een duidelijk, gecoördineerd proces om een productplan of strategie uit te werken, startten de ontwikkelingsprojecten zowat overal." Een andere manager bevestigde: "We probeerden om te veel dingen te doen en geen enkel project kreeg de focus en de aandacht die het nodig had om het tot een goed einde te brengen. Het duurde te lang om wat dan ook op de markt te krijgen."

Een snelle marktintroductie is voor elke productleider belangrijk. Maar je kan pas snel zijn als je afdelingen samenwerken aan een gemeenschappelijk project. Medtronic faalde ook op dat vlak. "De ontwikkelingsmensen zeiden me dat ze nooit iets op de markt zouden krijgen omdat de marketingmensen de productbeschrijving maar bleven veranderen in het midden van de projecten. De marketingmensen zeiden dan weer dat het de ingenieurs zoveel tijd vroeg om iets af te werken dat de marktnoden al veranderd zouden zijn tegen dat het ooit zo ver was." Tussen 1970 en 1986 was het bijna altijd een concurrent, niet Medtronic, die belangrijke verbeteringen op de markt bracht.

In 1987 werd Mike Stevens aangeduid als adjunct-directeur voor productontwikkeling van de Pulsgenerator en Programmeringssytemen (PGPS) Divisie. Deze divisie produceerde de pacemaker en zijn programmeringsunit. Toen hij gevraagd werd wat hij als Medtronics kernprobleem zag, antwoordde hij: "Ik zag veel van Medtronics problemen als Management 101. We hadden heel erg sterke functionele rollen maar toch was er geen aansprakelijkheid voor de vertraging of mislukking van een nieuw product. Ik voelde aan dat de basiswaarden en ethiek van het bedrijf nog steeds sterk waren, maar dat er vooral aan de *processen* moest worden gewerkt."

Verandering en managementinfrastructuur

Stevens besefte dat de uitdaging van Medtronic niet zozeer in de strategie lag dan wel in een probleem met de managementinfrastructuur. Hij realiseerde zich dat succesvolle innovatie over meer gaat dan een hoop creatieve medewerkers geweldige ideeën te laten bedenken. Er is een naadloos proces met de gepaste middelen en structuren voor nodig.

Elke discussie over organisatieverandering moet voldoende aandacht besteden aan de rol van de managementstructuren, -systemen en -processen binnen het bedrijf. Veel veranderingsinitiatieven falen omdat het bedrijf niet beschikt over de gepaste systemen en processen of omdat de aanwezige systemen en processen de succesvolle implementatie van de veranderingsvisie verhinderen. Ze zijn vaak ook niet afgestemd op de gecommuniceerde boodschappen. Daarom is het een cruciale stap in elk veranderingsproces om alle systemen en structuren die de veranderingsvisie en -strategie ondermijnen aan te pakken.[55]

Kenmerken van een lege infrastructuurbatterij

In ons onderzoek hebben we een aantal typische patronen geïdentificeerd die aangeven dat je managementinfrastructuur-batterij aan het leeglopen is. Herken je sommige van deze patronen in jouw organisatie?

De energie van de stuiterende bal: de business 'runnen'

Veel organisaties lanceren initiatieven om hun prestaties te verbeteren met verschillende parallelle activiteiten en zwalken zo van het ene operationele probleem naar het andere. Nieuwe of gelijkaardige problemen steken telkens opnieuw de kop op. De organisatie vecht tegen een veelkoppig prestatiemonster dat hoofden (problemen) bijmaakt in hetzelfde tempo als er hoofden worden afgehakt.

Deze bedrijven missen geen energie om problemen aan te pakken, maar net zoals bij Medtronic zijn hun inspanningen niet productief omdat ze in te veel richtingen bewegen. In onze managementprogramma's ontmoeten we veel managers die heel trots deze 'doe-mentaliteit' cultiveren. Hun motto is: "Doe eerst, denk daarna," of "Stroop je mouwen op en pak het volgende probleem aan". Ze voelen de nood niet om te zoeken naar systematische antwoorden op businessproblemen en hun initiatieven leiden zelden tot oplossingen die ingebed worden in de organisatie-infrastructuur. Ze hebben de neiging om weerstand te bieden tegen het ontwikkelen van een gepaste veranderingsmanagementinfrastructuur, uit vrees dat dit zou leiden tot een bureaucratische organisatie, die gedomineerd wordt door regels, procedures en systemen.

Wat ze niet beseffen, is dat het bij verandering gaat om het vinden van stabiliteit: het juiste evenwicht tussen 'de business runnen' en de 'business opbouwen'. Je managementinfrastructuur is de ruggengraat van je verandering en helpt je bij het bepalen van prioriteiten, het nemen van beslissingen en het managen van prestaties.

De energie van 'managing the holes'

Leiden al je actieplannen naar duidelijke en specifieke klantenvoordelen? Zijn ze afgestemd op de strategische richting van de organisatie? Uit onze ervaring blijkt dat sommige bedrijven een 'managing the holes'-tactiek (de gebreken beheren) verkiezen boven een 'managing the whole'-aanpak (het geheel managen). In die bedrijven spreken de actieplannen van de verschillende afdelingen elkaar tegen. Ondersteunende functies opereren onafhankelijk van de corebusiness. Dit gebrek een afstemming op de strategische oriëntatie van de organisatie leidt tot conflicterende verbeteringen en functionele strategieën. Zo kunnen kostenreducerende aankoopinspanningen de operationele leveringstermijnen verlengen en de operationele flexibiliteit in het gedrang brengen.

Waarom worstelen bedrijven met het managen van het geheel? Een van de belangrijkste redenen is dat ze geen *overkoepelend raamwerk* – een kompas of een kaart – hebben dat helpt om de strategie te vertalen naar operationele doelstellingen en actieplannen. Ze hebben een set van strategische prioriteiten gedefinieerd maar laten de implementatie ervan over aan functionele managers. De managers hebben dan geen overzicht meer over het businesssysteem maar ook niet over de veranderingen die parallel aan de gang zijn. Niemand weet wie aan wat aan het werken is, en waarom. Conflicten tussen departementen en functies worden schering en inslag. En op het moment dat je het succes op een bepaald vlak viert, besef je dat je een nieuw probleem hebt gecreëerd voor een ander deel van de organisatie.

Dit gebrek aan overzicht tast ook de effectiviteit van de *communicatie* in veranderingsprojecten aan. Slechte communicatie wordt vaak beschouwd als de eerste bron voor mislukking met betrekking tot verandering. Succesvolle verandering vraagt echter dat de strategie niet enkel *gecommuniceerd* wordt maar ook echt *vertaald* wordt naar de rest van de organisatie. Die vertaling vergt tweerichtingscommunicatie. Vergelijk dit met de typische eenrichtingscommunicatie van de top naar de basis. De verandering wordt aangekondigd door de CEO tijdens een eenmalig evenement op het einde van de dag of de week. Natuurlijk mag je vragen stellen op het einde van de sessie, voor het hele aanwezige publiek... maar wie heeft ook het zelfvertrouwen om dit te doen?

Directe en meer frequente communicatie wordt vaak beschouwd als de voornaamste rol van het middenkader, dat jammer genoeg al verdrinkt in het werk. Misschien heeft jouw bedrijf wel beslist om te snoeien in e-mails en papierwerk: je kan immers alles online terugvinden. Als je dan toch een mail verstuurt, zet je iedereen in copy. Dat is de snelste manier om ervoor te zorgen dat je mail in de prullenbak belandt van al je overwerkte collega's. En als ze het niet zelf doen, filteren de spamfilters deze boodschappen er wel automatisch uit. Buitenstaanders, klanten en leveranciers horen niets over de verandering tot ze er rechtstreeks mee worden geconfronteerd. Ook al zijn organisaties geneigd te geloven dat het algemene bewustzijn van hun medewerkers erop vooruit is gegaan dankzij het gebruik van technologie, vaak hebben ze een omgeving gecreëerd die aangenaam verdoofd blijft tot het te laat is.

De energie van 'hell's kitchen': koken zonder ingrediënten

Nog een reden waarom verandering in organisaties faalt, is dat mensen zich overweldigd voelen door de hoeveelheid en snelheid van de veranderingsinitiatieven. Run jij verschillende projecten tegelijkertijd? En ervaar je dat je voortdurend je aandacht verlegt van het ene naar het andere?

Als organisaties voornamelijk opereren in een *reactieve* veranderingsmodus, nemen ze zelden maatregelen om de nodige financiële, menselijke en materiële middelen te voorzien. Dus beginnen ze te koken zonder ingrediënten en produceren ze enkel stoom. Het gevolg is dat het angst- en onzekerheidsniveau bij het personeel stijgt. Tegen de tijd dat er daadwerkelijke stappen worden ondernomen en middelen beschikbaar zijn gemaakt, is het verlangen of de nood aan verandering bij de werknemers volledig verdampt.

Succesvolle verandering vraagt niet enkel dat je organisatie voldoende middelen toekent aan de verandering, maar ook dat je een duidelijk zicht hebt op welke projecten de prioriteit moeten krijgen. Veel organisaties hebben geen overzicht van de lopende veranderingsinitiatieven of de dagelijkse taken die managers moeten uitvoeren en voeren daardoor geen *capaciteitscontrole* uit alvorens hen doelen en mijlpalen toe te kennen. 'Stretchen' wordt 'overweldigen' en dat leidt tot dramatische kwaliteit en doorlooptijdprestaties van veranderings- en verbeteringsprojecten. Het resultaat is vaak dat 'decibelmanagement' bepaalt wat zal gebeuren en wat moet wachten – wie het luidst roept, krijgt prioriteit. Zeer vaak leidt dit tot frustratie en de perceptie dat het 'management niet weet wat het wil'.

Organisaties slagen er dus vaak niet in om in actie te schieten. Niet zelden omdat ook mensen nieuwe vaardigheden moeten verwerven om in actie te schieten en de verandering door te voegen – en het is niet gemakkelijk om dat te erkennen of toe te geven. Black en Gregersen leren ons dat "[veel] mensen liever competent zijn voor de verkeerde dingen dan incompetent voor de juiste."[56] Zijn jouw mensen goed uitgerust voor de verandering? Hoeveel investeer je in training en coaching als onderdeel van je veranderingsproject? Hoe zorg je ervoor dat mensen zich zelfzeker genoeg voelen om nieuwe vaardigheden te verwerven en te ontwikkelen? Geef je jouw mensen de instrumenten om beter te worden in de nieuwe job? Zorg je ervoor dat je mensen voldoende *veranderingscapaciteit* hebben om de kritische strategische veranderingen te implementeren?

De energie van 'het vakjes afvinken'

Veranderen is lastig en vergt heel wat energie. Als je de vooruitgang niet bijhoudt, raken mensen vermoeid en verloren. Ze worden ongeduldig of ze geven het op, wat allemaal leidt tot minder engagement. De meeste managers weten dat meten belangrijk is, maar soms moeten ze beter begrijpen *hoe* prestatiemetingen gebruikt zouden moeten worden om de verandering te helpen kaderen en begeleiden.

De gepaste KPI's definiëren is een ding, maar wat *doe* je met deze prestatiemetingen? Een gezond aantal effectieve en efficiënte meetings en rapporten kunnen significante motoren voor verandering zijn; te veel hiervan kan evenwel leiden tot lage energieniveaus. Sommige organisaties vragen zoveel rapportering en gedetailleerde dataverzameling dat werknemers na een tijdje gewoon vakjes beginnen af te vinken. Zelfs de beste standaarden kunnen betekenisloos worden in dit scenario.

Meetings kunnen ook fora worden om indruk te maken op het management met fancy powerpoints of uitgebreide rapporten. Vaak zijn ze beperkt tot rapportering over de activiteiten: wat hebben we de voorbije maand gedaan? Maar wat dan met het effect van deze activiteiten? Wordt er nagedacht over de gebruikte methodes? Hoe zit het met de spirit in je team? Het zijn stuk voor stuk belangrijke aspecten om te bespreken tijdens deze vergaderingen.

De verspilde energie om het wiel heruit te vinden

Slaagt je organisatie er niet in om systematisch belangrijke inzichten te identificeren die het waard zijn om gedeeld te worden met anderen? Moeten nieuwe werknemers lange leercurves doorlopen? Presenteert iedereen oplossingen en resultaten op hun eigen manier? Heb je op het einde van de rit een stapel rapporten met talloze Excelsheets en grafieken, allemaal in een verschillende lay-out? Als dat zo is, gaat er wellicht veel tijd en energie verloren bij het heruitvinden van het wiel. Veel bedrijven worstelen met het documenteren van kennis uit zowel positieve als negatieve verandering. Met als gevolg dat ze dezelfde fouten blijven herhalen of veel meer tijd dan nodig stoppen in de analyse van de problemen, de identificatie van alternatieven en het voorstellen van oplossingen.

Effectieve verandering vraagt een *systematische benadering van kennismanagement.* Dat houdt echter meer in dan de introductie van een database of website waar honderden rapporten worden opgeslagen. Want dat leidt enkel maar tot een overvloed aan informatie. Kennismanagement gaat evenveel over het creëren van kennis als over het doorgeven van kennis. Heb jij daarvoor een gestructureerde aanpak?

Overzicht van ontladers

Figuur 18 • Waarom je managementinfrastructuur-batterij leeg

Een krachtige managementinfrastructuur voor verandering en de effectiviteit van de verandering: Wat zegt ons onderzoek?

Een krachtige managementinfrastructuur voor verandering uitbouwen is essentieel, maar deze batterij opladen is niet gemakkelijk. Ons onderzoek toont aan dat succesvolle hervormers beschikken over een krachtige managementinfrastructuur die de strategie vertaalt naar actieplannen en initiatieven. Deze batterij heeft evenwel de laagste gemiddelde scores. Meer dan 40 procent van de respondenten geven aan dat ze een zwakke managementinfrastructuur hebben.

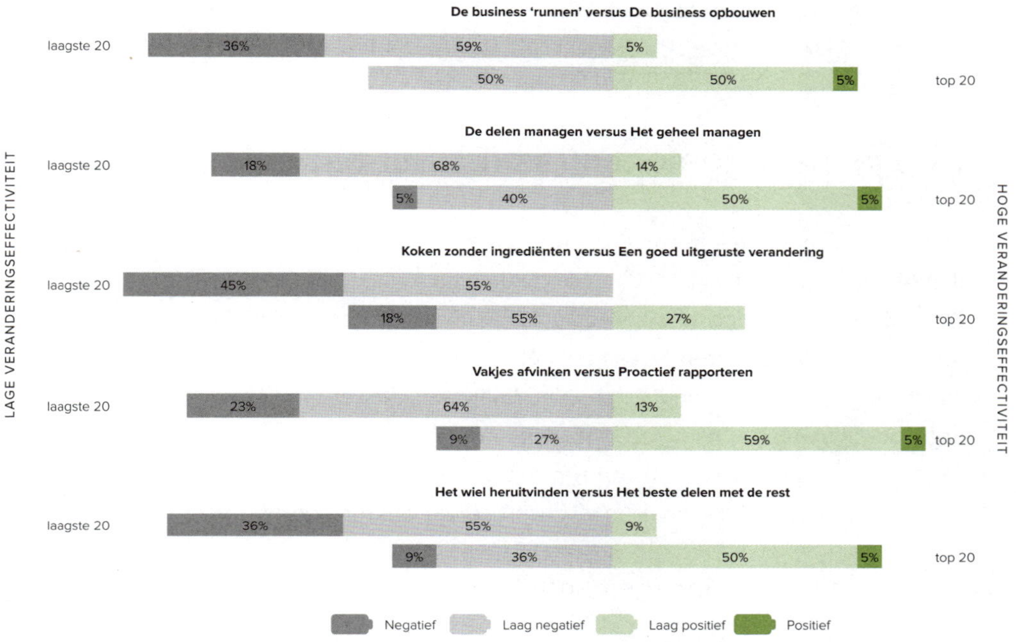

Figuur 19 • De managementinfrastructuur van succesvolle en onsuccesvolle hervormers

Bedrijven die worstelen met verandering – de 'Laagste 20' – hebben het zeer moeilijk met de managementinfrastructuur-batterij. Met betrekking tot 'koken zonder ingrediënten' is er geen enkele onsuccesvolle hervormer met een laag positieve of positieve score. Voor twee andere criteria, 'de business runnen' en 'het wiel heruitvinden', heeft minder dan 10% van de minst goede hervormers een laag positieve score.

De scores voor succesvolle hervormers – de bedrijven uit de 'Top 20' – liggen hoger. Maar het is wel zo dat succesvolle hervormers over het algemeen ook lage scores laten optekenen voor de managementinfrastructuur-batterij. Zo heeft de helft van de succesvolle hervormers bijvoorbeeld negatieve scores voor 'de business runnen versus de business opbouwen'. Voor het item 'koken zonder ingrediënten' hebben slechts pakweg één op de vier succesvolle hervormers een positieve score. Ondanks alle managementaanbevelingen om prioriteit te geven aan bepaalde initiatieven om hier voldoende middelen aan te kunnen toekennen en een deftige training te kunnen verzekeren, blijken in de realiteit zelfs de tophervormers met dit criterium te worstelen.

Hoe je managementinfrastructuur-batterij opladen?

In de casus aan het begin van dit hoofdstuk verwezen we naar Medtronic, een leidend bedrijf voor medische technologie dat zijn leiderspositie verloor in de jaren 70 en 80 van de vorige eeuw. Medtronic staat evenwel ook bekend om zijn sterke terugkeer in de late jaren 80, onder het leiderschap van Mike Stevens.[57] Stevens werd aangeworven om de discipline in de organisatie terug te brengen en om de organisatieprocessen terug op de rails te krijgen. Gezien de focus van Medtronic op innovatie als de hoeksteen van zijn concurrentieel voordeel, concentreerde Stevens zich op het herstel van de *innovatieprocessen* van het bedrijf.

Bouw een solide managementinfrastructuur

Definieer de essentiële elementen van een krachtige managementinfrastructuur

Wat is een krachtige managementinfrastructuur? Wat zijn haar bouwstenen? Vanuit een procesmatige visie hebben we de volgende set van essentiële bedrijfsprocessen geïdentificeerd.

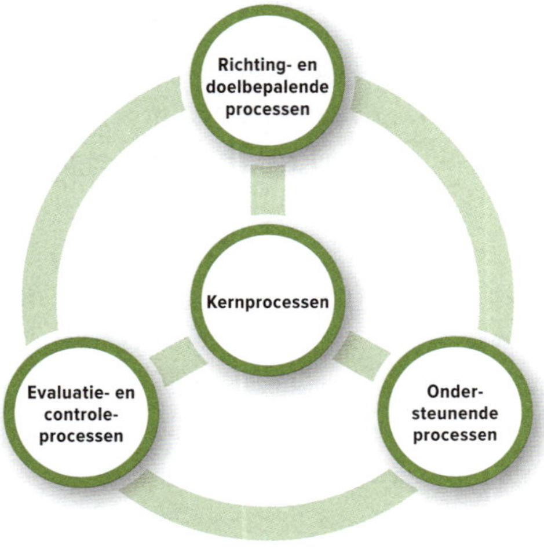

Figuur 20 • De bouwstenen van een krachtige managementinfrastructuur

Kernprocessen zijn die processen die onmiddellijke waarde genereren voor de klant. Ze creëren, bouwen en verkopen de producten of diensten van een bedrijf en helpen om er inkomsten voor te generen. *Ondersteunende processen* omvatten de activiteiten die de resources leveren voor de goederen en diensten, zoals gebouwen, informatie, mensen en technische toepassingen. In ons model maken we een onderscheid tussen de processen die de middelen toekennen en de processen die ervoor zorgen dat je beschikt over de juiste human resources om goed te presteren. *Sturingsprocessen* zijn nodig om de richting te bepalen voor het bedrijf en te evalueren en te controleren of de organisatie op het juiste spoor zit (je prestatiemanagementsysteem is bijvoorbeeld een belangrijk sturingsproces). We maken hierbij een expliciet onderscheid tussen *richting- en doelbepalende processen* enerzijds en *evaluatie- en controleprocessen* anderzijds.

Durf te investeren in een solide managementinfrastructuur

Sommige managers lijken wel allergisch aan de term 'managementinfrastructuur'. Ze denken hierbij automatisch aan bureaucratieën of hiërarchische en politieke organisaties die rigide en inflexibel zijn en waar persoonlijke relaties niet worden toegelaten. Deze managers geloven in informele structuren en lichte organisatieprocessen of zelfs geen managementinfrastructuur. Uiteraard hebben kleinere organisaties typisch een minder ontwikkelde managementinfrastructuur. Zij focussen meer op het exploreren van nieuwe opportuniteiten dan op het exploiteren van de bestaande business. Naarmate deze organisaties groeien neemt de nood evenwel toe om ook de exploitatiekant van de business te managen. Er is meer nood aan duidelijkheid, consistentie en betrouwbaarheid doorheen de organisatie. En dat is waar de managementinfrastructuur op het toneel verschijnt. Naarmate organisaties groeien, specialiseren ze zich ook. Ze creëren afdelingen die verantwoordelijk zijn voor specifieke taken. Met als gevolg dat ze duidelijke prestatiedoelen moeten formuleren en manieren moeten ontwikkelen om middelen toe te kennen die gebaseerd zijn op deze doelstellingen. Dat is een natuurlijke en logische evolutie richting een duurzamer groeipad.

Ons onderzoek toont aan dat succesvolle bedrijven een duidelijke strategie hebben *en* een goed uitgewerkte managementinfrastructuur die de implementatie van die strategie ondersteunt.[58] Een krachtige managementinfrastructuur is een essentieel ingrediënt voor een succesvol veranderingsprogramma. Een krachtige managementinfrastructuur uitbouwen verlegt de aandacht van enkel maar 'de business runnen' naar 'de business opbouwen'.

Beheer het geheel

Vertaal je energie in duidelijke strategische doelen: de kracht van de strategiekaart

Hoe maak je een strategie operationeel? Hoe zorg je ervoor dat individuele veranderingsinitiatieven gelinkt worden aan de overkoepelende strategie? Opdat een organisatie succesvol kan worden is het belangrijk dat je de strategie vertaalt naar meetbare en duidelijke strategische objectieven die systematisch geëvalueerd kunnen worden op basis van goed gedefinieerde mijlpalen. Alleen dan zullen strategieën omgezet worden in projecten en resultaten. Alleen dan zal je het geheel kunnen managen eerder dan de verschillende gaten te vullen.

Er zijn verschillende instrumenten beschikbaar om je te helpen je strategie te vertalen naar strategische doelstellingen. Een van de meeste bekende is de *strategiekaart*. Een strategiekaart is een diagram dat verschillende reeksen van doelstellingen – objectieven op het vlak van financiën, klanten, processen en mensen – afbeeldt als een geheel door hen onderling te verbinden via expliciete oorzaak-gevolgrelaties. Robert Kaplan en David Norton, de bedenkers van de strategiekaart en de Balanced Scorecard, bedachten een goede methodologie om een strategie te linken aan de belangrijkste waarde-creërende processen. Zoals Figuur 21 toont, moeten bedrijven expliciete financiële doelstellingen bepalen. Maar die kunnen enkel bereikt worden als het doelpubliek tevreden is over een overtuigende toegevoegde waarde. Dit wordt vastgelegd in objectieven gerelateerd aan het klantenperspectief. Interne processen creëren en leveren de toegevoegde waarde voor de klant. De elementen van het leer- en groeiperspectief zorgen dat het nodige menselijke, informatieve en organisatiekapitaal aanwezig is om goede interne processen te verzekeren. Op die manier verplicht een strategiekaart de organisatie om de logica te verduidelijken van hoe ze waarde zal creëren en voor wie.[59]

Definieer prestatiemetingen, doelen en initiatieven voor je strategische doelen

Het uittekenen van je strategiekaart dwingt je om je belangrijkste strategische doelstellingen, die je bedrijf zullen ondersteunen om te bloeien in de toekomst, expliciet te bepalen, en er prestatiemetingen, doelen en initiatieven aan te linken. Een strategiekaart omvat zowel de leading and lagging indicatoren. De financiële resultaten vertellen bijvoorbeeld hoe je gisteren hebt gepresteerd. Maar prestatiemetingen op het vlak van cultuur, teamwerk en de afstemming op elkaar voorspellen je toekomstige prestatie. Het spreekt voor zich dat je initiatieven moet nemen om deze doelen te bereiken.

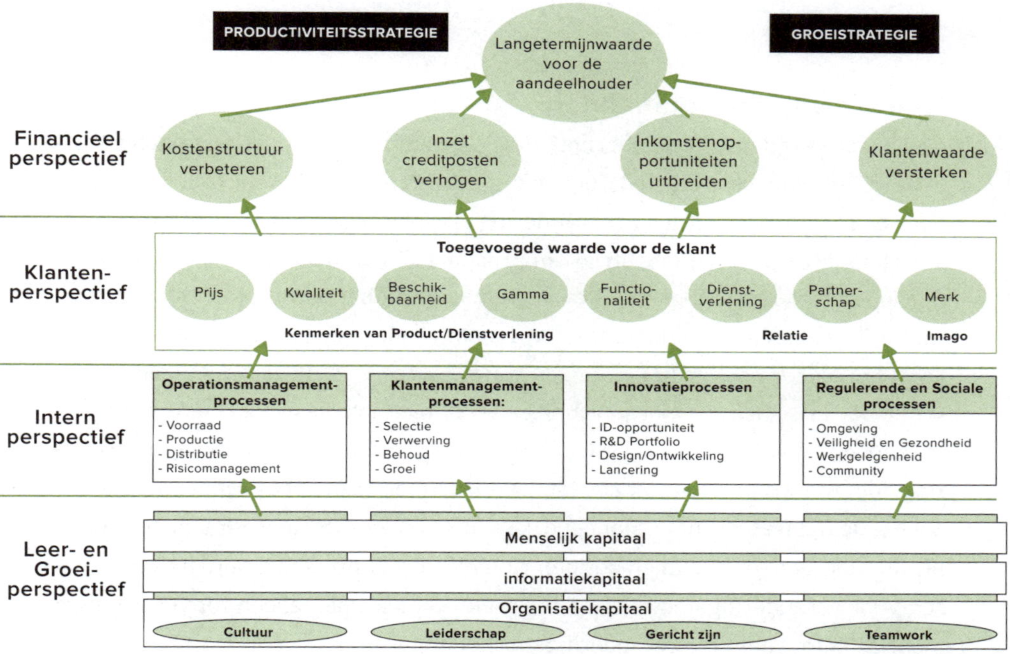

Figuur 21 • Voorbeeld van een strategiekaart (Kaplan & Norton 2004)[60]

Maak er een kernelement van je communicatie van

Een strategiekaart vertaalt niet alleen je strategie naar meer specifieke strategische doelstellingen, het is ook een geweldig communicatie-instrument. Je strategie is er op een pagina samengevat, en eens je de gepaste prestatie-indicatoren hebt geïdentificeerd, zie je meteen op welke vlakken je vooruitgang hebt geboekt. De strategiekaart visualiseert wat er écht toe doet en welke progressie je er al voor hebt gemaakt.

Het is belangrijk om niet alleen te concentreren op je strategiekaart, maar ook om er verhalen rond te bouwen en ongewone strategiecommunicatiekanalen te ontwikkelen. Een manager drukte de strategiekaart zelfs af op de onderleggers in het restaurant zodat iedereen, zelfs tijdens hun lunchpauze, de strategie kon zien. Een andere aanbeveling is om eenvoudige taal te gebruiken. Vermijd managementjargon. En breng je strategiekaart aan de man door ze te voorzien van kleurrijk beeldmateriaal zodat de strategie onmiddellijk herkenbaar wordt.

Trek tijd uit voor verandering

Hoe 'maak je tijd' voor verandering? Hoe ga je om met veranderingsmoeheid? Dat is de grote hamvraag. Koken zonder ingrediënten is het eerste probleem, zowel voor bedrijven die goed zijn in verandering als voor organisaties die ermee worstelen. Het blijft een constante strijd om proactief tijd en middelen te managen voor alle lopende veranderingsinitiatieven. Soms ligt dit aan te krappe budgetten, wat meestal resulteert in significante (en frustrerende) vertragingen. Maar meestal komt het echter neer op het managen van resource bottlenecks: managers op verschillende niveaus van de organisatie en IT- of technologiespecialisten, die overbevraagd zijn en vaak de vaardigheden missen om effectieve en efficiënte veranderingsinitiatieven te leiden. Zoals Peter Drucker zei: "Tijd is het schaarste goed, en zolang de tijd niet wordt gemanaged, kan niets anders worden gemanaged." Organisaties die geen oplossingen kunnen vinden voor dit problemen creëren broeikassen voor veranderingsmoeheid en burn-out. Dit leidt niet alleen tot vertragingen, maar zelfs tot complete veranderingsmislukkingen.

Management van een veranderingsportfolio, pijplijnmanagement en *capaciteitsplanning* bieden de antwoorden op deze uitdaging. Of kort gezegd: basisregels voor het managen van prioriteiten en capaciteiten zullen ervoor zorgen dat je goed uitgerust bent voor verandering. Er is geen universele oplossing, maar het toepassen van de volgende *basisprincipes* kunnen tot doorbraakresultaten leiden voor de meeste organisaties.

Begin met het inventariseren van al je veranderingsinitiatieven

Je eerste stap is het portfolio van al je veranderingsinitiatieven uitzuiveren, en daarmee bedoelen we ook echt *alle* initiatieven: strategische initiatieven op functie-overschrijdend niveau, tactische projecten op afdelings- of functieniveau, en lokale operationele initiatieven. Voor grotere organisaties houdt dit ook de projecten in die opgestart werden op corporate niveau en die tijd vragen van de managers in jouw organisatie. De meerderheid van de organisaties heeft niet echt een overzicht van wat er gaande is en hebben al helemaal geen inzicht in de onderlinge relaties tussen initiatieven op verschillende niveaus. Te veel organisaties onderschatten de werklast van minder strategische initiatieven. De realiteit is dat zelfs lokale projecten zeer veeleisend kunnen zijn op het vlak van managementtijd of kritische IT-resources gedurende bepaalde periodes van het jaar.

Ons advies is om de managers op elk niveau te vragen hun betrokkenheid bij allerlei veranderingsinitiatieven in kaart te brengen. Vervolgens breng je de managers samen en help je hen om een overzicht te schetsen van alle onderlinge afhankelijkheden. Deze oefening zal een openbaring zijn aangezien het een gemeenschappelijk begrip voor verandering bevordert op alle niveaus van de organisatie. Het beeld dat hieruit oprijst, is meestal overweldigend. Dit rommeltje opruimen impliceert het definiëren van grotere families van veranderingsprogramma's die afgestemd zijn op je strategische doelen. Je moet *het volledige beeld van de verandering* creëren. Deze oefening zal je ook toelaten enkele van de lokale of tactische initiatieven te integreren in de strategische initiatieven. Initiatieven die niet in de lijn van de strategie liggen, moeten geëlimineerd worden. Kleinere, lopende initiatieven moeten van tafel geveegd worden. Een benadering die vaak werkt om dit te bereiken is om belangrijke initiatieven met twee maanden uit te stellen – geef iedereen de kans om af te werken waar ze mee bezig zijn. Wees duidelijk over de grenzen; voorzie met andere woorden een tijdspanne voor het initiatief en haal er in de toegekende tijdsperiode zoveel mogelijk waarde uit. Drie werkdagen brengen je vaak al een heel eind op weg, op voorwaarde dat de deelnemers ook echt kunnen focussen op wat er moet gebeuren en op hetzelfde moment niet ook nog verschillende andere ballen in de lucht moeten houden. Wat rest is een duidelijk beeld van wat strategisch nodig is en nauw verbonden is met de lokale problemen of behoeften. Je bent nu in staat om elk initiatief te verbinden met je strategiekaart.

Manage de pijplijn van de geselecteerde initiatieven

Bij deze tweede stap is het nodig dat je grotere initiatieven in tijdskokers van maximum drie maanden onderbrengt en dat je duidelijk de verwachte resultaten binnen die tijdsperiode definieert. Als je enkel mikt op jaarlijkse doelen, bestaat de kans dat je met het 'studentensyndroom' wordt geconfronteerd: je mensen zullen het echte werk uitstellen tot het einde van het jaar. Niet omdat ze onverantwoordelijk zijn, wel omdat mensen, als ze overweldigd worden, de natuurlijk neiging vertonen om zich eerst met de meer 'dringende' taken bezig te houden. Stel een aantal regels voorop om het aantal gelijktijdige projecten te controleren. Organisaties die de principes van het 'lean denken' toepassen op hun productieproces weten dat een groot aantal 'werken in uitvoering' (WIP: work in process) dodelijk is voor de doorlooptijden van je processen. Datzelfde geldt ook voor 'projecten in uitvoering' (PIP: projects in process). Als je PIP te hoog ligt kan dit een desastreus effect hebben op de doorlooptijden van al je initiatieven. Visueel management (zoals het Kanban-bord in Figuur 22) kan jou helpen om eenvoudige regels toe te passen met betrekking tot het aantal initiatieven dat je parallel wilt laten lopen.

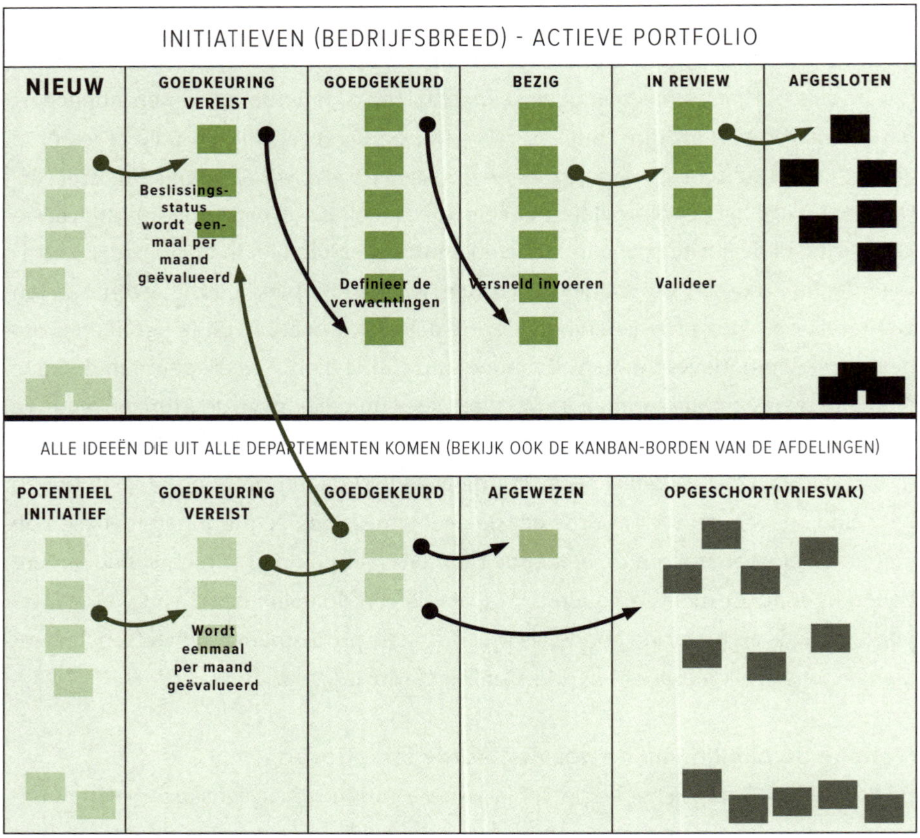

Figuur 22 • Voorbeeld van een Kanban-bord voor het beheren van veranderingsinitiatieven, gebaseerd op Reiner Grau (2015)[61]

Zeker voor organisaties met een lage veranderingsmaturiteit is er een gouden regel: less is more! Focussen op drie tot vier projecten voor de komende drie maanden zal je toelaten om stevige vooruitgang te boeken binnen de geselecteerde projecten. Het zal je ook in staat stellen om als een team samen te werken in die periode, eerder dan voortdurend je eigen agenda te moeten verdedigen. Bijkomend zal het jou ook toelaten om veranderingsvaardigheden te ontwikkelen bij je veranderingsleiders.

Ga na of je capabele veranderingsleiders hebt

Deze derde stap is essentieel om het 'koken zonder ingrediënten' te kunnen vermijden. Verandering heeft *veranderingsleiderschap* nodig. We zullen een aantal van de cruciale rollen – zoals die van veranderingssponsor, veranderingscoach en veranderingsprojectleider – later toelichten. Wanneer je beslist over de prioritering van je veranderingsinitiatieven is het essentieel om de capaciteiten van je veranderingsleiders na te gaan: ze moeten *bekwaam* zijn (knowhow, ervaring) om hun rol op te nemen maar ook de *capaciteit* hebben (vermogen, beschikbaarheid) om dat te doen. We zullen verderop in dit hoofdstuk verduidelijken hoe kennismanagementsystemen kunnen helpen om de bekwaamheid van de veranderingsleiders systematisch te verhogen. Om de capaciteiten van je veranderingsleiders te managen, raden we je aan om een matrix uit te werken die de rollen verduidelijken van je personeel in de geselecteerde projecten van je portfolio en pijplijn (zie Figuur 23 voor een voorbeeld).

	Leiderschapsteam		Strategische projecten	Competentiemanagement	Dienstverleningsmanagement	ERP-Platform	Planningsprocess	Ondersteuning bij overplaatsing	Gecentraliseerde aankoop	Centrale Helpdesk	Lokale initiatieven	Risico op Machtverlies	Servicecatalogus	Veiligheid	5S Technisch departement	Opvolging scorebord	Totale betrokkenheid	>=3 Sponsor	>=2 Projectkampioen	>=3 Teamlid	TOTAAL
Interne deelnemers																		S	P	T	TOTAAL
Verheijen		T			S	P							S					2	1	1	4
Rotsaert		S		S				S				S						4	0	0	4
Harcy				T			S			S				S				3	0	1	4
Herrezeel		T						P	S				P		T	S		2	2	2	6
Vandendorpe		T																0	0	1	1
Jacobs E								T							S			1	0	1	2
Huybrechts																		0	0	0	0
Markham									P	P					P	T		0	3	1	4
Hugelier		T		T					T				T					0	0	4	4
Konigs				T				T								P		0	1	2	3
Gerard									T	T								0	0	2	2
Oeyen					T		T						T	P	T			0	1	4	5
Pinoy		T				S						T						1	0	2	3
Herregodts		T					P			T				T				0	1	3	4
Van Wittenberghe		T		P											T			0	1	2	3
De Meulemeester					P		T					T						0	1	2	3
Moesen				T				T		T			T	T		T		0	0	6	6
Flament						T												0	0	1	1
Boschman						T		T	T				T					0	0	4	4
Hemeleers					T										T			0	0	2	2
Dethier																		0	0	0	0
Danzin					T	T	T			T		P		T				0	1	5	6
Putseys				T			T		T			T	T	T		T		0	0	7	7
Deman					T													0	0	1	1
TOTAAL # DEELNEMERS				7	6	5	6	6	6	6		5	7	6	6	5		13	12	54	79

Figuur 23 • Veranderingsprojecten en rollen

Dit type matrix kan jou veel inzichten bieden. Als het bijvoorbeeld duidelijk wordt dat sommige mensen te veel zaken kregen toegewezen (bv. ze sponsoren drie initiatieven en leiden er twee andere, of ze nemen deel als teamlid in vier initiatieven), zal dit overzicht jou helpen hen te beschermen tegen over-engagement. Je personeel coachen en hun betrokkenheid verzekeren bij de veranderingsinitiatieven is essentieel om jouw verbondenheidsbatterij op te laden. Dat zullen we later in dit boek bespreken.

Dit kan een belangrijke valkuil zijn aangezien je niet eindeloos goed kan doen. We raden aan om eenvoudige regels te maken met betrekking tot het aantal projecten waaraan individuen kunnen meewerken, afhankelijk van hun rollen. Bijvoorbeeld maximum drie sponsorrollen of een sponsorrol en een leidende rol; twee deelnemersrollen, enzoverder. Hoe je deze rollen toekent, kan ook afhangen van de functionele rol van die persoon in het runnen van de business. Het komt neer op het identificeren en managen van de beperkingen. Als mensen overbevraagd zijn, moet je ofwel op zoek naar andere, extra medewerkers of moet je bepaalde initiatieven opnieuw prioriteren, uitstellen of ervoor zorgen dat ze nog niet in de pijplijn belanden. Je zal merken dat er altijd haantjes-de-voorste zijn die je moet beschermen tegen zichzelf, maar ook dat sommige mensen heel goed verstoppertje kunnen spelen! De zichtbaarheid die dit type van matrix met zich meebrengt, kan ook een sterke incentive zijn voor leiders om een stap voorwaarts te zetten.

Installeer proactieve rapportering

Meet de vooruitgang van de verandering ...

Evalueren waar en hoe je presteert in je veranderingsprogramma is de sleutel tot succesvol veranderingsmanagement, maar veel bedrijven worden overstelpt door rapporten of verdrinken in meetings. In dat geval legt de verandering nog meer druk op een al veel te volle agenda.

Als je managementinfrastructuur verandert in een bureaucratisch rapporterings- of vergadermonster, weerspiegelt dit vaak een ongezonde cultuur. Als de nadruk te veel bij het conformisme ligt, dreigen rapporten dikker te worden. Als er een giftige cultuur heerst en de afstand tussen werknemers en leidinggevenden groter wordt, zijn meer en langere meetings vaak de uiting van een nood aan controle. Je kan dit type cultuur evenwel niet veranderen zonder ook doelgericht de manier aan te pakken waarop je omgaat met rapportering en vergaderingen.

... maar doe het efficiënt en effectief

Jammer genoeg gaat het in veel vergaderingen meer over het maken van een goede indruk dan over het nemen van beslissingen en kennisvergaring. "Hoe meer ik schrijf in mijn rapporten en hoe meer ik praat tijdens vergaderingen, hoe meer mijn leidinggevenden mijn inspanningen naar waarde zullen schatten", lijkt wel de algemene perceptie te zijn. Goede rapporten en vergaderingen verbinden *inspanningen* met *resultaten*, of *inzichten* met *volgende stappen*. Ze evalueren goede en slechte prestaties om ervan te leren en zoeken advies voor zaken die onduidelijk blijven. Bieden jouw rapporten een eerlijke evaluatie van hoe de zaken lopen? Vergaderen en rapporteren op een solide manier zouden *eigenaarschap* moeten stimuleren. Er zou een dialoog moeten ontstaan gebaseerd op evalueren en vragen stellen, niet op rapporteren en goedkeuren. Effectieve vergaderingen en rapporten gaan verder dan de afstemming met de top, ze stimuleren de discussie en de projectoverschrijdende integratie.

Standaardiseer waar mogelijk

Veel organisaties halen er voordeel uit als ze standaarden ontwikkelen voor types vergaderingen en types rapporten. Ze omvatten zowel eenvoudige projectmanagement-variantierapportering als rapportering gebaseerd op probleemoplossende cycli zoals Bepaal, Meet, Analyseer, Verbeter, Manage (Six Sigma[62]); Kijk, Vraag, Modelleer, Discussieer, Handel (rapid learning cycles[63]); of A3-rapportering (productiesysteem Toyota[64]). De combinatie van de evaluatie van de resultaten met een assessment van de aanpak stimuleert reflectie en eigenaarschap. Dit creëert ook gemeenschappelijke mentale modellen voor verandering en ondersteunt daardoor de functie-overschrijdende dialoog en het samen betekenis creëren.

Evalueer regelmatig je rapporterings- en vergaderinspanningen

Wat we typisch zien is dat organisaties een leercurve moeten doorlopen om tot effectieve en efficiënte rapporterings- en vergaderingsinspanningen te komen. Wanneer hun cultuur samenwerking niet ondersteunt, ontwikkelen ze structuren die *te veel informatie* verzamelen. Als deze reflex niet wordt aangepakt, kan hij evolueren naar rigide bureaucratische structuren die verandering in de weg staan. Zeker als ze geen degelijke feedback krijgen op hun rapporten of rapportering, zullen mensen hun inspanningen gaan beperken tot puur conformisme en het afvinken van vakjes. Veel organisaties die het ISO 9000 certificatieproces doorliepen, ondervonden deze tendens. Waar initieel niets op papier gedocumenteerd werd, lijkt het de eerste twee jaar alsof het papierwerk enkel toeneemt. Het is pas na enkele jaren dat ze erin slagen om hun kwaliteitsmanagement tot het essentiële minimum te beperken. Om dit te vermijden stellen volgroeide organisaties niet alleen vragen bij inhoudelijke discussies. Zij willen ook de manier waarop ze met verandering zijn omgegaan verbeteren. Een sleutelelement van een gezonde rapportering is de evaluatie van de motivatie van de betrokken teamleden. Met andere woorden: je hebt dus de resultaten bereikt die je voor ogen had – maar ben je ook tevreden over de manier *waarop* je ze hebt bereikt? Dit verfijnt zowel de harde als de zachte benaderingen om met verandering om te gaan. Het legt een sterke fundering om te leren hoe een business te runnen én op te bouwen. Dat is de essentie van wat we '*proactief rapporteren*' noemen.

Leer uit je fouten

Deel het beste met de rest

Einstein zei dit het best: "Krankzinnigheid is hetzelfde ding doen, telkens opnieuw, en toch een ander resultaat verwachten." Verandering is geen kristallen bol – het is een reis waarop we leren. Je moet de tijd nemen om uit te zoeken wat werkt en wat niet, om te leren uit je fouten en evenzeer om te vermijden onsuccesvol gedrag te herhalen. Er zijn hierbij verschillende valkuilen te bespeuren. Veel bedrijven begrijpen dat ze actie moeten ondernemen als er een rood licht op hun scoreboard verschijnt. Het goede nieuws is dat dit mensen aan het denken zet. Het slechte nieuws is dat als ze geen kennis verwerven over het kernprobleem, de snelle oplossing alleen maar een tijdelijk groen licht oplevert. Het leerproces zou ons verder moeten brengen en onze processen en gedrag fundamenteel moeten veranderen. Als dat niet het geval is, is het al te gek om systematisch betere prestaties te verwachten.

De grootste fout die organisaties evenwel maken is om alleen maar te handelen na een mislukking. De 'echte' krankzinnigheid van veel veranderingsprojecten is dat ze geen *succesvol* gedrag herhalen. Wanneer iets werkt, laten ze dit vrij gemakkelijk los om over te gaan naar het volgende item op de agenda. Met als resultaat dat ze niet leren van wat *daadwerkelijk* werkt. Ze gaan voorbij aan hun eigen best practices. En als ze er toch oog voor hebben, gaan ze ervan uit dat iedereen binnen de organisatie over dezelfde kennis beschikt.

Je kan vrij veel doen om beter te leren uit je fouten en we zullen dieper ingaan op hoe je dit kan doen als we de planning- en implementatie-batterij bespreken. Maar als het gaat over het creëren van een krachtige managementinfrastructuur is datgene wat écht telt het uitbouwen van solide kennismanagementsystemen. Dit start met aan de personen achter succesvolle initiatieven te vragen wat werkt, zodat je dit kunt delen met anderen. Nonaka en Takeuchi[65], wereldwijde experten op het vlak van kennismanagementsystemen en voorstanders van het 'SECI Model', noemen deze stap '*externalisatie*'. Je probeert de *ervaring* (stilzwijgende kennis) van een medewerker *op papier* te krijgen (expliciete kennis). De betere organisaties zorgen ervoor dat best practices op een systematische manier gedocumenteerd worden en maken hen beschikbaar voor een breed publiek – via hun intranet bijvoorbeeld. Dat is echter maar een deel van het *SECI-model*.

Bouw een kennisbasis op en verspreid de boodschap

Als je een aantal getrokken lessen hebt gedocumenteerd, wordt de grotere vraag: *Wat is de boodschap achter de boodschap?* Anders gezegd, de '*combinatie*' zoekt naar systematische lessen uit verschillende projecten. Dit is een belangrijk stap die vaak vergeten wordt door organisaties. Zonder combinatie krijg je typisch een overvloed aan informatie – er is zo veel informatie beschikbaar dat niemand nog weet waar de precieze info te vinden als ze die nodig hebben. Het staat allemaal op het net ... maar waar? En hoe filter ik de vele hits bij een belangrijke zoekopdracht? Combinatie gebruikt verschillende benaderingen (bv. big data analysis) om kennis te creëren die naar de kern van de zaak gaat.

Zelfs de diepere kennis die verkregen is via combinatie is echter niets waard als ze niet overgedragen wordt aan de nieuwe medewerkers via '*internalisatie*': training moet ervoor zorgen dat kennis ingebed wordt in gedragsroutines. Maar zelfs de beste training zal niet in staat zijn om alle details te behandelen van een welbepaalde context die belangrijk kan zijn om een best practice succesvol te implementeren in een specifieke omgeving. '*Socialisatie*' zorgt ervoor dat medewerkers ondersteund worden door meer ervaren collega's als ze best practices willen toepassen op hun project.[66]

Creëer een sociaal leersysteem

Een kennismanagementsysteem uitbouwen gebaseerd op de SECI-kennismanagementcyclus gaat vaak gepaard met een investering in technologie (bv. website, een database van 'getrokken lessen', geavanceerde analyse-instrumenten). Bovenal impliceert het ook de ontwikkeling van een sociaal systeem als hefboom voor individueel en groepsleren. Kennismanagementsystemen uitbouwen gaat evenveel over het smeden van gemeenschappen als over de ontwikkeling van technische oplossingen om waardevolle informatie te bewaren en te delen. We hebben hierbij drie grote aanbevelingen.

In de eerste plaats, *verander je managers in lesgevers*. Dit heeft verschillende voordelen. Je hoeft geen fortuinen op tafel te leggen om externe experten en consultants te betalen. Je hebt die misschien nodig om te kunnen beginnen, maar op externe resources blijven leunen is veel te duur om ook duurzaam te zijn. Als je van je managers verwacht dat ze aan hun collega's en werknemers lesgeven, wek je ook een nieuw leerproces bij hen op. Dit proces gaat veel verder dan de kennis die ze opdeden in de praktijk. Mensen leren veel als ze iets moeten *doen*, maar ze leren nog veel meer als ze anderen iets moeten *aanleren*. De meesten zullen het initiële ongemak dat ze misschien ervaren bij de start, snel achter zich laten eens ze beginnen te genieten van de erkenning die ze krijgen voor hun expertise.

Ten tweede, creëer *ruimte voor discussie* – maak letterlijk ruimtes waar mensen kunnen leren. De verschillende SECI-dimensies van kenniscreatie vragen om verschillende types van ruimtes om het leren en de kenniscreatie te ondersteunen. Cockpitruimtes bijvoorbeeld kunnen geweldige plekken zijn om samen met je teams naar het volledige plaatje te leren kijken en kennis te combineren over de projectgrenzen heen. Breng je klaslokaal naar de werkvloer zodat de institutionalisering en het leren plaats kunnen vinden daar waar men actie onderneemt. Veel organisatieteams kunnen voordeel halen uit muren die dienstdoen als whiteboards. Zet een sofa in je werkruimte, waar mensen naast elkaar kunnen zitten met hun laptops en kunnen socializen om kennis en feedback op een meer informele manier te delen.

SPOTIFY EN KENNISVERSPREIDING

Spotify, het Zweedse muziekstreambedrijf, staat even veel bekend om zijn wendbaarheid en aanpasbaarheid als om zijn diensten. Het bedrijf is opgesplitst in vele kleine teams die allemaal 'squads' worden genoemd. Elk van deze squads focust op een specifieke functie, bijvoorbeeld, de radio-ervaring creëren of betaaloplossingen aanbieden. Ze herhalen steeds dezelfde cyclus met een minimaal werkbaar product, door vroeg en snel updates te lanceren. Deze squads beschikken over een inspirerende werkplek, met een bureaugedeelte, een loungegedeelte en een persoonlijke 'samentroep' ruimte. Bijna alle muren zijn whiteboards wat ideaal is voor samenwerking en kennisuitwisseling.

Maar Spotify beperkt de kennisuitwisseling niet tot de squads. Het bedrijf heeft ook clubs opgericht, die uit verschillende squads bestaan. Clubs en squads werken autonoom maar ze delen onderling heel veel kennis. Dat is waarom Spotify ook afdelingen en gildes heeft opgericht – groepen van mensen uit verschillende clubs en squads – die regelmatig samenkomen om uitdagingen en oplossingen te bespreken binnen hun expertisedomein. Je zou kunnen stellen dat de hele organisatie erop is gericht om snel kennis te verspreiden doorheen haar verschillende onderdelen. En bij Spotify hebben ze hiervoor een gepaste organisatiestructuur en managementinfrastructuur ontwikkeld.[67]

Onze derde aanbeveling is om *je HR-training en ontwikkelingsinitiatieven af te stemmen op kenniscreatie*. Veel organisaties gebruiken training als een incentive om mensen te motiveren, maar gebruiken dit zelden op een systemische manier om kenniscreatie te ondersteunen. Heel specifiek raden we aan om op systematische basis interne basistraining aan te bieden met interne experten/trainers. Hou het kort (maximum twee dagen) en voorzie veel tijd voor oefeningen en voorbeelden uit jouw organisatie. Verwacht vervolgens van de mensen dat ze binnen hun omgevingen in de praktijk brengen wat ze hebben geleerd, en ondersteun hen met ad-hocsessies van een uur of twee met een trainer-coach. Moedig hen aan om wat ze hebben geleerd toe te passen in op zijn minst twee nieuwe projecten, zodat ze kunnen groeien en zelf experts kunnen worden. Als ze dat stadium bereiken, wil je hen misschien wel opnemen in een interne leergroep over dit thema zodat ze ervaring kunnen blijven delen en hun kennis kunnen combineren met die van andere experten. Als ze behoefte hebben aan meer externe kennis, kan je hen ondersteunen met externe training. Profiteer in dat geval van het voordeel van het unieke leren dat hierbij plaatsvindt en vraag hen om hun inzichten te delen met de leergroep. Goede kennismanagementsystemen zijn gebaseerd op goede competentiemanagementsystemen. Veel organisaties die investeren in Lean- of Six Sigma Belt-trainingen (bv. General Electric, DuPont, Intel, Caterpillar) volgen dit competentiemanagementproces.

Kernboodschappen van dit hoofdstuk

De managementinfrastructuur-batterij opladen kan een van de lastigste uitdagingen op je veranderingstrip zijn. Ons onderzoek toont aan dat een krachtige veranderingsmanagementinfrastructuur uitbouwen moeilijk maar cruciaal is. Deze batterij slaat de energie van de organisatie op en verspreidt ze over betekenisvolle projecten om de globale doelen van de organisatie te bereiken. De managementinfrastructuur-batterij zorgt ervoor dat *alle* delen van de organisatie van energie worden voorzien. Als die energie niet wordt verspreid zoals het hoort, zullen sommige afdelingen overstromen van energie terwijl andere er tekort zullen hebben om verder te kunnen gaan.

Een lege management-infrastructuur-batterij	Een volledig opgeladen management-infrastructuur-batterij

VAN...	NAAR...
De business 'runnen'	De business opbouwen
Managing the holes	Het geheel managen
Koken zonder ingrediënten	Goed uitgeruste verandering
Vakjes afvinken	Proactief rapporteren
Het wiel heruitvinden	Het beste delen met de rest

Figuur 24 • Van een lege naar een volledig opgeladen managementinfrastructuur-batterij

Wat zijn de sleutelstimuli om jouw managementbatterij op te laden? Hoe kan je systemische energie opwekken, waarmee je zowel de dagelijkse prestaties als doorbraakverbeteringen kan managen? Het begint allemaal bij de erkenning van het belang van een goed functionerende, krachtige managementinfrastructuur. Schenk hiervoor speciale aandacht aan vier activiteitensets:

- 'Manage het geheel' door een strategiekaart te maken die de logica verduidelijkt van hoe waarde wordt gecreëerd voor de klanten en aandeelhouders.
- Doe aan strikt timemanagement via solide capaciteit- en prioriteitenmanagement.
- Ontwikkel een geschikte rapporterings- en vergaderinfrastructuur. Concentreer je niet alleen op de 'controle'-functie maar vraag wat je medewerkers en collega's hebben geleerd zodat ze gestimuleerd worden om het eigenaarschap van toekomstige projecten op zich te nemen.
- Bouw een kennismanagementsysteem uit dat je helpt om voortdurend te verbeteren.

Hoofdstuk

5

EEN GEZONDE CULTUUR

De sociale energie

Kernvragen

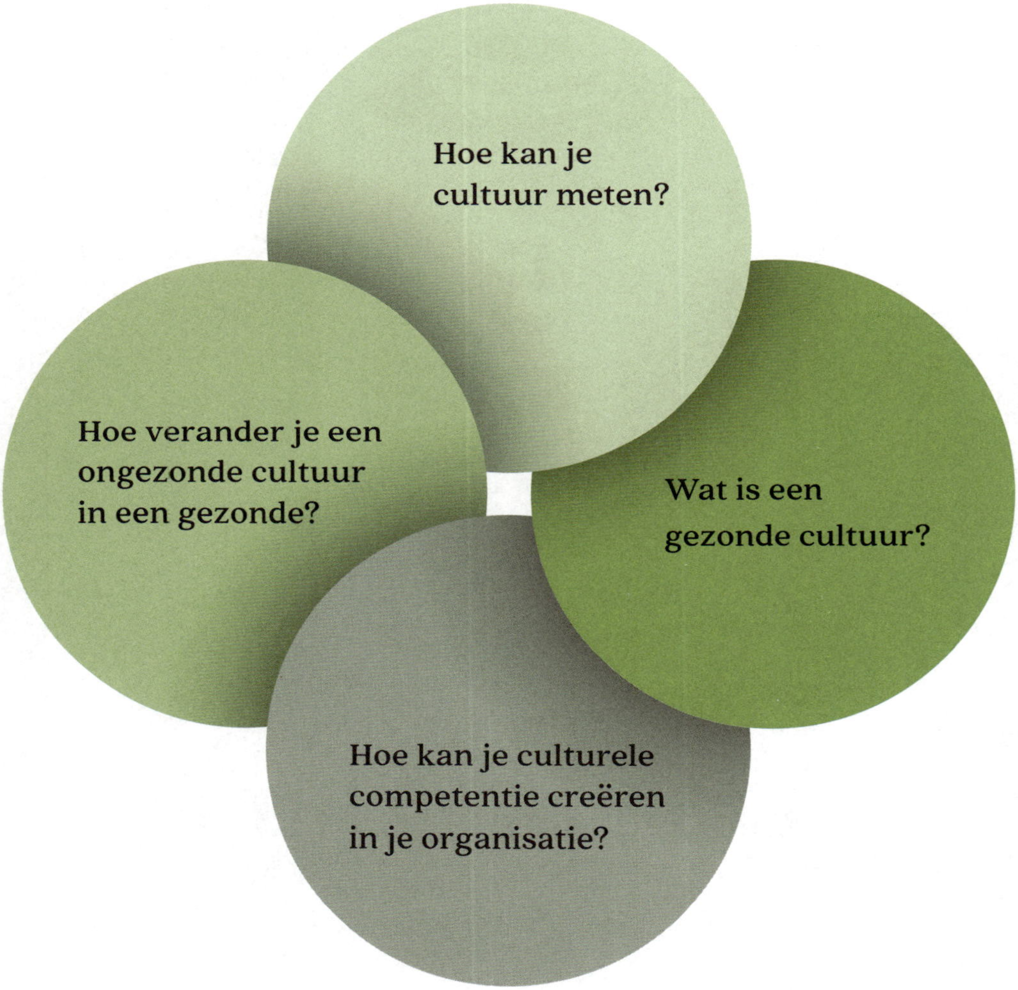
Hoe kan je cultuur meten?
Hoe verander je een ongezonde cultuur in een gezonde?
Wat is een gezonde cultuur?
Hoe kan je culturele competentie creëren in je organisatie?

Quick Scan

HOE GOED IS *JOUW* CULTUURBATTERIJ OPGELADEN?

Vink aan of je het eens of oneens bent met elk van de volgende stellingen.

		EENS	ONEENS
1	Onze waarden zijn meer dan woorden of slogans op affiches aan de muur: ze leiden ons in ons dagelijks werk.		
2	In onze organisatie dagen we onze doelen voortdurend uit en we rekken ze uit tot het maximum.		
3	Als er dingen misgaan, leggen medewerkers en managers de schuld bij hun collega's of zoeken ze excuses in de managementsystemen van het bedrijf.		
4	In onze organisatie richten we onze aandacht op het ontwikkelen van relaties met sleutelpersonen in alle functies en op alle niveaus.		
5	In onze organisatie is veranderingscommunicatie meestal een eenrichtingsstraat die de structuur/hiërarchie van de organisatie volgt.		
6	We delen in een open sfeer de informatie die ons toelaat om individuele en teamprestaties en gedrag te bespreken.		
7	Als nieuwe initiatieven worden voorgesteld, is 'nee' het standaardantwoord. En 'ja' de uitzondering.		
8	De meeste mensen geloven dat de verandering te snel verloopt en te veel disruptie veroorzaakt.		

Geef jezelf een punt voor iedere keer dat je het *eens* was met de volgende stellingen:

1 2 4 6

Geef jezelf een punt voor iedere keer dat het je het *oneens* was met de volgende stellingen:

3 5 7 8

Wat is je totale score op acht?

INTERPRETEER JE RESULTAAT

Score	Implicaties
0-2	Jouw cultuurbatterij is (bijna) leeg. Je cultuur is niet alleen verzwakt, ze is ongezond. En dit heeft een aanzienlijk negatief effect op de vooruitgang van je veranderingstraject.
3-4	Jouw cultuurbatterij is zwak en moet extra opgeladen worden. Naar alle waarschijnlijkheid is je cultuur defensief, niet-collaboratief, toxisch en risicomijdend. Deze culturele trekken beperken het veranderingssucces.
5-6	Jouw cultuurbatterij bevat sterke elementen die energie opwekken voor je veranderingsproces. Jouw organisatie beseft dat cultuur belangrijk is en je hebt actief gewerkt aan een gezonde cultuur: een prestatiegedreven organisatie, een cultuur waar samenwerking en/of het zoeken naar opportuniteiten op het voorplan staan. Ga na welk specifiek element van jouw cultuur nog verbeterd kan worden.
7-8	Jouw cultuurbatterij is goed opgeladen en helpt de verandering aan te drijven. Je cultuur is een bron van concurrentieel voordeel die weinig bedrijven hebben.

Spark for reflection: Wie heeft Nokia vermoord? Nokia![68]

De concurrentiestrijd in de smartphone-industrie kreeg veel aandacht in de businesspers. De sector wordt beschouwd als een van de zwaarste en meest concurrentiële, waar winners verliezers worden en nieuwkomers binnen de kortste keren de industrie leiden. Nokia, eind van de jaren 90 van de vorige eeuw gelauwerd als een voorbeeld van strategische wendbaarheid en een succesvolle wereldwijde marktleider, verkocht uiteindelijk zijn telefoonbusiness aan Microsoft in 2013. De marktwaarde van het bedrijf was met 90% afgenomen op amper zes jaar tijd. Het verlies schommelde rond een duizelingwekkende 100 miljard dollar. Businessanalisten weten de val van Nokia in de mobiele telefoonmarkt aan hun onvermogen om gepast te reageren op de komst van Apples iPhone.

Maar, volgens Quy Huy, een strategieprofessor bij INSEAD, is Nokia's crash eerder te wijten aan interne intriges.[69] Nokia verloor de smartphonestrijd omdat uiteenlopende angsten bij het midden- en topkader leidde tot een bedrijfsbrede inertie die Nokia machteloos maakte om te reageren op Apples iPhone. In tegenstelling tot wat velen beweerden, had Nokia de nieuwe bedreiging wel degelijk opgemerkt, maar een toxische bedrijfscultuur had het bedrijf kwetsbaar gemaakt voor de concurrentiële krachten.

Nokia's cultuur in de periode tussen 2005 en 2010 werd bepaald door één woord: *angst*. Topmanagers waren bang voor externe bedreigingen en het niet halen van hun kwartaaldoelstellingen. In deze ongezonde omgeving, met onmenselijke druk om te presteren, konden managers slecht nieuws simpelweg niet meer verdragen. De leidinggevenden werden omschreven als "extreem humeurig" en vele getuigenissen beaamden achteraf dat "managers regelmatig luidkeels tegen hun mensen schreeuwden".

Gevolg was dat het middenkader bang werd de topmanagers te ontgoochelen. Die laatsten beweerden over de eersten dat ze niet ambitieus genoeg waren om de uitdagende nieuwe doelen te bereiken. Als reactie bleef het middenkader stil of filterden ze te optimistische informatie naar de top. Toen verschillende middenmanagers ontslagen werden omdat ze slecht nieuws hadden gebracht of omdat ze niet 'genoeg durfden', plooiden zij die achterbleven terug op zichzelf om hun middelen, hun eigen positie en hun units te beschermen. Ze gaven zo weinig mogelijk prijs omdat ze bang waren dat dit hun carrière zou kunnen schaden.

Uiteindelijk beloofde het middenkader te veel en leverde het te weinig. Ze wisten dat Nokia moest investeren in een nieuw besturingssysteem – dat van hen was inferieur – maar niemand wilde de boodschapper van dit slechte nieuws zijn. Nokia gaf daardoor uiteindelijk disproportioneel veel aandacht en middelen aan de ontwikkeling van nieuwe telefoondiensten als antwoord op kortetermijnnoden van de markt, ten koste van de broodnodige investering in een nieuw besturingssysteem. Topmanagers werden in het ongewisse gelaten over wat er gaande was en waren niet in staat om strategische oplossingen te implementeren die nodig waren om marktaandeel terug te winnen.

Lessen trekken uit Baywatch

De immens populaire televisieserie stopte er al mee in 2001[70], maar het beeld van afgetrainde lijven die rondhollen in rode bikini's en zwembroeken is ronduit iconisch. Ook al heeft de serie hoogstwaarschijnlijk niet bijgedragen tot een algemene verhoging van het IQ van de bevolking, ze slaagde er toch in om de verborgen gevaren van de oceaan onder de aandacht te brengen. Op zeldzame momenten tijdens de show, gaven zeewetenschappers ons inzicht in de geheimen van oceaanstromen: een continue gerichte stroom van oceaanwater die zich over duizenden kilometers kan verplaatsen. Oppervlaktestromen bewegen het water aan de oppervlakte van de oceaan, terwijl onderzeese rivieren, die veel dieper onder de zeespiegel stromen, in staat zijn om het klimaat van de kustgebieden significant te beïnvloeden.

Een bedrijfscultuur is in wezen niet anders. Er zijn elementen die zichtbaar zijn aan de oppervlakte, en delen die dieper in de organisatie stromen; beide zijn in staat om een significante invloed uit te oefenen op de cultuur van je bedrijf. De wind zal de oceaanspiegel beïnvloeden zoals de buitenwereld ook een impact zal hebben op het dagelijkse organisatiegedrag. Diepere waterstromen worden echter niet zo snel of gemakkelijk extern beïnvloed, ook al hebben ze zelf wel de meest impact.

Edgar Schein, een specialist op het vlak van organisatiecultuur leerde ons: "Het enige echt belangrijke dat leiders doen is een cultuur scheppen en ze managen. Als je de cultuur niet beheert, zal zij jou beheren, en je bent je er misschien niet eens van bewust in welke mate dit gebeurt."[71] Hij omschrijft cultuur als "een patroon van gedeelde basisaannames, overtuigingen en waarden die de groep heeft aangeleerd omdat het externe aanpassingsproblemen en interne integratie-issues oploste. Een patroon dat goed genoeg heeft gewerkt om als valide beschouwd te worden en daarom ook aan nieuwe werknemers wordt aangeleerd als de goede gewoonte, de juiste manier om problemen te percipiëren, erover na te denken, ermee om te gaan en ze aan te voelen".[72]

Om bedrijfscultuur te doorgronden moet je volgens Schein drie lagen analyseren:

- *Artefacten* zijn de meest zichtbare en tastbare uitingen van een cultuur. Artefacten omvatten de verschillende attributen van de fysieke werkplek, maar ook het taalgebruik en de stijl van een organisatie. Ze zijn gemakkelijk waar te nemen maar vaak moeilijk te vatten.
- *Aangenomen waarden en gedragingen* zijn de bewuste en expliciete filosofieën en strategieën waarin de organisatie gelooft. Zij kenmerken de voorkeuren en de aspiraties die binnen de organisatie worden gedeeld en die bijdragen tot een gemeenschappelijk gevoel van identiteit en zingeving.
- *Basisveronderstellingen en -waarden* zijn de onbewuste, als evident beschouwde overtuigingen, percepties, gedachten en gevoelens die de cultuur vormgeven aan de basis en die de manier beïnvloeden waarop ze zich uiten in alle andere lagen.

Onderzoek toont aan dat cultuur de verandering binnen organisaties zowel *mogelijk* kan maken als haar *in de weg* kan staan. Uiteindelijk is ze een belangrijke motor voor businessprestaties.[73] Het verhaal van Nokia bevestigt dat cultuur even cruciaal is voor een organisatie als ambitie, visie en strategie.

Kenmerken van een lege cultuurbatterij

Sommige culturen wekken energie op doorheen de hele organisatie terwijl andere energie uit haar wegzuigen. C-levels begrijpen de impact van cultuur op het succes van de veranderingsimplementering en blijven inspanningen leveren om haar te managen. Deze inspanningen falen evenwel vaak. Laat ons een aantal signalen dat jouw cultuurbatterij leegloopt van dichterbij bekijken.

Mistige energie: een wollige cultuur met futloze waarden

Veel managers zien cultuur als iets obscuurs, moeilijk te vatten en te definiëren en daarom als waarschijnlijk minder belangrijk. Ze steken weinig energie in het proberen te begrijpen van cultuur, laat staan in het managen ervan. Het blijft een soft, bijna mythisch aspect van de organisatie, beperkt tot een paar kenmerkende waarden op een ingekaderde poster aan de muur. Het resultaat is een mismatch tussen de eigenlijke werkomgeving en de boodschappen die worden gecommuniceerd. De boodschap kan 'eenvoud' zijn maar de dagelijks perceptie kan die van complexiteit zijn. De boodschap is misschien 'ondernemerschap' terwijl medewerkers zich gestraft en bekritiseerd voelen voor elke fout die ze maken.

Op lange termijn zorgt dit gebrek aan synergie voor werknemers die niet echt trots zijn op hun organisatie. Er is weinig loyauteit aan het DNA van het bedrijf. Werknemers begrijpen niet waarom het bedrijf ooit werd opgericht, laat staan welke uitdagingen het moest overwinnen om te geraken waar het nu staat. Ze hebben er geen idee van hoe die uitdagingen werden aangepakt en wat de impact ervan was op de evolutie van de organisatie. Over het algemeen is er weinig tot geen emotionele betrokkenheid bij om het even wat het bedrijf probeert te bereiken. Het enige waar werknemers echt om geven is hun salaris.

Gereguleerde energie: een op conformiteit gerichte cultuur

Op conformiteit gerichte organisaties zijn geobsedeerd door voorschriften, regels en procedures. Conformiteit wordt meer geapprecieerd dan prestaties. Zij die geen fouten maken omdat ze de regels tot op de letter navolgen, krijgen promotie. Reglementering is de standaard. Ambitieuze doelen stellen en innovatieve projecten voorstellen worden gezien als een poging om het bedrijf aan te vallen.

Destabiliserende energie: een toxische cultuur

In een toxische organisatie is angst alom aanwezig. De energie wordt uit de werknemers gezogen. Ze doen enkel wat hen gevraagd werd, niets meer. Voor de werknemers voelt het aan alsof hun emotionele, fysieke en/of financiële welbevinden op het spel staan. Negativiteit en angst worden nog versterkt door het gebrek aan transparante communicatie. Er is geen open dialoog tussen (top)managers en werknemers. Afwijkende meningen zijn amper toegelaten en worden zwaar in vraag gesteld. De ogenschijnlijk coöperatieve vergadering – waar de ja-knikkende hoofden ogenschijnlijk in de meerderheid zijn –, maskeert echter een onderliggende golf van weerstand. Oprechte feedback, zeker negatieve, is zeldzaam. Je hoort pas over de echte gevoelens van je werknemers tijdens informele bijeenkomsten of in de wandelgangen waar roddels en geruchten welig tieren. Werknemers handelen in stilzwijgende onenigheid.

Kantoorintriges en elkaar een mes in de rug steken, zijn schering en inslag. Leiders zijn vatbaar voor favoritisme; de populaire medewerkers worden publiekelijk geprezen. De stille werkers worden zelden vermeld en raken gedemotiveerd. Politieke spelletjes zorgen voor verwarring en demotivatie, vaak in het voordeel van wie die spelletjes speelt. Het gaat niet om wat je weet of hoe je iets doet, het is *wie jij kent* (en wie jou leuk vindt) die je succes en impact maakt of kraakt. Dubbele standaarden zijn dagelijkse kost. Zij die het dichtst bij de machthebbers staan, krijgen een voorkeursbehandeling. Vergaderingen worden een vals ritueel en achterkamerintriges en bemoeienissen worden de norm.

Egocentrische energie: een defensieve 'ik'-cultuur

Een ander kenmerk van een disfunctionele cultuur is dat middenmanagers en werknemers niet in staat zijn het grotere geheel te zien. Ze concentreren zich enkel op de doelen van hun eigen afdeling. Hokjesdenken is het gevolg van een topmanagement dat er niet in slaagt een gedeelde ambitie te creëren voor de hele organisatie. Afdelingsmanagers jagen hun eigen doelen en interesses na, vaak ten koste van de doelstellingen van andere afdelingen. Gebrek aan informatie- en kennisdeling over de afdelingen heen leidt tot suboptimalisatie. Managers zetten hun energie in, niet om samen te werken, maar net om de samenwerking te belemmeren. Wat daaruit volgt, is een cultuur van verwijten en excuses zoeken voor slechte prestaties, zeker als sommige afdelingen hun doelen niet bereiken.

Afdelingen vechten over budgetten en iedereen veegt in de eerste plaats voor eigen deur. Ze bekommeren zich weinig over andere afdelingen. Er worden weinig functie-overschrijdende projecten gelanceerd, laat staan dat ze succesvol worden. Elke uitdaging voor de hele organisatie wordt versnipperd in subprojecten die worden gemodelleerd naar de competenties en verwachtingen van de verschillende afdelingen. Het lijken wel concurrerende entiteiten die strijden om de prijs van "het beste departement".

Vergaderingen worden meestal binnen de afdeling gehouden. De meerderheid van deze bijeenkomsten zijn overbodig en houden iedereen bezig met overwegend de verkeerde prioriteiten. Deze vergaderingen zijn vaak platformen voor de bevrediging van de drang om zijn expertise en superioriteit tentoon te spreiden. Elk departement beschouwt zichzelf als het meest belangrijke of het meest cruciale voor de dagelijkse operaties van het bedrijf. Afdelingen hanteren hun eigen systemen en aanpak en zijn er meestal niet toe bereid om die te delen met anderen. Over het algemeen ontbreekt het de organisatie aan een gemeenschappelijke visie op de gebruikelijk ondersteunde modellen. Het beeld van de organisatie is dat van een organisatieschema, niet van een '*value stream map*'.

Nulpuntenergie: een risicovermijdende cultuur

Zeker in woelige tijden kan de neiging om risico's te vermijden een organisatie verhinderen wendbaar te zijn en gepast te antwoorden op disruptieve bedreigingen. Het zijn hoofdzakelijk succesvolle bedrijven die het moeilijk vinden om eerlijk te zijn over de huidige realiteit. Michael Tushman en Charles O'Reilly, twee innovatieprofessoren van Harvard en Stanford, noemen dit de 'tirannie van het succes': "Zolang er geen kloof bestaat tussen verwachtingen en prestaties, zal een succesvol systeem actief proberen om stabiel te blijven. Managers van succesvolle organisaties leren wat werkt en slagen erin hun leren op te nemen in de formele en informele structuren en processen van het bedrijf. Als het leren evenwel focust op vandaag en gisteren, riskeert de organisatie om vast te geraken in het heden."[74]

Succes kan inertie kweken. Succesvolle bedrijven worden arrogant en te veel op zichzelf gericht. Ze hebben te veel vertrouwen in hun mogelijkheid om beter te presteren dan de concurrentie en zien de nood niet om naar de buitenwereld te kijken. Er bestaat enige vijandigheid tegenover verandering. In deze risicovermijdende bedrijven is er altijd wel een reden om dingen *niet* te doen. Als deze groep van tegenstanders voet aan de grond krijgt, wordt de cultuur er een van kritiek en cynisme, twee 'wapens' die regelmatig gehanteerd worden in vergaderingen en discussies over hoe en waarom te veranderen. Organisaties die geconfronteerd worden met een cultuur van nee-zeggers hebben vaak complexe beslissingsprocessen in het leven geroepen, waarbij verschillende goedkeuringen nodig zijn van verschillende managementniveaus, waar om het even wie 'nee' kan zeggen maar niemand 'ja' kan zeggen.

De mensen worden langzamerhand apathisch, veranderingsmoe en wantrouwig omdat vroegere leiders herhaaldelijk een 'urgente situatie' en 'nood aan verandering' afkondigden maar vervolgens weinig substantieels veranderden. Werknemers ontwikkelen een gebogen hoofden mentaliteit en een terughoudendheid om gevolg te geven aan managementrichtlijnen. Ze worden BOHICA-mensen ('Bend Over Here It Comes Again' of: 'buk je, hier komt het opnieuw'). Ze zijn ervan overtuigd dat de meest verstandige manier van handelen erin bestaat het strikte minimum te doen, nieuwe initiatieven te negeren en eromheen te werken of de kat uit de boom te kijken.

Overzicht van ontladers

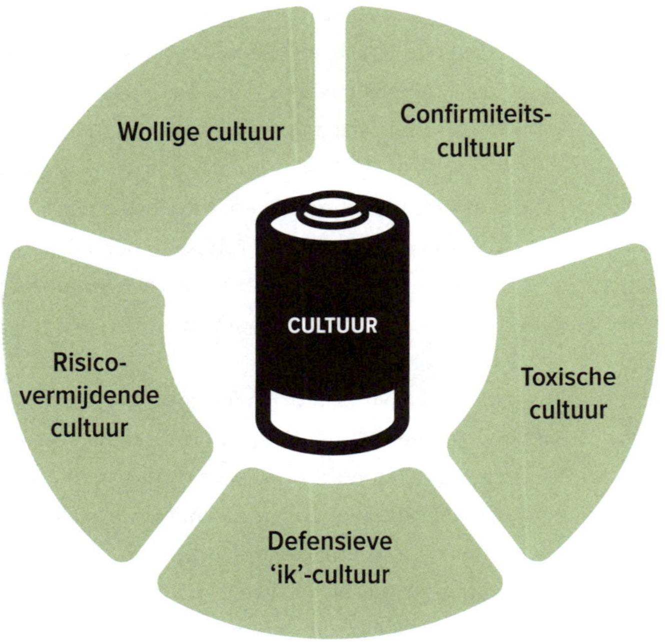

Figuur 25 • Waarom jouw cultuurbatterij leeg is

We hebben vijf kenmerken beschreven die in de richting wijzen van een lege cultuurbatterij. In de meeste organisaties met een ongezonde en disfunctionele cultuur, vind je typisch een combinatie van deze kenmerken.

De cultuurbatterij en veranderingseffectiviteit: Wat zegt ons onderzoek?

Ons onderzoek onthult significante verschillen tussen de succesvolle en onsuccesvolle hervormers voor wat de cultuurbatterij betreft. Net zoals bij de voorgaande batterijen vertonen de onsuccesvolle hervormers – de laagste 20 – voornamelijk negatieve energie voor deze batterij. Dat is het geval voor meer dan 75% van hen.

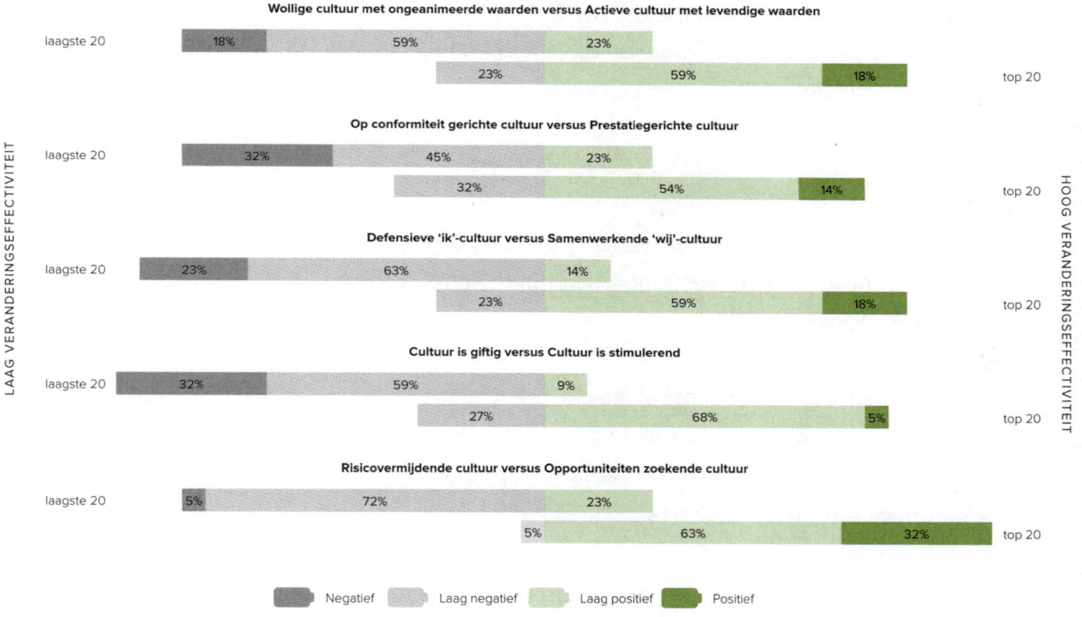

Figuur 26 • Hoe succesvolle en onsuccesvolle hervormers presteren voor de cultuurbatterij

Het beeld is totaal verschillend voor de tophervormers. De bedrijven die veranderingssucces ervaarden, vertonen voornamelijk positieve scores voor elk van de vijf items. Slechts 5% van de tophervormers heeft bijvoorbeeld geen opportuniteiten-zoekende cultuur. Wat het meest in het oog springt is dat een groot deel van de tophervormers een lichte (laag negatieve) neiging hebben tot een op conformiteit gebaseerde cultuur (32 procent) en zelfs tot een toxische cultuur (27 procent).

Hoe jouw cultuurbatterij opladen?

De cultuur managen moet een van de topprioriteiten zijn voor iedere manager. Het is een continu proces; succes op lange termijn hangt af van een cultuur die wordt gevoed. De cultuur is de omgeving waarin je strategie en je merk floreren, of een stille dood sterven. Zie het als een *voedende habitat voor succes*. Cultuur kan niet worden gefabriceerd. Ze moet oprecht worden gecultiveerd door iedereen, van de CEO tot aan de basis. De gezondheid van je cultuur negeren is zoals het water van een aquarium vuil laten worden.[75] Op den duur ziet niemand nog wat erin zit. In wat volgt in dit hoofdstuk gaan we dieper in op hoe je het water in je 'aquarium' proper kan houden.

Word cultureel onderlegd

Organisaties zijn cultureel onderlegd als ze een grondig besef hebben van hun cultuur en dit besef ook consequent omzetten in acties. Laat ons deze componenten van dichterbij bekijken.

Creëer cultureel besef – meet het!

Cultuur moet bij elke gelegenheid via woorden en daden worden versterkt. Maar wat kan je doen als een van de sleuteluitdagingen in je veranderingsproces een ongezonde cultuur is? En hoe begin je eraan?

Een ongezonde cultuur transformeren naar een gezonde vraagt tijd. In bedrijven met een paar honderd werknemers kan dit hervormingsproces twee tot vijf jaar in beslag nemen. Een cultuur hervormen houdt meer in dan de waarden en gedragingen van een kleine groep managers te veranderen. Zelfs wanneer executives een problematische cultuur proberen te hervormen met een reeks goedbedoelde acties, zullen ze er waarschijnlijk niet in slagen om diepgewortelde culturele trekken uit te roeien. Een wijdverspreide scepsis bij de werknemers tegenover een nieuwe strategie en cultuurveranderingsinitiatieven, die een verborgen weerstand voedt, maakt dit nog moeilijker.[76] Je moet je werknemers betrekken bij dit proces en dat neemt onvermijdelijk tijd in beslag.

Een cruciale eerste stap om je cultuurbatterij op te laden is je bestaande cultuur goed te begrijpen, de voornaamste en consistente karakteristieken te erkennen en te onderscheiden onder welke voorwaarden deze aspecten mogelijks helpen of hinderen.[77] Probeer de eigenheid van jouw plek te ontdekken[78]. Bouw culturele competentie op door cultureel besef te creëren maar zorg er eerst voor dat je de bestaande cultuur tot op een voldoende diep niveau begrijpt.[79]

Begin met het *meten* van je cultuur aan de hand van een van de vele cultuurmeetinstrumenten. Wij werken zelf graag met de *Corporate Transformation Tools* (CTT) van Richard Barrett, omwille van het gebruiksgemak, de duidelijke visuele voorstellingen en het hoge praktische nut.

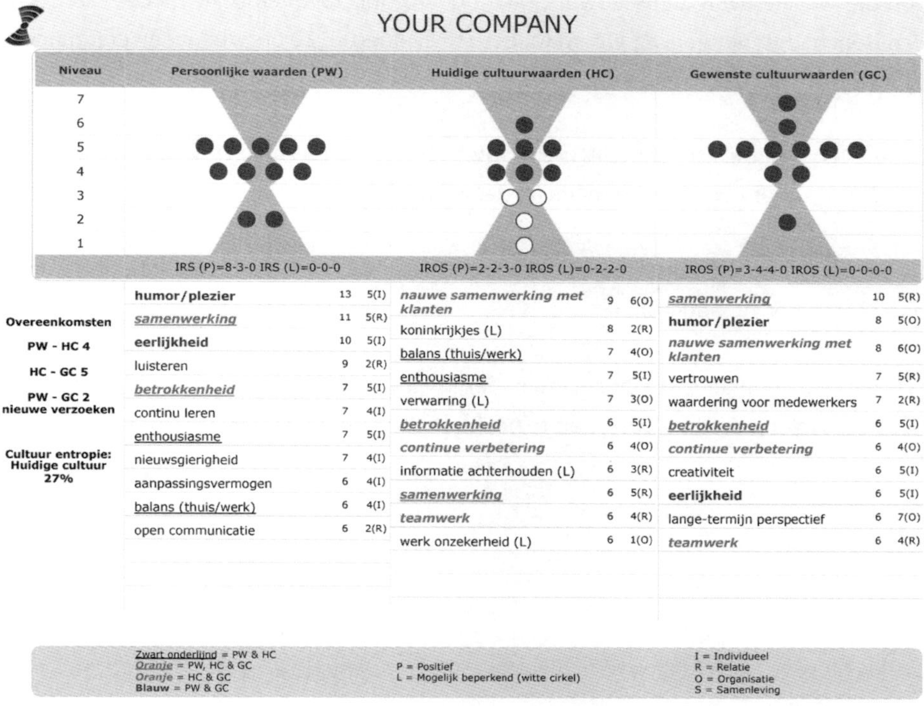

Figuur 27 • Output van Barrett's Corporate Transformation Tool (Barrett 2006)[80]

In Barretts instrument wordt aan de respondenten gevraagd om uit een lijst van honderd woorden er tien te selecteren die resoneren met je eigen persoonlijke waarden, vervolgens tien die weergeven hoe je huidige organisatiecultuur werkt en ten slotte tien die de gewenste cultuurwaarden benoemen. Deze drie waardensets worden gecombineerd tot zeven niveaus van persoonlijk en organisationeel bewustzijn. De resultaten creëren een grondig begrip van de mate waarin de persoonlijke waarden van de deelnemers afgestemd zijn op de huidige cultuur. Diezelfde match wordt ook bekeken voor de verhouding tussen de huidige en de gewenste cultuur. Het model berekent ook een *culturele entropiescore*, die een maatstaf is voor de mate van wanorde en disfunctie in een bedrijf. Te veel wanorde zal de prestaties van het bedrijf negatief beïnvloeden en zal de succesvolle implementatie van elk veranderingstraject in de weg staan.

Een andere populaire en handige toolkit is het *Competing Values Framework* van Quinn en Rohrbaugh (zie Figuur 28). Daar waar het model van Barrett gericht is op de waarden van de medewerkers en de organisatie, helpt het model van Quin en Rohrbaugh het gedrag van managers te evalueren. Ze ontwikkelden een model, gebaseerd op twee dimensies:

- organisatiefocus, van een interne nadruk op mensen in de organisatie naar een externe focus op de organisatie zelf;
- contrast tussen stabiliteit en controle enerzijds en flexibiliteit en verandering anderzijds.

Deze twee dimensies vormen samen vier kwadranten en dit raamwerk laat bedrijven toe zich op deze kwadranten te positioneren (zie Figuur 28).

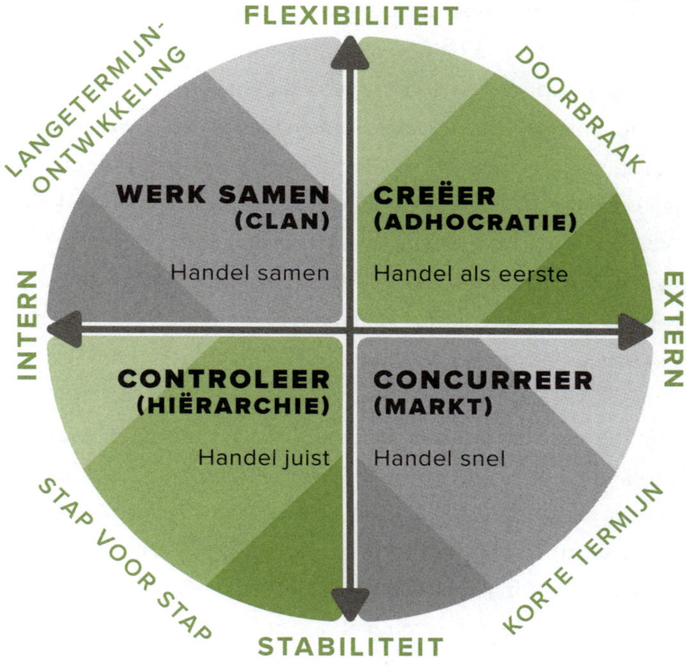

Figuur 28 • Quinn en Rohrbaughs Competing Values (Cameron & Quinn 2011)[81]

Welk instrument je ook gebruikt (en er zijn er heel wat), gebruik de resultaten van je cultureel assessment om te bespreken hoe je cultuur moet veranderen en hoe je meer cultureel besef in de organisatie kan creëren. Deel de resultaten met je medewerkers en bespreek ze met hen, wat de scores ook zijn. Het voordeel van een cultureel assessment is trouwens dat medewerkers de resultaten gemakkelijk herkennen waardoor ze zich sneller zullen scharen achter initiatieven om eraan te werken. Dit versterkt ook de wil naar de resultaten te handelen.

Je cultuur veranderen

Je cultuur 'kennen' is een ding, naar die kennis handelen is nog iets anders. Laat ons een aantal concrete stappen bekijken die je kan ondernemen om je cultuur te veranderen en je organisatiecontext te beïnvloeden. Het doel is dat je, door de oude gewoontes achter je te laten, de eerste echte veranderingen in gedrag kan zien.

Focus op je sterktes | De eerste stap is om aan de slag te gaan *met* je bestaande cultuur en ze niet tegen te werken. Daar waar traditionele culturele veranderingsprogramma's vaak focussen op het vervangen van oude gewoontes door nieuwe, zijn wij meer voorstander van een *aanpak gebaseerd op sterktes*, die zich *eerst* concentreert op het optimaliseren, verbeteren en intensiveren van de krachten van de organisatie. Die sterktes hoeven niet beperkt te worden tot de puur culturele aspecten. Als je bedrijfsstrategie bijvoorbeeld duidelijk en goed gedefinieerd is, kan je jezelf afvragen hoe je haar nog beter kan maken door haar af te stemmen op de resultaten van je assessment. Op dezelfde manier moet de lancering van een nieuwe, risicovolle, ondernemende aanpak in een risicomijdende cultuur via een traag, risicobewust proces verlopen.

Kies je lichtpunten | Bedenk *waar* je je culturele verandering *wilt starten* en *wie* je erbij zal betrekken. Sommige afdelingen zijn belangrijker en/of invloedrijker dan andere. Als je organisatie ernaar streeft dichter bij haar klanten te staan, is het logisch om de cultuurveranderingsinitiatieven op te starten in je serviceafdelingen in de frontoffice en niet in je boekhoudafdeling. De beslissing waar je met het veranderingsinitiatief zal beginnen, zou niet alleen moeten steunen op het strategisch belang van een afdeling, maar ook op de 'informele invloed' van die afdeling of zijn leiders. Stel jezelf de vraag: wie zijn de mensen die anderen kunnen beïnvloeden, niet omwille van hun formele autoriteit of positie maar dankzij hun geloofwaardigheid en relationeel netwerk?[82] Identificeer de 'cultuurdragers' in die cruciale afdelingen. Hoe kan je hen in kleine groepen inzetten als bronnen van positieve invloed en energie? Hoe kunnen hun inzichten en capaciteiten worden verspreid doorheen de organisatie? En hoe kan je deze cultuurdragers gebruiken om medewerkers met een negatieve invloed te counteren?

Verander eerst (een deel van) de context, verspreid daarna de boodschap | In hun bestseller *Switch*, hebben de gebroeders Chip en Dan Heath overtuigend beschreven waarom het zo moeilijk is om blijvende veranderingen door te voeren in bedrijven en gemeenschappen, maar ook in ons persoonlijk leven. Onze geest wordt bestuurd door twee verschillende systemen – de ratio en de emotie – die met elkaar strijden om de controle. De ratio wil een geweldig bikinilijf; de emotie wil dat Oreo-koekje. De ratio wil veranderen; de emotie houdt van het comfort van de bestaande routine. Emoties laten ons handelen met het oog op *kortetermijnbevrediging* terwijl de rationaliteit meestal focust op de lange termijn. Raad eens wie dit spelletje meestal wint? De Heath-broers suggereerden manieren om zowel ratio als emotie te managen maar toonden ook aan dat 'het pad vormgeven' – de organisatiecontext beïnvloeden – een derde en krachtige manier is om bij te dragen aan de creatie van blijvende verandering.[83]

Denk na over hoe je de context kan wijzigen om cultuurverandering te faciliteren. Start bijvoorbeeld met een make-over van de werkplek: de fysieke schikking, het ontwerp van de kantoren, het kleurgebruik, de bordjes aan de ingang, enzovoort. Schep een meer uitnodigende en warme omgeving als je een nauwere relatie met je klanten wilt promoten. Hang prestatiegrafieken op in de koffiehoek als je een meer prestatiegerichte cultuur wilt creëren.

De context, of een deel ervan, veranderen geeft een krachtig signaal dat toont dat je je engageert voor verandering. Zorg ervoor dat je de veranderingen zichtbaar maakt, en doe dat snel. Begin bij kleine dingen die een grote impact hebben. De parking kan modderig en onverhard zijn – maak dat in orde. De receptieruimte is misschien vuil en donker – pak dit aan. Het is pas na dergelijke ingrepen dat je over je project om 'de klant in de spotlight te zetten' zou moeten beginnen.

Zet jezelf op weg naar het nieuwe denken | Cultuur is veel meer een kwestie van *doen* dan van *zeggen*. De percepties van de effectiviteit van veranderingsinitiatieven worden veel meer beïnvloed door wat mensen *zien* gebeuren dan door wat ze van managers *horen* rond intenties. Als bedrijven cultuurveranderingsprogramma's lanceren, beginnen ze vaak met het opsommen van een hele set kernwaarden en met het definiëren van een gedragscode die dan op glossy kaartjes worden geprint opdat iedereen ze steeds bij heeft en kan gebruiken. Dat is prima, maar houd het simpel. Kies er enkele sleutelgedragingen uit, die tastbaar, haalbaar, herhaalbaar, waarneembaar en meetbaar zijn, en begin daarmee. Zet jezelf op weg naar het nieuwe denken. Lanceer initiatieven die impact hebben op hoe het werk wordt gedaan (werkgewoontes), maar besteed ook aandacht aan menselijke gedragingen (meer symbolische acties), zoals de manier waarop mensen elkaar begroeten, of waarop informatie wordt gedeeld tussen werknemers en managers.

Maak van het nieuwe gedrag de standaard | Cultuur is een hoeksteen van je concurrentieel voordeel. Het is noodzakelijk om de nieuwe gedragingen te ondersteunen en te verankeren in je managementstructuur. Dit nieuwe gedrag moet de nieuwe norm worden. Gewoontes en routines zijn de automatische en herhaalde gedragingen die betrekking hebben op 'de manier waarop wij hier de dingen doen'.[84] Gedragsgewoontes zien er typisch zo uit:

TRIGGER → **ROUTINES** → **RESULTAAT**

Als je een ander gedrag verwacht, vraag je dus ook om een verschillend resultaat. *Routines* veranderen is de moeilijke weg; de *trigger* veranderen is vaak een betere keuze. Thuis je sportschoenen aantrekken, terwijl je het avondeten al ruikt, en de kinderen vrolijk rondlopen is moeilijk. Eerst naar het lokale park gaan, er een rondje lopen en daarna naar huis gaan, is gemakkelijker. De trigger veranderen (van thuis naar het park) zorgt ervoor dat je de disciplinaire horde gemakkelijker kan nemen.

Veranker de cultuur in je managementinfrastructuur | Een cultuurverschuiving zal er niet komen door enkel aan de mensen te vragen hun gedrag te veranderen. Er zijn ook veranderingen in de belangrijkste managementprocessen voor nodig:

- Screen en selecteer je nieuwe medewerkers, in het bijzonder leidinggevenden, die goed in de cultuur zullen passen.
- Worden nieuw aangeworven medewerkers geïnformeerd over de cultuur?
- Start er een nieuw type dialoog tussen de verschillende stakeholders: kunnen bepaalde onderwerpen, die vroeger taboe waren, nu worden opgeworpen en besproken?
- Is gedrag dat in overeenstemming is met de cultuur onderdeel van je prestatiebeoordelingen?
- Worden helden van de nieuwe cultuur ook erkend als rolmodellen?
- Wat kan je doen om de manier waarop jouw team werkt te veranderen zodat ze de nieuwe cultuur beter weerspiegelt?

- Zetelen de juiste mensen in de raden en comités?
- Voelen en zien je klanten je gewenste cultuur?

Gebruik informele interventies om het vereiste gedrag te versterken | Gebruik informele veranderingshefbomen naast formele elementen (bv. prestatiemanagement, HR-management...). Investeer jij als manager, bijvoorbeeld tijd aan netwerkevenementen? Ben je zelf aanwezig in de cultuurcomités die je hebt gecreëerd?

AETNA'S INFORMELE AANPAK VAN VERANDERING

John Rowe, CEO van Aetna, een van de grootste Amerikaanse ziekteverzekeringsmaatschappijen, ging expliciet op zoek naar informele interacties met medewerkers. Dat konden sociale bezoeken, ad-hocmeetings, geïmproviseerde telefoongesprekken en e-mailconversaties zijn. Voorzitter Ron Williams en hijzelf wilden er in de eerste plaats voor zorgen dat dwarsdoorsnedes van het bedrijf nadachten over hoe ze zich voelden en waar ze bang of bezorgd over waren. Er werden ook aparte niet-hiërarchische fora met peers en collega's georganiseerd, doorheen het hele bedrijf, om de waarden van Aetna te bediscussiëren – wat ze waren, wat ze zouden moeten zijn, waarom velen onder hen niet langer nageleefd werden, wat nodig was om hen weer tot leven te wekken, en welk leiderschapsgedrag tot het juiste werknemersgedrag zou leiden.

Een vroege en belangrijke netwerkinspanning van Rowe was om een kerngroep van invloedrijke personen te identificeren – potentiële leiders die waardevolle perspectieven konden bieden op de cultuur binnen het bedrijf, onafhankelijk van hun niveau in de hiërarchie. Rowe trad in interactie met een harde kern van ongeveer 25 invloedrijke personen en breidde deze groep na enkele maanden uit tot bijna 100. Deze gesprekken gaven hem niet alleen inzichten over het personeel maar schiepen ook een band tussen hem en een gerespecteerde groep die zijn boodschap zowel formeel als informeel verspreidde.[85]

Empower de ambassadeurs | Een cultuurverandering heeft nood aan *makers*, niet aan krakers. Ieder bedrijf heeft mensen die het cultuurproject promoten. Leiders en niet-leiders die respect verdienen op basis van wat ze zeggen en hoe ze zich gedragen. Erken deze mensen en moedig hen aan om hun werk en managementstijlen op elkaar af te stemmen zodat ze blijvend kunnen demonstreren hoe het is om binnen deze cultuur te functioneren.

Vertel verhalen om de uitvoering van sleutelgewoontes en -routines te ritualiseren | Het is onwaarschijnlijk dat nieuwe gewoontes ingebed worden in organisaties zonder ijverige en gezamenlijke inspanningen om hen te socialiseren. Een beproefde socialisatie-inspanning is om verhalen te gebruiken die telkens opnieuw worden verteld. Ze illustreren aan nieuwkomers het belang van bepaalde gedragingen en de diepte van het engagement dat tentoongespreid wordt door verschillende personeelsleden van het bedrijf. Bedrijven zoals FedEx, Nordstrom en Microsoft nemen de tijd om deze verhalen te verzamelen omdat ze het waardevolle doel dienen de types gedragingen te illustreren die het bedrijf aanmoedigt en bewondert.[86]

Organiseer feestjes en ceremonies | Veel managers zien feestjes als geld- en tijdverlies. We geloven echter in de kunst van het feesten. We zijn ervan overtuigd dat je succesvoller wordt naarmate je meer 'cultuurfeestjes' per jaar organiseert. En daarmee bedoelen we dat feestjes niet alleen opportuniteiten zijn om mensen samen te brengen en te drinken en te dansen. Het zijn momenten waarop je de belangrijkste strategische boodschappen nog eens in de verf kan zetten, ambassadeurs en rolmodellen erkentelijkheid kan betuigen en een platform kan organiseren om 'best practices' te delen. Als communicatie en leren gekoppeld kunnen worden aan vieren, kan je een krachtige cocktail brouwen voor culturele vooruitgang en zakelijk succes.

Stimuleer, tolereer niet | Cultuur is de verantwoordelijkheid van het topleidersteam, *niet van HR*. Het is *geen optie* om niet af te stemmen op de gewenste cultuur. Moedig je mensen aan en inspireer hen zoveel je kan met positieve benaderingen en passie, door hen alle vereiste resources aan te bieden en constructieve feedback te geven. Schep hiernaast ook duidelijkheid over waar de grenzen liggen, over wat onaanvaardbaar en niet-onderhandelbaar is. Creëer consensus over de gevolgen voor wie zich niet schikt naar de nieuwe manier van werken. Deze Niet-Onderhandelbare Afspraken (NOA's) kunnen ervoor zorgen dat sommigen van rol zullen veranderen, of erger nog, het bedrijf zullen moeten verlaten. We zullen deze NOR's later nog verder bespreken, in het hoofdstuk over de connectiebatterij.

Word een prestatiegerichte cultuur

Je kan een organisatie veranderen die lijdt aan een op conformiteit gerichte cultuur door een *resultaatgerichte* cultuur te scheppen. Individuen en organisatie focussen hierbij eerder op output dan op input. Niet (enkel) de persoonsgerichte prestatie, maar de collectieve inspanningen. Het gaat niet langer om al de inspanningen die je hebt geleverd om een resultaat te bereiken; het gaat om het resultaat zelf.

Je kan verschillende dingen doen om een prestatiegerichte cultuur in je organisatie te introduceren. Het eerste is om prestaties en resultaten hoog op de discussie-agenda te plaatsen. Wees transparant over prestaties – zowel de goede als de slechte. Boost het vertrouwen door te appreciëren wat werd bereikt, maar stimuleer ook de wil om nog een stapje verder te gaan. Wees ook duidelijk over de verwachtingen: leg de output en de eindresultaten vast. Verplicht mensen om na te denken over hun acties en initiatieven: hebben ze duidelijke voordelen voor de klanten opgeleverd? Was dat niet het geval, stop het initiatief dan. Het is belangrijk een onderscheid te maken tussen wat *moet* worden gedaan en wat ook daadwerkelijk doenbaar is. Bespreek de beperkingen – wat belemmert jouw werknemers om het vooropgestelde resultaat ook effectief te bereiken? Daardoor verduidelijk je meteen ook wat je moet veranderen om betere prestaties te verkrijgen. Creëer tot slot engagement op alle niveaus om de complexiteit van je processen en systemen te verminderen – niet te vermeerderen. Een gezonde cultuur probeert de toekomst mogelijk te maken, niet het verleden te controleren.

Vraag mensen welke prestaties mogelijk zijn als er als er als er een echt noodgeval is. In het leger neemt de installatie van nieuwe radiosystemen in legervoertuigen soms jaren in beslag. Er moet immers worden nagedacht en beslist over het ontwerp, de ontwikkeling, de productie, het testen en de uiteindelijke installatie. In crisissituaties worden sommige projecten evenwel afgerond binnen een tijdspanne van een paar weken. Waarom is het in een kritieke situatie plots mogelijk om snel resultaat te krijgen? Ieder bedrijf heeft spoedprocedures die ervoor zorgen dat dingen kunnen gebeuren die normaal gezien niet mogelijk zijn.

Identificeer die onderdelen van je conformiteitsprocedures die jouw prestaties nekken. Zoek intelligente manieren om de 'gevaarlijke', complexe situaties te onderscheiden van de eenvoudige, algemene regels die kunnen worden toegepast in 99% van de gevallen. Culturen die gericht zijn op conformiteit worden vaak gedomineerd door de angst om fouten te maken. Die angst vindt dan weer zijn oorsprong in een catastrofale mislukking uit het verleden. Een complexe conformiteitprocedure leidt evenwel niet tot een betere bescherming door het toevoegen van verschillende inspecties die over het algemeen niets detecteren. Onderzoek heeft aangetoond dat na een poosje, de eerste inspecteur onder tijdsdruk de inspectie vaak overslaat, ervan uitgaande dat de supervisor de resultaten sowieso zal checken. In dezelfde omstandigheden kan ook de supervisor geloven dat hij het inspecteren van de output van zijn medewerker occasioneel kan overslaan. Uiteindelijk blijkt dus dat, als processen steunen op dubbele inspecties, producten vaak de deur uitgaan zonder enige vorm van kwaliteitscontrole te hebben ondergaan. Controle en inspecties zijn uiteraard essentieel om kwaliteit te garanderen, maar als het op conformiteit aankomt, is meer niet noodzakelijk beter. Durf de relevantie van alle stappen in vraag te stellen en creatief te zijn bij het zoeken naar een alternatieve aanpak.

Schep een 'cultuur van moed'

Een toxische cultuur veranderen is een moeilijke opdracht, maar een essentieel aspect van succesvolle veranderingsimplementatie. Leidinggevenden kunnen hierin een cruciale rol spelen aangezien ze vaak aan de bron van het probleem liggen. Het topteam moet de juiste toon bepalen en een rolmodel zijn. Toxiciteit in het topteam zal zich als een olievlek uitbreiden over het hele bedrijf. Het is immens besmettelijk en zal op iedereen afstralen. Zorg er als lid van het topteam voor om ver uit te buurt te blijven van de giftige groepjes. Weersta de verleiding om mee te huilen met de wolven. Raak niet betrokken in het roddelcircuit en vergoelijk het ook niet. Toxische organisaties moeten stoppen met klagen in de wandelgangen en moeten oplossingen op tafel leggen in de bestuurskamer.

Dit vergt echter lef. Een toxische cultuur veranderen valt of staat met de *moed* om de manier waarop beslissingen genomen worden in vraag te stellen. Het gaat om het scheppen van een veilige, transparante en eerlijke omgeving, waar mensen voelen dat alles bespreekbaar is, tot de grote taboes toe. Alleen moed zal je toelaten te durven kijken naar wie wat en waar aan het doen is.

Moed vraagt ook om transparantie in het beslissingsproces: welke regels moeten we volgen, wie is waarvoor verantwoordelijk en wanneer is management by exception toegestaan? Durf verschillende perspectieven op te nemen: die van de klant, de leverancier, de aandeelhouder, de werknemer. Stel criteria, procedures, gewoontes en vanzelfsprekende houdingen in vraag. Maar onthoud een ding: suggereer minimum drie alternatieven om een probleem op te lossen waarop jij feedback geeft – niemand houdt van mensen die alleen maar klagen. Vraag om bedenkingen en suggesties van werknemers op alle niveaus. Sta niet toe dat een toxische cultuur de creativiteit in de kiem smoort.

DE AANMOEDIGINGSCULTUUR BIJ ZAPPOS

Online schoenenwinkel Zappos staat bekend voor zijn uitzonderlijke klantendienst: bloemen leveren bij een klant wiens moeder was overleden en ooit langer dan acht uur aan de lijn blijven met een klant.

CEO Tony Hsieh zegt: "Onze allereerste prioriteit is bedrijfscultuur. Wij gaan er prat op dat als je de juiste cultuur weet te scheppen, de meeste andere zaken, zoals een geweldige klantendienst leveren, als vanzelf volgen."

Zappos heeft wat wij een aanmoedigingscultuur zouden noemen. "Beslissingen moeten komen van de eerste lijn – de mensen die in nauw contact staan met de klanten. Zappos geeft de medewerkers van de klantendienst de vrijheid te beslissen wat het best is voor de klanten in plaats van specifieke beleidslijnen uit te zetten voor elk geval. Dat vertrouwen kan heel ver gaan voor wat de klantendienstmedewerkers betreft. Laat de beslissingen niet over aan HR en de juridische dienst. Zeg hen dat ze geweldig zijn voor sommige zaken, maar dat het uiteindelijk de manager is die beslist. Beperk hun macht in de organisatie. Als je ze niet tegenhoudt, kunnen ze dingen bureaucratischer maken."

Hsieh vindt het belangrijk dat managers en supervisors hun medewerkers persoonlijk leren kennen. Het resulteerde in een betere communicatie tussen medewerkers onderling, in betere relaties, in mensen die bereid zijn om elkaar een gunst te bewijzen en in hogere niveaus van vertrouwen.[87]

Vestig een 'wij'-cultuur

Gemeenschappelijke doelen bepalen en er samen naartoe werken. Het klinkt als een fluitje van een cent. Toch zien we nog vaak teams die in feite niet meer zijn dan de som van de individuele competente professionals, die, elk met hun eigen objectieven, streven naar het binnenhalen van hun persoonlijke bonus (en bijbehorende roem). In een samenwerkende en ondersteunende omgeving begrijpt iedereen dat de groep (en het eindresultaat) het belangrijkst is, niet wie wat heeft gedaan en wie de erkenning krijgt. Moedig het gebruik van wij-zinnen aan in de plaats van ik-zinnen. Door te benadrukken wat teamwerk en samenwerking het bedrijf bijbrengen, zal je mensen aanmoedigen om meer vanuit een groepsmentaliteit te denken en anderen meer te ondersteunen.

De eerste stap in het creëren van een groepsmentaliteit is om een gemeenschappelijke taal te bepalen. Hoe groter afdelingen mettertijd worden, hoe meer ze hun eigen taal ontwikkelen. Formuleer een gemeenschappelijk standpunt. Het gaat niet over: Wat denk ik of mijn team hierover, maar wel wat denken wij hierover? Laat mensen de problemen en rollen van anderen ervaren. Vraag hen om zaken uit te leggen aan hun collega's. De communicatie moet in twee richtingen verlopen: ontvangen en sturen.

Ten tweede moeten organisaties ervoor zorgen dat mensen meewerken, verbinden met elkaar en samenwerken. Breng het mij/wij-paradigma in evenwicht. De meeste mensen maken graag deel uit van een team! Sta stil bij hoe de groep bijdraagt tot de hogere doelen en hoe iedereen als individu bijdraagt, op het moment dat je taken toekent en functierollen creëert. Toon hoe een specifieke rol impact kan hebben op de rol van anderen en op het succes van de organisatie. Prijs je team als groep, maar geef ook feedback aan elk individu in een-op-een vergaderingen. Moedig mensen aan om elkaar te helpen. Creëer een gemeenschappelijke identiteit (teamnaam, kleur), een gemeenschappelijke locatie, een gemeenschappelijke taal en deel de lasten ("we gingen hier allemaal samen door"). Beloon of erken op zijn minst publiekelijk wie ondersteuning biedt.

Creëer een cultuur van mogelijkheden

Een opportuniteiten-zoekende cultuur focust op de toekomst, niet op het verleden. Om die switch te maken, kan je *hiërarchie reduceren, autonomie verhogen* en *diversiteit aanmoedigen*.[88]

Hiërarchie reduceren laat eerlijkere en open feedback en discussies tussen medewerkers en managers toe. Organisaties moeten een evenwicht vinden tussen het bediscussiëren van hun zwaktes en bedreigingen en de opportuniteiten en resultaten die deze feedback met zich mee kan brengen. Zet deze items op de agenda en vraag mensen om ze te bespreken. Begin klein en pak het beleefd aan. Wees geen olifant in een porseleinwinkel, dat zal contraproductief werken. Naarmate je verdergaat, zal je ontdekken wie aan jouw kant staat.

Een andere manier om een opportuniteiten-zoekende cultuur te stimuleren is om de *autonomie te verhogen* door werknemers tijd te geven voor innovatie en creativiteit. Googles filosofie van '20% tijd' is hiervan een interessant voorbeeld. Google moedigt werknemers aan om 20% van hun werktijd te besteden aan wat zij denken dat Google het meest ten goede zal komen.[89] Succesvolle innovatie vraagt om een gigantische hoeveelheid ideeën, zelfs als sommige van die ideeën bij het begin eerder onrealistisch lijken. Sommige van de beroemde '20%-producten' zijn Google News, Gmail en AdSense.

Een manier om *diversiteit aan te moedigen*, is om inzichten van buitenstaanders te omarmen. Jouw situatie is uiteraard uniek, maar dat mag geen excuus zijn om jezelf af te sluiten van de rest van de wereld. Een opportuniteiten-zoekende cultuur staat te springen om te leren van anderen, niet om te kopiëren en klakkeloos over te nemen, wel om geïnspireerd te worden. De meningen van consultants en informatie die je haalt uit benchmarking kunnen een belangrijke bron voor nieuwe ideeën zijn. Ze zullen jou in contact brengen met trends buiten het bedrijf en met ideeën die jouw aandacht misschien nog niet hadden getrokken. Door te kijken naar de succesverhalen van anderen, zal je zelf ook worden gestimuleerd om al lang bestaande overtuigingen over wat mogelijk is en wat niet in vraag te stellen.

OPPORTUNITEITEN-ZOEKENDE CULTUUR BIJ DAVITA HEALTHCARE PARTNERS

Een voorbeeld van een bedrijf met een opportuniteiten-zoekende cultuur is DaVita HealthCare Partners, een Amerikaanse organisatie voor niergezondheidszorg. Om alle werknemers gefocust te houden op de externe omgeving, liet DaVita haar organigram varen. Dergelijke structuren leggen de nadruk te veel bij de hiërarchie en niet genoeg bij het begrip van de lokale markt en de bredere omgeving. Deze externe focus wordt ondersteund door een duidelijke en vaste regel die informatie heel snel door de hiërarchie naar boven stuurt: 'Zodra er een directielid en drie of meer teamleden samen in ruimte zijn, is er sprake van een informele meeting.' In deze meetings kan om het even welke vraag over om het even welk onderwerp worden gesteld. Als de bestuurder geen antwoord heeft, krijgt hij of zij de vraag per mail en moet de vraag binnen de 48 uur worden beantwoord. Al die informatie stroomt door naar het topmanagement ter overweging. Vernielers[90] en onderpresteerders, met introspectief en gepolitiseerd management, vinden de intensiteit van deze communicatie inherent moeilijk. Ze zijn te druk bezig met het strijden voor terrein, middelen en positie om de implicaties van de signalen uit de buitenwereld objectief in overweging te nemen. De externe focus van alerte bedrijven stelt hen in staat om de harde feiten feiten onder ogen te zien en het kaf van het koren te scheiden.[91]

Bedrijven met een opportuniteiten-zoekende cultuur doen een ondernemerscultuur met een 'doenersklimaat' doordringen. Diversiteit stimuleert de creativiteit van de organisatie waardoor medewerkers waakzaam zijn en in staat om gepast te antwoorden op veranderende behoeftes en omstandigheden.[92] Werknemers zien mogelijkheden in plaats van barrières en kijken niet alleen naar de manier waarop de dingen nu worden gedaan. Ze kijken ook verder, naar de manier waarop dingen zouden kunnen worden gedaan.

ESSENTIËLE WAARDEN BIJ CHÂTEAUFORM'

Châteauform', een Europese organisatie die seminarielocaties aanbiedt aan grote internationale bedrijven, is een geweldig voorbeeld van een bedrijf met sterke waarden. Châteauform' is een van de meest servicegerichte bedrijven in de sector en biedt veel meer flexibiliteit dan om het even welke hotelketen of andere seminariecentra. Het is de '*customer intimacy*' organisatie bij uitstek.

Jacques Horovitz, de oprichter van Châteauform', verklaart de rol die de waarden spelen in het management van de organisatie als volgt: "Om een customer-intimate bedrijf te worden moest ik maximale autonomie geven aan mijn teams, opdat ze konden reageren, aanpassen, innoveren en luisteren naar de behoeften van onze klanten. Dat is de reden waarom ik een bedrijf heb opgericht dat geleid wordt door waarden in plaats van door regels.

Management op basis van waarden betekent dat je een organisatie uitbouwt waar ieder teamlid het eens is met, en gelooft in dezelfde waarden als de andere teamleden. Management op basis van regels betekent voorzorgsmaatregelen nemen, en richtlijnen bepalen om afwijking van een vooraf bepaald gedrag tot een minimum te beperken. Het verschil in autonomie tussen beide is vrij groot. Regels staan autonomie in de weg. Als waarden gedeeld worden, overheerst het vertrouwen. Dit staat autonomie toe. Ik toon mijn teams nogal graag de volgende illustratie om dit te visualiseren. Stel dat je twee cirkels hebt die even groot zijn. De kern van de cirkel stelt voor hoe het bedrijf wordt geleid. De buitencirkel stelt de 'grenzen' voor (bv. geen bedrog, geen diefstal, ...). In een bedrijf dat wordt gemanaged op basis van waarden, is de 'afstand' tussen de waarden en de grenzen vrij groot, wat staat voor een grote mate van autonomie. In een bedrijf dat wordt gemanaged op basis van regels, verkleint deze afstand en dus ook de autonomie."[26]

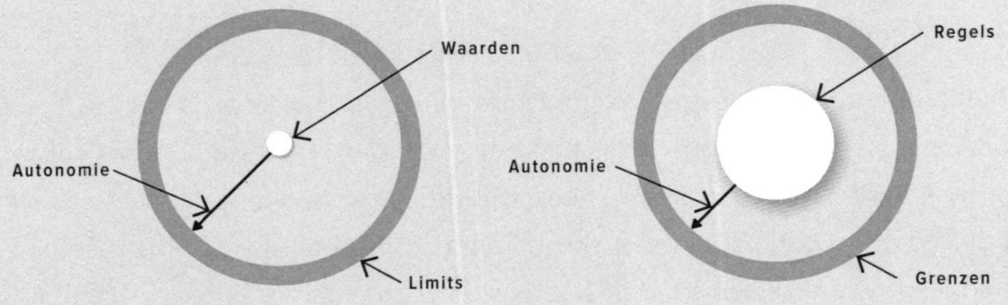

Châteauform' heeft een set van zeven waarden geïdentificeerd die van vitaal belang zijn voor de organisatie (voorgesteld in de grafiek verderop). Hoe leven deze waarden in het bedrijf? Hoe demonstreert het bedrijf iedere dag opnieuw dat deze waarden het gedrag van de werknemers sturen? Voor Horovitz, "betekent managen op basis van waarden, in de eerste plaats, dat je gemeenschappelijke waarden hebt. Ten tweede moeten deze waarden worden gedeeld of aangenomen: mensen moeten zich ermee identificeren. Opdat mensen erin zouden geloven, moeten deze waarden duidelijk worden in de managementpraktijken, ze moeten versterkt worden door het leiderschap, door de rituelen en symbolen en via het beloningssysteem."[94]

Horovitz deelt enkele voorbeelden van hoe het bedrijf zijn toewijding tot de waarden demonstreert: "Neem bijvoorbeeld de 'liefde voor de klant'. Elke locatie is een centrum voor klantentevredenheid, niet voor winst (managementpraktijk). In tegenstelling tot conventioneel locatiemanagement, vraag ik niet aan de locatiemanagers om naar hun verkoop (gecentraliseerd) of kosten te kijken, maar om de klant gelukkig te maken. In termen van leiderschap bijvoorbeeld, spendeert het directiecomité, mezelf incluis, een week per jaar aan het vervangen van een team op een van onze locaties. Een van de rites en symbolen die we hebben gecreëerd is die van de 'zeven schilden' [zie de illustratie hieronder], waarbij elk schild een waarde voorstelt. Een jaarlijkse ceremonie beloont de locaties die die bewuste waarde het best hebben geïllustreerd. Tot slot, voor wat beloning en erkenning betreft, krijgt elke locatie een extra bonus in functie van de klantentevredenheid."[95]

Voor elk van de waarden hebben Horovitz en het Châteauform'-team concrete managementpraktijken, leiderschapstijlen, rites en symbolen, en specifieke acties voor beloning en erkenning geïdentificeerd.

CULTUUR: ALLES BEGINT BIJ ONZE 7 WAARDEN				
WAARDEN	GEÏLLUSTREERD DOOR MANAGEMENTPRAKTIJKEN	VERSTERKT DOOR LEIDERSCHAP	VERSTERKT DOOR SYMBOLEN EN RITUELEN	VERSTERKT DOOR BELONING EN ERKENNING
LIEFDE VOOR DE KLANT	Sites gemeten op klantentevredenheid	Showtime voor de stuurgroep	Viering van de 'ridders', 'schildjes', en 'gedichten'	100% bonus voor klant-en-tevredenheid
FAMILIEGEEST	3 weken inductie; coöptatie	'Vliegschool'; iedereen betrokken bij een opening	'Familiehuis'; geboortes in Châteauform'	Bonus voor de hoofdzetel op basis van de tevredenheid van de sites
LEREN, ALTIJD LEREN	Voor iedereen 'Week op andere wijze'; budget voor training	'Leef mijn leven'	Iedereen leraar; OSCAR; Verbazingsrapport	Coach
LOYAUTEIT, EERLIJKHEID	Transparantie	Gouden oog	Klantentevredenheid 'Zoet of zuur'	Gratis aandelen voor iedereen
DURVEN, ALTIJD DURVEN	Geen baas voor de locaties LNI	Meter en peter	Jaarlijkse uitwisseling van beste ideeën	Extra aandelen indien mobiel
CONTRIBUTIE EERDER DAN ATTRIBUTIE	Mobiliteit Meters & Peters	Geen speciale behandeling; 'Stoor ik?' week	Vraag 'waarom' voor 'wat' en 'hoe'; Geen titels	Lage salarissen krijgen eerst opslag
STRENG EN PERFORMANT	Alles wordt gemeten en geformaliseerd Budgetten op 2 dagen; Boekje	Zeg 'hoeveel' en 'wanneer' en 'waarom'; Kaartspel van ons 'huis' leiderschap	Klant #1 in alle agenda's; Boekje over cultuur	Geen individuele bonussen als financiële doelstelling voor de onderneming niet wordt behaald

Kernboodschappen van dit hoofdstuk

De cultuurbatterij is cruciaal om energie te verspreiden doorheen de organisatie. Ze is ook een van de zwaarste om te managen, deels omdat managers cultuur als een moeilijk te vatten, moeilijk te definiëren en moeilijk te beheren iets beschouwen. Het gevolg is dat ze de kracht van cultuur als bron van sociale energie onderschatten of het gevaar van een disfunctionele en ongezonde cultuur niet zien.

In dit hoofdstuk hebben we je vijf kenmerken van een ongezonde cultuur aangereikt, en beschreven wat je kan doen om jouw batterij volledig op te laden (zie Figuur 29).

Een lege cultuurbatterij VAN…	Een volledig opgeladen cultuurbatterij NAAR…
Wollige cultuur met ongeanimeerde waarden	Actieve cultuur met levendige waarden
Een conformiteitsgerichte cultuur	Prestatiegerichte cultuur
Een toxische cultuur	Een stimulerende en moedige cultuur
Defensieve 'ik'-cultuur	Samenwerkende 'wij'-cultuur
Risicovermijdende cultuur	Opportuniteiten-zoekende cultuur

Figuur 29 • Samenvatting: Van een lege naar een volledig opgeladen cultuurbatterij

Hoe creëer je een gezonde cultuur die de sociale energie vergroot via cohesie en gedrevenheid? We reikten de volgende recepten aan om een disfunctionele cultuur aan te pakken:

- Je verandert je bedrijfscultuur niet van de ene dag op de andere. *Het neemt tijd in beslag* om alle fysieke artefacten en dagelijkse gedragingen door te nemen om uiteindelijk de basisaannames te veranderen die de cultuur van jouw organisatie vormgeven. Heb geduld.

- *Meten is weten.* Wat is de huidige cultuur? Hoe wordt dit duidelijk in jouw organisatie? En hoe zou ze eruit moeten zien in de toekomst?

- Als je jouw cultuur verandert, begin dan te *werken aan jouw culturele sterktes.* Definieer waar en met wie je jouw cultuurinitiatieven wilt starten. Identificeer vervolgens een aantal kritische gedragingen die helpen om een ongezonde cultuur in een gezonde cultuur te veranderen.

- *Reduceer de afstand tussen mensen*, tussen leiders en werknemers, onder collega's, tussen insiders en buitenstaanders. Een gezonde cultuur genereert sociale energie.

- Ten slotte, veranker het nieuwe gedrag *in jouw managementinfrastructuur.* Rekruteer en leid werknemers en leidinggevenden op die de gewenste waarden weerspiegelen.

Hoofdstuk

6

DUIDELIJKE ACTIEPLANNING EN IMPLEMENTATIE

De fysieke energie

Key questions

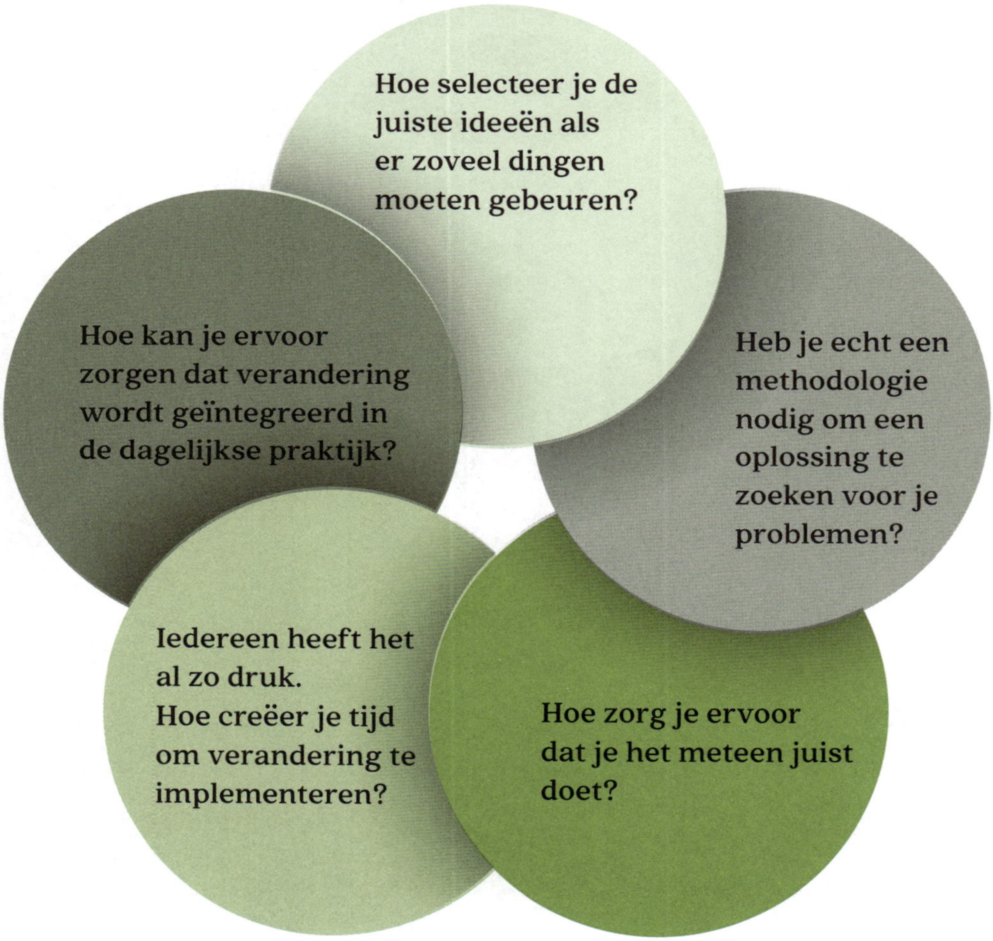

Quick Scan

HOE GOED IS *JOUW* ACTIEPLANNING EN IMPLEMENTATIE-BATTERIJ OPGELADEN?

Vink aan of je het eens of oneens bent met elk van de volgende stellingen.

		EENS	ONEENS
1	We lanceren veranderingsinitiatieven gebaseerd op een sterk projectmandaat dat de scope, de grenzen en de verwachte resultaten verduidelijken.		
2	Onze individuele veranderingsinitiatieven missen een solide 'waarom': ze pakken geen dagelijkse operationele problemen of klantenbehoeften aan.		
3	We definiëren onrealistische tijdspannes voor de implementatie van individuele veranderingsprojecten.		
4	De middelen die worden toegekend aan onze projecten omvatten budgetten, IT-ondersteuning en toegewezen tijd van onze teamleden.		
5	In onze organisatie gaan we om met problemen via analyse van betrouwbare data en rechtstreekse observatie van onze praktijken.		
6	We gebruiken prototypes en experimenten als een manier om de waarde en de risico's van alternatieve oplossingen te evalueren.		
7	We evalueren periodiek (wekelijks/maandelijks) de afwijking ten opzichte van de verwachte vooruitgang en resultaten om ervan te leren en bij te sturen.		
8	We slagen er niet in om de resultaten van veranderingsprojecten op te nemen in standaard werkprocedures.		

Geef jezelf een punt voor iedere keer dat je het *eens* was met de volgende stellingen:

1 4 5 6 7

Geef jezelf een punt voor iedere keer dat je het *oneens* was met de volgende stellingen:

2 3 8

Wat is je totale score op acht?

INTERPRETEER JE RESULTAAT

Score	Implicaties
0-2	Jouw actieplanning-batterij is een energievreter. Je organisatie is er niet toe in staat om strategische projecten te vertalen naar concrete voordelen voor de klant. Je mist de project- en procesmanagementvaardigheden om kwalitatieve projecten binnen de tijd en het budget op te leveren.
3-4	Jouw actieplanning-batterij is zwak. Je mag de scope van je projecten dan wel goed hebben geformuleerd, je moet ze ook adequaat voorbereiden, de verandering goed managen en engagement en eigenaarschap creëren bij je teamleden om het succes aan te houden. Jammer genoeg scoor je niet goed op de meeste van deze items.
5-6	Jouw actieplanning-batterij genereert energie voor het veranderingsproject. Je slaagt erin om projecten goed af te ronden en ze op te nemen in de organisatie. Er is echter wel nog ruimte voor verbetering. Gebruik je prototypes als je met een oplossing voor een probleem komt? Screen je de projecten regelmatig? Neem je de resultaten van je veranderingsprojecten op in je standaard werkprocedures?
7-8	Jouw actieplanning-batterij is goed opgeladen. Je organisatie levert systematisch projecten op die de klanten voordeel bieden of capaciteit genereren voor een meer op strategie georiënteerde organisatie.

Spark for reflection: FoxMeyers mislukte ERP implementatie[96]

FoxMeyer was een uit de kluiten gewassen groothandelaar in medicijnen in de VS in het midden van de jaren 90 van de vorige eeuw. Groothandelaars in medicijnen verdelen farmaceutische producten aan ketens, onafhankelijke apothekers en ziekenhuizen en kunnen bepaalde, op informatie gebaseerde diensten aanbieden aan hun klanten. De distributiesector voor medicijnen is al jaar en dag uiterst concurrentieel en er heerst een continue sterke druk om de kosten te reduceren en de efficiëntie te verhogen.

Door die hevige concurrentie had FoxMeyer een IT-oplossing nodig die hulp zou bieden bij het nemen van complexe beslissingen over de productieketen en bij het tegemoetkomen aan de toegenomen kostendruk. In 1992 besliste het bedrijf om Arthur Andersen (nu Accenture) in te schakelen om een Enterprise Resource Planning of kortweg ERP-softwarepakket te implementeren. De implementatiekost was in 1994 gebudgetteerd op 65 miljoen dollar. De uiteindelijke rekening bedroeg meer dan 100 miljoen dollar en de prestaties van de toepassing lagen ver onder het aanvaardbare. Na een bijkomende kost van 34 miljoen dollar voor niet opgehaalde verzendingen en inventariskosten in 1996, zag het bedrijf zich genoodzaakt om het faillissement aan te vragen.

Het project had van in het begin met grote problemen gekampt, waaronder uitdagingen met betrekking tot de projectimplementatie. Een van de grootste problemen was de te ambitieuze scope voor het project. Zowel de CEO als de CIO van FoxMeyer waren sterke pleitbezorgers van het project, maar ze hebben het hele bedrijf verwed op de succesvolle implementatie van dit project. De consultants concludeerden ook dat het tijdskader dat voorzien was voor de volledige implementatie – 18 maanden – allesbehalve realistisch was.

Het project was risicovol omdat het FoxMeyer ontbrak aan bekwaam en goed geïnformeerd personeel. Ze besteedden het volledige project uit aan een consultant. Er was geen training voorzien voor de eindgebruikers, wat leidde tot een vijandige reactie bij de werknemers, die het project saboteerden. Andere factoren die een rol speelden waren het ontbreken van uitgebreide testen omwille van het overhaaste tijdschema, en een gebrek aan gepaste managementcontrole.

De rol van actieplanning en implementatie in verandering

"Just do it" – klinkt redelijk simpel; misschien wel te simpel om waar te zijn. Zelfs de meest inspirerende doelstellingen hebben een duidelijk stappenplan nodig dat vertrekt vanuit de huidige realiteit van de organisatie. Zonder dat plan worden ambities vaak herleid tot 'wishful thinking', ideeën die gespuid worden door dromers in hun ivoren toren, zonder enige connectie met de mensen op de vloer die de dagelijkse brandjes blussen. Dat betekent niet dat deze laatsten vinden dat er niets hoeft te gebeuren, wel integendeel. Zij willen echter vooral begrijpen hoe ze die verandering kunnen managen op een effectieve en efficiënte manier terwijl ze ondertussen ook dagelijks een overweldigende to-dolijst moeten afwerken.

Daaruit volgt dat *actieplanning en implementatie* essentieel is om over te gaan van het oude naar het nieuwe via:

- de identificatie van de kritische activiteiten – zaken die echt het verschil zullen maken;
- een duidelijk mandaat dat de gepaste toewijzing van middelen verzekert – zowel qua tijd als budgetten;
- een doelgerichte methodologie die data combineert met experimenten en vermijdt dat het plan pas 'en cours de route' wordt gemaakt;
- de integratie van oplossingen in de dagelijkse activiteiten.

De beste organisaties zullen specifieke vaardigheden ontwikkelen die hen toestaan om uit te blinken in de verschillende hoekstenen van strategisch projectmanagement en procesverbetering, die de basis leggen voor succes op het vlak van deze batterij.

Kenmerken van een lege actieplanning en implementatie-batterij

In veel bedrijven wordt verandering gekenmerkt door een aantal interventies die lokale succesverhalen najagen, eerder dan door de mobilisering van energieke zelfsturende teams die verandering en verbetering als heel gewoon beschouwen om bij te dragen tot het succes van de gehele business. Verandering is *geïsoleerd en anekdotisch*, eerder dan *verbonden en systematisch*. Waaraan kan je herkennen dat jouw batterij niet goed is opgeladen op dit vlak?

Energie is het geproduceerde decibelniveau: meer is beter

Elke organisatie definieert acties om vooruit te gaan; de meeste organisaties ontbreekt het niet aan vergaderingen om lijsten van actie-items vast te leggen. Op het eerste gezicht lijkt het een energieke organisatie te zijn die probeert om te gaan met de huidige situatie. Maar als de gespuide ideeën tijdens deze vergadering niet worden gescreend op relevantie en impact, kan de bucketlist snel heel overweldigend worden. Wat start als een suggestie of een snelle oplossing wordt al snel een tijdrovende trip zonder einde. Na een tijdje wordt prioritering vaak herleid tot management door luid te roepen. Dit gebeurt typisch in organisaties die niet over bepalingen beschikken om het onderscheid te maken tussen *noodgevallen* die vragen om een snelle "just do it"-benadering en *andere niet-dringende projecten.*

Energie als een blikseminslag: plots heb je 'het'

Ben je ooit het kantoor van je baas uitgelopen met het gevoel dat hij of zij jou iets veelbelovends in de schoot had geworpen, maar dat je tegelijkertijd geen idee had of dat iets de grootte van de wereldbol dan wel van een pingpongballetje had? Of dat je was verondersteld om 'iets' voor je rekening te nemen zonder echt goed te weten wat dat 'iets' was, laat staan dat je een idee had van de context, budgetten, beschikbare middelen en verantwoordelijkheden? Misschien wordt van jou verwacht dat je eraan begint tegen het eind van de week. Je hebt tenslotte toch instructies voor regelmatige rapportering gekregen. Als dat geen duidelijk signaal is dat je wordt ondersteund. Toch vraag je je af waarom je niet werd uitgenodigd op de vergadering waar de actie die je nu moet ondernemen werd voorgesteld...

Herculische energie

Veel organisaties verwelkomen helden die in staat zijn om bergen te verzetten maar uiteindelijk toch liever aan hun *eigen berg* werken. Hun adagio: 'Werk harder, niet slimmer'. Projecten worden geleid door experten die gemakkelijk snelle oplossingen zien voor problemen maar die toch weigeren om vastgepind te worden op de duurtijd en de kostenraming. Discussies worden gebaseerd op meningen, interventies zijn kunstwerken – iedereen past zijn eigen voorkeursaanpak toe. Oplossingen bestaan vaak uit toevoegingen aan bestaande, complexe procedures. Vooruitgangsrapportering varieert van mondelinge presentaties tot extreem complexe rapporten. Beide manieren zijn allesbehalve duidelijk en transparant en komen vaak neer op 'vertrouw me gewoon'. Het duurt lang vooraleer nieuwkomers integreren omdat ze een leerproces van verschillende maanden moeten doorworstelen.

Big Bang energie

Organisaties verkiezen vaak om grote en kleine veranderingen allemaal tegelijk door te voeren zodat ze zoveel mogelijk 'het gedoe' kunnen beperken terwijl ze door het veranderingsproces gaan. De vereisten van de gewenste veranderingen zijn goed gedocumenteerd maar lijken voortdurend te veranderen. Als de reikwijdte van het project toeneemt, schuift ook de deadline alsmaar op. Uiteindelijk lijkt het project alsmaar groter en groter te worden, tot je beseft dat je de big bang niet langer kan uitstellen. Zelfs al hebben sommige projecten twee keer zo lang geduurd en het dubbele van het voorziene budget gebruikt, toch zal tijdsdruk er vaak voor zorgen dat de voorgestelde oplossingen niet getest worden. Op D-day draai je de sleutel om met trillende handen. Ondanks de lange voorbereidingen lijkt de big bang toch altijd oplossingen te creëren die gedeeltelijk oncontroleerbaar zijn. Nieuwe oplossingen brengen ook onbedoelde schade aan: terwijl het nieuwe systeem toeters en bellen aanbiedt, blijkt belangrijk maatwerk dat beschikbaar was in het oude systeem nu te ontbreken. Implementaties worden gevolgd door lange periodes van herwerking en stevig onderhoud.

Wegterende energie: na zonsopgang komt zonsondergang

Door de jaren heen werden verschillende prestigieuze projecten en verbeteringsinitiatieven gelanceerd. Ze zijn er echter zelden in geslaagd om duidelijk succes aan te tonen en als dat toch het geval was, hielden de resultaten van de succesverhalen niet lang stand. Zodra de aandacht voor het initiatief wegdeemsterde, begonnen ook de resultaten langzaam achteruit te gaan. In sommige gevallen zou jouw organisatie misschien zelfs beter af zijn geweest zonder de interventie. Het hoeft dan ook geen verrassing te heten dat de nieuwe aanpak nooit volledig ontplooid raakte in de hele organisatie.

Komt een van deze scenario's jou bekend voor? Zo ja, dan is jouw actieplanning en implementatie-batterij wellicht bijna leeg (zie Figuur 30). De constante 'bedrijvigheid' in jouw organisatie staat in sterk contrast met je allesbehalve spectaculaire bedrijfsresultaten.

Overzicht van ontladers

Figuur 30 • Waarom jouw actieplanning en implementatie-batterij leeg is

De implementatie-batterij en veranderings-effectiviteit: Wat zegt ons onderzoek?

Bij het vergelijken van de top 20 procent hervormers met de minst presterende 20 procent uit onze database, komen een aantal interessante inzichten naar boven.

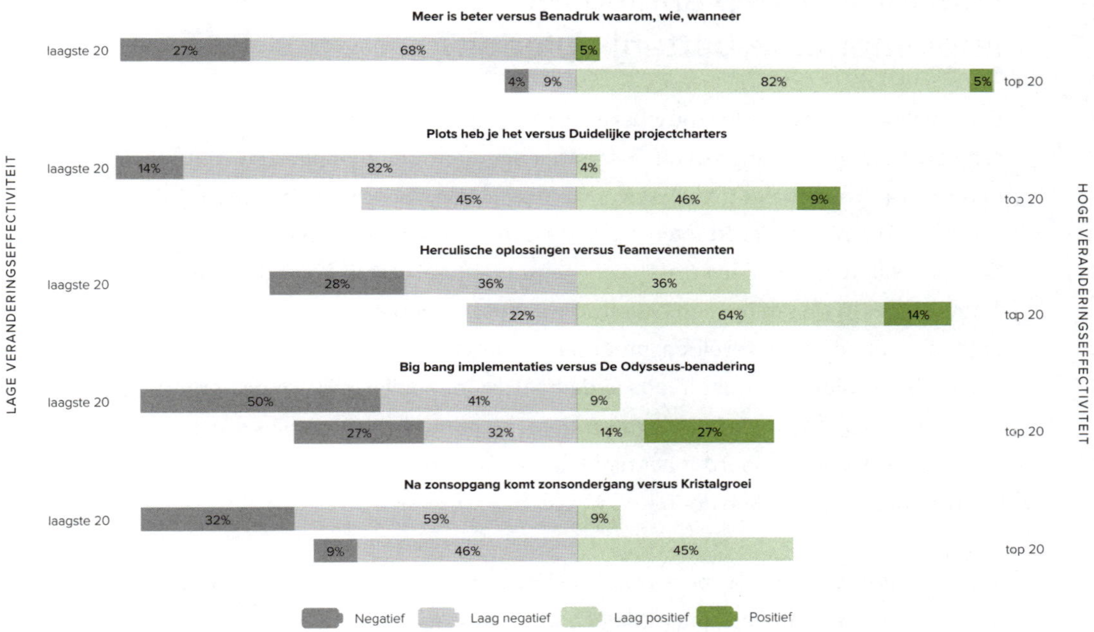

Figuur 31 • Hoe succesvolle en onsuccesvolle hervormers scoren voor wat de actieplanning en implementatie-batterij betreft

Bedrijven die het moeilijk hebben met verandering worstelen ook met de actieplanning en implementatie-batterij. Het aantal zwakke hervormers die negatief scoren voor deze batterij is significant. Slechts een handvol zwakke hervormers kunnen (laag) positieve resultaten voorleggen.

De sterksten in de klas scoren over het algemeen *veel beter* voor deze batterij dan hun peers aan de onderkant van de curve. Tophervormers focussen meer op relevante initiatieven en ze verlaten zich meer op teaminspanningen dan op heldendom om problemen aan te pakken. Voor de overige drie criteria worstelen de tophervormers echter ook – dit verklaart waarom de actieplanning-batterij, samen met de infrastructuurbatterij, de laagste globale scores kent. Ook al lijken we het tegenwoordig allemaal 'druk-druk-druk' te hebben, het is belangrijk voor het management om meer aandacht te besteden aan deze batterij.

Hoe jouw actieplanning en implementatie-batterij opladen?

Op dagelijkse basis een betrouwbare levering van producten en diensten verzekeren vergt een solide aanpak van procesmanagement. Het managen en continu verbeteren van repetitieve taken is evenwel totaal iets anders dan het managen van projecten die nieuwe producten of processen introduceren om doorbraakprestaties mogelijk te maken via strategische verandering. Daaruit volgt dat veel organisaties er niet in slagen om een holistische aanpak te bepalen die de essentiële vaardigheden uit de beide werelden integreert. Ze lanceren projecten die een energieke start missen, slagen er niet in alle stakeholders te mobiliseren om de verandering volledig uit te rollen in de hele organisatie, of ze kunnen de dynamiek van hun initiatieven niet bewaren doordat het niet lukt om de verandering te verankeren in een nieuwe manier van zaken doen.

Via een synthese van de 'best practices' binnen project- *en* procesmanagement, hebben we een raamwerk ontwikkeld dat organisaties in staat stelt om een aantal sleutelpunten voor verbetering aan te pakken met betrekking op actieplanning en implementatie (zie Figuur 32).

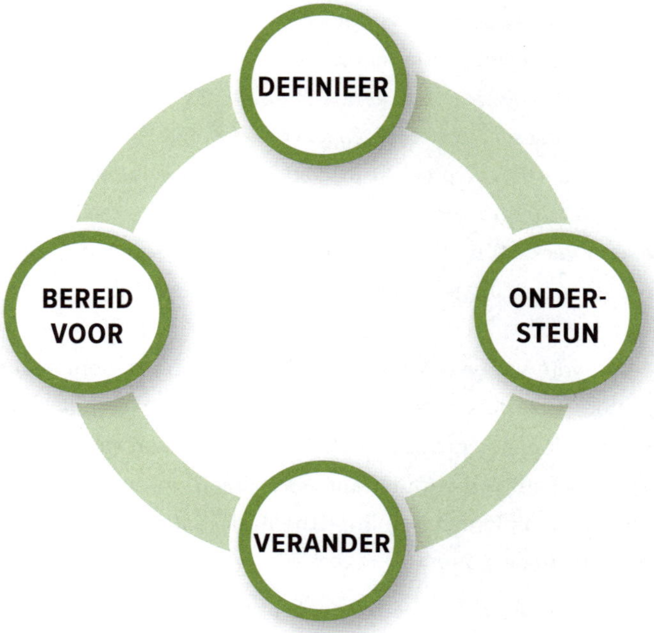

Figuur 32 • Raamwerk om sleutelpunten voor verbetering aan te pakken

Benadruk waarom, wie en wanneer

Begin met het einde voor ogen

Projecten die willen inspireren zouden moeten beginnen met het *waarom*[97]. Volledig opgeladen organisaties starten met het einde voor ogen. Ze bepalen een duidelijke basis voor initiatieven die het verschil willen maken en vertalen deze in gewenste resultaten. In de praktijk benadrukken managers bij de aankondiging van veranderingsprojecten vaak het *wat* – we gaan een nieuw ERP-systeem introduceren, we gaan onze organisatie herstructureren – zonder even stil te houden bij vragen als: welke positieve effecten verwachten we van dit nieuw systeem of deze herstructureringsinspanning? Wie zal voordeel halen uit die effecten? Wie zijn de klanten en stakeholders? Wanneer moeten deze effecten zichtbaar worden? Als projecten geen rekening houden met deze vragen, zijn ze misschien niet relevant of zal hun impact de inspanningen niet rechtvaardigen.

Als niemand *van bij de start* nadenkt over de gewenste effecten, verworden projecten vaak tot pure rapporteringsactiviteiten (dit is *wat* we de voorbije maand hebben gedaan), tot iemand beslist dat er genoeg is gewerkt aan dit bepaalde item en suggereert om over te gaan naar *het volgende*. Volledig opgeladen organisaties weten echter op welke paarden ze moeten wedden. Hun projecten en processen zijn *resultaatgericht*, niet op inhoud gericht. Deze projecten en processen zijn ambitieus (hun impact zal een verschil maken) en aantrekkelijk (ze worden gezien als zeer relevant binnen de context van de organisatie).

Het *effect* evalueren van wat er ook moet worden bereikt, is essentieel om de initiatieven te verbinden aan de strategie van de organisatie en om de steun te verwerven van een uiteenlopende groep stakeholders. De kiemen van het succes voor deze eerste stap in het implementatieraamwerk liggen in een solide onderlinge verbinding tussen de actieplanning en implementatie-batterij, de managementinfrastructuur en de strategie-batterij.

De prioritering van vitale initiatieven wordt verder vergemakkelijkt door de bepaling van een logische reeks gebeurtenissen die verduidelijkt waarom *het eerste ook eerst gebeurt*. De mijlpalen en belangrijke eindproducten van projecten worden gedefinieerd in termijnen van een tot drie maanden. Dit zorgt ervoor dat de sleutelfiguren binnen de organisatie een kritische massa rond zich kunnen verzamelen van functie-overschrijdende teamspelers die intensief samenwerken in de richting van het realiseren van de gemeenschappelijke doelen.

DE STRATEGISCHE RELEVANTIE VAN INITIATIEVEN BEPALEN

Een laboratorium dat testuitrusting kalibreert bereidde zich voor op een accreditatiedoorlichting. Als onderdeel van het voorbereidingsproces had Hugo, de kwaliteitsmanager, een lange lijst van actie-items opgesteld die 'dringend' aangepakt moesten worden. Zij kwamen bovenop een al lange lijst van initiatieven die door het topmanagement als belangrijk waren geïdentificeerd, waaronder ook de installatie van een nieuw ERP-systeem binnen het jaar. Het kernpersoneel was overbelast en werkte tegelijkertijd aan grote en kleine problemen zonder hun belang of onderlinge samenhang echt te begrijpen. De managers waren gestresseerd, want de globale implementatie ging traag vooruit.

Om deze situatie aan te pakken, kwamen de managers van alle niveaus samen om een overzicht op te stellen van alle acties en initiatieven en hen te groeperen in strategische thema's. Acties zonder een duidelijk link met de strategiekaart werden geannuleerd, of in sommige gevallen (bv. bijna afgeronde acties) geïmplementeerd op basis van snelle en grove oplossingen (een persoon, een werkdag). Voor de belangrijkste thema's (vijf van de tien thema's in dit geval), werd de nood aan verandering verwoord vanuit een zakelijk, klanten- of medewerkersperspectief. Dit omvatte ook de afbakening van de projectreikwijdte voor elk thema en de identificatie van de belangrijkste mijlpalen en verwachte winsten. Op die manier konden alle acties een prioritering krijgen naargelang de volgorde en de verwachte impact op maandelijkse basis.

De aanpak onderstreepte de kritische acties van de doorlichting die een aanzienlijke impact hadden op het ERP-project, door hun bedrijfsbelang (dat verder ging dan de scope van de accreditatiedoorlichting) duidelijker te stellen. Aangezien andere acties ofwel geannuleerd ofwel via een versnelde procedure werden doorgevoerd, maakte de prioritering van de meer strategische acties een samenwerkingsaanpak mogelijk gericht op de echte zakelijke motoren van het laboratorium.

Stel duidelijk projectcharters op

Goed begonnen is half gewonnen. Veel organisaties kunnen er voordeel uithalen te investeren in het opstellen van een duidelijk mandaat. Zoals de casestudy hierboven illustreert, zou het topmanagement de leiding moeten nemen op het moment dat het 'waarom', 'wie' en 'wanneer' moeten worden bepaald. Projectkampioenen van de middelste en lagere niveaus daarentegen zouden de flexibiliteit moeten hebben om het 'hoe' en het 'wat' te beïnvloeden. Een duidelijk mandaat ondertekend door beide partijen is het bewijs van een wederzijds begrip en engagement.

Elk project heeft een energieke kampioen nodig

Een duidelijk mandaat identificeert ook de geknipte kampioen en geeft deze leider de mogelijkheid om het veranderingsinitiatief grondig te onderzoeken om de beste veranderingsaanpak te bepalen en de uitverkoren leden van het veranderingsteam te selecteren. De kampioenen moeten met andere woorden in staat zijn om het initiële veranderingsmandaat te verfijnen. Het kan hierbij dan gaan om het verduidelijken van de reikwijdte en beperkingen van het project, het onderhandelen over de verwachtingen qua tijd, budgetten en middelen, of nog het definiëren van een strategie om de verwachtingen van de stakeholders te managen. De kampioenen de tijd geven om over deze zaken na te denken, maakt het projectmandaat SMART: specifiek, meetbaar, aanvaardbaar, realistisch en tijdsgebonden. Uit ons onderzoek blijkt dat organisaties met mandaten die de *ambities* en de *nodige middelen* op elkaar afstemmen, veel succesvoller zijn in het tijdig afronden van hun projecten.

Maak een projectcharter

In energieke organisaties worden projecten officieel gemaakt via projectcharters. SMART-charters bezegelen de wederzijdse overeenkomst tussen de *projectkampioen* en de *projectsponsor*. De kampioen neemt het eigenaarschap op voor de resultaten die gehaald moeten worden, de sponsor vertegenwoordigt het topmanagement en engageert zich tot het leveren van morele (bv. bij het omgaan met weerstand tegen verandering) en praktische ondersteuning (bv. budgetten, tijd, middelen) van het project. Duidelijke projectcharters zijn essentieel voor de aankondiging van het initiatief (verbinding met werknemers-batterij) en het organiseren van de middelen (infrastructuurbatterij).

Dit alles zou niet veel papierwerk met zich mee mogen brengen – een A3 zou moeten volstaan. Een projectcharter opstellen vraagt echter wel om reflectie en discussie. Als je vindt dat de 'tijd en inspanning' die nodig zijn om een solide charter op te stellen het niet waard zijn, moet je je misschien afvragen of het wel de moeite is om het initiatief überhaupt op te starten. Het perfecte recept voor weerstand tegen verandering is om niet te antwoorden op de waarom-vraag, die helpt om de reikwijdte beter te begrijpen en een wederzijds begrip te bewerkstelligen van de leiderschapsengagementen op de hogere en lagere echelons. Dit leidt vaak tot een overschrijding van budget en tijd die veel verder gaat dan wat er nodig was geweest om een twee pagina's lang projectcharter op te stellen.

SMART PROJECT CHARTERS

Het A3-denken[98], een van de hoekstenen van het Toyota Productiesysteem, is ondertussen overgenomen door verschillende sectoren, waaronder de verwerkende industrie, technisch design en gezondheidszorg om hun 'lean' transformatieprojecten te ondersteunen. A3-rapporten herleiden de rapportering tot de essentie (twee pagina's gepresenteerd op een enkel blad papier van A3-formaat). Toyota heeft drie hoofdstructuren geïdentificeerd die een gemeenschappelijke taal en een gedeeld mentaal raamwerk voorzien voor ontwikkelingsvoorstellen, probleemoplossing en variantierapportering.

Het schema hieronder weerspiegelt de thema's die we als essentiële componenten zien van een projectcharter. Goede charters zijn cruciaal om projecten af te trappen. Ze verbinden de sponsor en de kampioen die in hetzelfde schuitje zitten. Projectcharters moeten ondertekend en gedeeld worden in een publieke aankondiging van dit partnerschap. Het zijn belangrijke instrumenten om duidelijkheid te scheppen voor de teamleden en hen gefocust te houden op de gemeenschappelijke doelen. Dat zorgt op zijn beurt dan weer voor een sterke basis voor vertrouwen en teambuilding.

Organiseer teamevenementen

Breng de juiste mensen samen

Terwijl organisaties met een laag energieniveau afhangen van helden die uitmunten in crisismanagement, mobiliseren slimme organisaties de intelligentie en energie van een goed getraind team.

Opdat dit kan gebeuren moet je eerst iedereen bij elkaar krijgen en hen laten werken als een team. De juiste mensen bij elkaar brengen is de dag van vandaag een aanzienlijke praktische uitdaging voor veel organisaties. Overvolle agenda's laten vaak niet veel mogelijkheden over om als groep samen te komen. Dat betekent dat cruciale mensen misschien belangrijke vergaderingen missen, wat een belangrijk obstakel is zowel voor wat teambuilding als het snel nemen van beslissingen betreft.

Organisaties kunnen een significant voordeel halen uit het samenbrengen van teams voor een vooraf bepaalde tijdsperiode (bv. drie tot vijf opeenvolgende dagen voor Kaizen Event Improvement Projects[99], of sprints van een tot vier weken in SCRUM-softwareontwikkeling[100]). Dit zorgt ervoor dat het team kan focussen op het project zonder onderbreking en los van hun andere rollen of verantwoordelijkheden. Dit vermindert ook aanzienlijk de rapporteringsinspanningen – in plaats van te moeten rapporteren na bijvoorbeeld zes vergaderingen van een halve dag, zal er nu na drie dagen maar een samenvattend rapport nodig zijn om de belangrijkste inzichten en vooruitgang van het team te beschrijven. Stel je even voor dat je de tijd die je normaal gezien spendeert aan het rapporteren en beantwoorden van e-mails tussen de vergaderingen door, nu zou kunnen gebruiken om echt met jouw team aan jouw project te werken...

Vind een leuke werkplaats voor jouw team

Wanneer je jouw team samenbrengt, is het belangrijk dat te doen op een specifieke locatie of vergaderzaal, een commandopost van waaruit ze kunnen opereren. Succesvolle verandering focust op wat er echt toe doet dankzij de samenwerking van mensen die er echt toe doen. Dit impliceert werknemers met verschillende achtergronden die samenwerken als een team op een echte plaats (*Gemba*), om er te werken aan wat daadwerkelijk gebeurt (*Genbutsu*) met de echte data (*Genjitsu*)[101], volgens de sleutelprincipes van het Toyota Productiesysteem[102]. Het team moet zijn post verlaten om data te gaan verzamelen op de werkvloer, om er met klanten te praten, enz. Maar ze moeten ook naar hun commandopost kunnen terugkeren om er de verzamelde informatie zichtbaar op te hangen en er een gedeelde visie uit te bouwen op het project en de vooruitgang die ze boeken.

Je team op deze manier samenbrengen heeft nog een ander belangrijk effect: je zal relaties zien groeien. Sociale wetenschappers noemen dit de *wet van nabijheid*[103]: de hoeveelheid informatie die gedeeld wordt tussen individuen neemt exponentieel af naarmate de afstand tussen beiden toeneemt. Ondanks de proliferatie van internetverbindingen en sociale media, tonen socialenetwerktheorieën aan dat netwerken toch nog steeds in de eerste plaats ontstaan op basis van *persoonlijk contact*. Als je wilt dat individuen met elkaar in verband treden, is hen samenbrengen voor ten minste drie dagen een absolute voorwaarde voor elke teambuildingsinspanning. Wees je er echter van bewust dat in die tijd ook significante conflicten aan de oppervlakte kunnen komen. Dat is evenwel vaak goed nieuws: teams moeten door een 'storm'-fase gaan[104]. Deze fase brengt spanningen in het gedrag naar boven en geeft het team de mogelijkheid om het eens te worden over hun eigen standaarden voor de samenwerking. Dit is voornamelijk belangrijk voor functie-overschrijdende teams waarvan de leden vaak sterk doordrongen zijn van functionele of hiërarchische patronen. Dat is vaak nog meer het geval voor virtuele teams, die dikwijls starten als een smeltkroes van internationale culturen en gewoontes.

Wereldwijde bedrijven zoals Boeing en Danaher, net als veel autofabrikanten en IT-bedrijven die naar agile[105] en SCRUM zijn overgeschakeld hebben de directe voordelen ervaren van het samenbrengen van teams om te focussen op de ophanden zijnde problemen.

Leer van de Odysseus-benadering

Wanneer je frequente teamevenementen hebt, moet je vermijden dat ze verworden tot doelloze 'familiebijeenkomsten' of eindeloze brainstormsessies. Dat kan je doen door *heldere energie* op tafel te leggen. Volgens RuneScape, een populair middeleeuws fantasiespel dat miljoenen spelers wereldwijd virtueel samenbrengt, kan 'heldere energie' worden gebruikt om objecten te creëren of te transmuteren. Dat is exact wat projectteams moeten doen: iets nieuws uitvinden of iets bestaands significant transformeren.

We geloven dat dit kan worden bereikt als teams een intelligente benadering hanteren: een aanpak die tot de bron van de problemen doordringt en die creatief is in het voorstellen van verrassende maar stabiele oplossingen. We noemen dit de Odysseus-benadering, als eerbetoon aan de Griekse legende die bekend stond om zijn intellectuele virtuositeit, slinksheid en veelzijdigheid, die het einde van de Trojaanse Oorlog heeft bewerkstelligd. De Odysseus-benadering bestaat uit drie hoofdingrediënten.

Ontwikkel oplossingen die gebaseerd zijn op solide data-analyse

In de eerste plaats heb je een gestructureerde benadering nodig die teamwork en kenniscreatie ondersteunt. Als je werkt aan iets dat al bestaat, zijn data- en feitenverzameling essentieel. Zonder data, geen analyse. Zonder analyse geen begrip van hoe ideeën of suggesties echt kunnen bijdragen tot de oplossing van bestaande problemen. We hebben gevallen gezien waar bij de start van de dataverzameling voor het voorgestelde project bleek dat er geen probleem was: een paar jammerlijke toevalligheden hadden de verkeerde mensen aangezet hun bezorgdheden te delen – einde discussie. We hebben een andere groep zien ontdekken dat zij een probleem hadden geërfd dat voornamelijk was veroorzaakt door een andere afdeling. De implicatie? De reikwijdte van het project moest worden uitgebreid om dat departement erbij te betrekken, anders zou het project uitmonden in frustratie als teamleden aansprakelijk werden geacht voor zaken waarover ze geen zeggingskracht hadden. Een *gestructureerde benadering* die het team helpt om te kijken naar feiten en cijfers is noodzakelijk om de bronoorzaak van de problemen te identificeren. Plannen die uitgaan van veronderstellingen zullen niet resulteren in betrouwbare producten of accurate inschattingen van timing en budgetten.

Ontwikkel oplossingen die gebaseerd zijn op creativiteit en experimenten

In de tweede plaats moet je 'out of the box' durven te denken, zeker als je iets nieuws moet ontwikkelen. Wees ambitieus opdat jouw team ook verder begint te kijken dan de snelle oplossing en begint te innoveren, niet te renoveren. Maar wees tegelijkertijd ook realistisch: zakendoen is geen wild avontuur. Klantenbetrokkenheid, prototypes en experimenten, waarde- en risicobeoordeling zijn de sleutelingrediënten van een intelligente benadering die voortdurend creatieve ideeën evalueert. Doe experimenten die tot dieper inzicht leiden in de zaken die ertoe doen. We zien veel organisaties die hun projecten uitvoeren volgens de studentenwet: ze werken aan de details terwijl ze de grotere vragen uitstellen tot het eind, wanneer ze zich realiseren dat er geen tijd of budget meer is om die uit te diepen. Vraag aan je teamleden om alternatieven te evalueren om conflicten en beperkingen te begrijpen. Naar het grotere plaatje kijken vanuit verschillende perspectieven zal jou in de juiste uitgangspositie brengen voor stabiele oplossingen. Een intelligente aanpak creëert de ruimte voor een creatieve reflectie.

Een plan voor een oplossing is nog geen oplossing

Ten slotte moet je tot een oplossing komen... niet tot een plan voor een oplossing. We hebben zoveel bedrijven in deze val zien trappen: ze stellen een team van specialisten samen om de situatie te analyseren, ze investeren in de ontwikkeling van verrassende oplossingen, en dan geven ze het plan in handen van... iemand anders. Stel je even voor dat Odysseus, na tientallen jaren oorlog, zijn idee voor het paard van Troje aan zijn Griekse collega-leiders had voorgesteld, zeggende: 'Hey, weten jullie wat? Ik denk dat dit weleens zou kunnen werken, maar reken niet op mij om de troepen in dat paard te leiden!' Maak het team dat verantwoordelijk is voor de analyse en het ontwerp ook aansprakelijk voor de implementatie van hun eigen creatie. Wij geloven dat dit toegevoegde waarde kan opleveren. De Odysseus-benadering moet uiteindelijk leiden tot zelfsturende teams. En die stap lijkt op basis van ons onderzoek de moeilijkste te zijn.

Een gestructureerde aanpak die feitenverzameling, creativiteit, teamwork en eigenaarschap stimuleert: we geven toe dat het allesbehalve eenvoudig is om dit te bereiken. Het is vrij gemakkelijk om in extremen te vervallen. Sommige organisaties bereiken indrukwekkende resultaten dankzij het gebruik van de Six Sigma DMAIC-benadering (Define, Measure, Analyze, Improve, Control - vertaald: Definieer, Meet, Analyseer, Verbeter, Controleer). Anderen hadden bij dezelfde benadering, toegepast door externe specialisten, dan weer de ervaring dat projectmonsters werden gecreëerd die toch maar eerder triviale oplossingen opleverden. Meer vertrouwen op creativiteit klinkt misschien aantrekkelijk voor die tweede groep. Maar zonder de leidraad van een gestructureerde aanpak leidt dit zelden tot een volledige acceptatie van de teamleden waardoor ook de zelfsturende managementteams er niet komen.

ANALYSE LEIDT TOT SUCCES

Een ICT-hersteldienst voor het Belgisch leger gebruikt een papieren proces om computeronderdelen te bestellen. De orderdoorlooptijd varieert van een paar dagen tot een paar weken. Verschillende medewerkers argumenteren dat dit een voorbijgestreefde manier van werken is en pleiten voor de implementatie van een nieuw IT-systeem dat het aankoopproces moet automatiseren. De kost van het project is aanzienlijk en het budget ervoor kan pas in het jaar erop worden vrijgemaakt. Veel bedrijven hebben de neiging om riskante, dure, technische, langetermijnoplossingen voor te stellen die in zwang zijnde praktijken uit andere omgevingen kopiëren, nog voor ze het ophanden zijnde probleem echt begrijpen en zorgvuldig de alternatieven hebben geëvalueerd. Op een gelijkaardige manier neigen managers ernaar om praktijken uit vorige ervaringen te kopiëren, zonder de nood of geschiktheid van die benadering in hun nieuwe context echt te begrijpen.

Organisaties die bruisen van energie pakken de kernoorzaken van problemen daarentegen aan vanuit een grondige data-analyse. Ze gaan op zoek naar acties met een hoge impact die resulteren in het gewenste strategische effect, maar die ook korte implementatiedoorlooptijden hebben. Ze focussen op acties die ze zelf kunnen implementeren, niet op het identificeren van acties die anderen moeten nemen. In het geval van het ICT-herstellingsbedrijf onthulde een analyse van de doorlooptijden van het aankoopproces dat de lange doorlooptijden te wijten waren aan fouten en ontbrekende informatie in de initiële aanvraag van de herstellers. Een halve dag training van de herstellers en een wekelijkse coördinatievergadering van een uur tussen de aankoopafdeling en de herstelunit bracht de doorlooptijden terug tot een maximum van vijf dagen: zonder kosten noch risico's. Binnen de paar maanden introduceerde de herstelunit een visueel managementsysteem om reserveonderdelen te bestellen waardoor het aantal aankoopaanvragen met 50% verminderd kon worden. Daarbovenop steeg de beschikbaarheid van de reserveonderdelen van 40% tot meer dan 95% terwijl het budget gespendeerd aan reserveonderdelen dan weer daalde.

Maak 'kristalgroei' mogelijk

De wedstrijd eindigt pas aan de finishlijn. In veel organisaties verlaten de managers de tribune zonder de eindsprint af te wachten. Het is te zeggen, ze verwaarlozen het management van de overgang van project- naar procesmodus. Zelfs als een project in het begin succesvol is, blijft het cruciaal om veranderingsresultaten te verankeren via de institutionalisering van nieuwe praktijken en verdere oriëntatie van een empowered team. Het uiteindelijke succes van een project wordt niet geëvalueerd op basis van het bereiken van een doel op een bepaald moment in de tijd, maar eerder op basis van het engagement en eigenaarschap dat wordt getoond door een team om het succes aan te houden en idealiter telkens opnieuw hun doelen wat te verleggen.

Integreer de nieuwe oplossingen in bestaande processen en systemen

Organisaties met volledig opgeladen *actieplanning en implementatie-batterijen* integreren nieuwe veranderingen omzichtig in de procesdocumentatie van de organisatie. Ze zorgen ervoor dat toekomstige training- en rekruteringsbehoeften afgestemd worden op aangepaste functiebeschrijvingen. Dit is essentieel om de stabiliteit van de pas ontwikkelde nieuwe vaardigheden te verzekeren en extra belangrijk voor organisaties die een groot personeelsverloop kennen.

De beste organisaties zullen evenwel veel verder gaan dan het nemen van puur beschermende maatregelen tegen prestatie- en kennisverlies. Hun uiteindelijke doel is om de overgang te verzekeren naar zelfsturende teams, die continu bijsturen in functie van hun context en ondertussen ook hindernissen identificeren die hun volgende doorbraakresultaten kunnen belemmeren. Via zelfanalyse, de documentatie van 'best practices' en de promotie van kennisdeling functioneren deze veranderingszakjes als kristallen die de basis leggen voor herhaaldelijk succes. Deze kristallen laten groeien en hen systematisch met elkaar verbinden via (sociale) netwerkstructuren zorgt uiteindelijk voor de volledige implementatie van de verandering doorheen de organisatie.

Gebruik visueel management in plaats van 'aanvinkrapporten'

Zelfsturende teams gebruiken typisch visueel management om lokale reflectie en informatiedeling te ondersteunen. Terwijl traditionele rapportering beperkt is tot het strikte minimum, blijft het cruciaal om prestatiemetingen en dashboards in te bedden in de regelmatige rapporteringsystemen van de organisatie. Ook de langetermijnaansprakelijkheid en het eigenaarschap worden hierdoor verzekerd. Al te vaak ebben de resultaten van de verandering en verbetering weg wanneer, naar het einde van het project toe, de prestatiereviews niet worden opgenomen in de reguliere rapporteringscycli.

5S BIJ TOYOTA

5S is een aanpak die door Toyota werd ontwikkeld om in vijf stappen een nette, gestructureerde en gestandaardiseerde professionele omgeving te creëren: Sorteren, Selecteren, Stralen, Standaardiseren, Strikt aankleven. Het is op dit moment naar alle waarschijnlijkheid het meest populaire verbeteringsinstrument dat toegepast wordt door organisaties in verschillende sectoren. De initiële prestatieverbetering die resulteert uit 5S-initiatieven lijkt op het eerste gezicht misschien niet strategisch relevant. Toch is 5S een uiterst waardevol instrument om afstemming en ondersteuningsmechanismes doorheen de organisatie te evalueren, dankzij de gedragsverschuiving die verwacht wordt van zowel de werknemers als van de managers op alle niveaus, om de 5S-resultaten duurzaam te maken. Veel organisaties worstelen echter om de laatste S te implementeren ('strikt de standaarden van de nieuwe omgeving aankleven') omdat ze er niet in slagen het initiatief te koppelen aan het leiderschap van de organisatie.

Voortbouwend op de 'best practices' op het vlak van 5S in de automobielindustrie, introduceerde een telecombedrijf een aanpak om de laatste stap van 5S-initiatieven te ondersteunen door de rollen voor verschillende managementniveaus te bepalen. Werknemers zouden dagelijks roteren voor de controle van het naleven van een vijfminutenregel om de werkplek net te houden (eenvoudige activiteiten die iedereen iedere dag kan doen in vijf minuten of minder). Supervisors zouden tweewekelijks acties evalueren met betrekking tot iedere stap (dingen om weg te gooien [Sorteren], om te herschikken [Selecteren], om te reinigen [Stralen], om te standaardiseren) en het middenkader zou ieder trimester tijd inplannen om te werken aan de specifieke aanbevelingen van de supervisors. Tot slot zouden topmanagers het middenkader om de zes maanden ondersteunen in een 5S-doorlichting. De aanwezigheid van directieleden bleek een sterkte impact te hebben op het engagement van de groepen aan de basis. Verschillende aanbevelingen van de basis lieten de organisatie toe om het belang van specifieke klantensegmenten duidelijker aan te tonen en het strategisch voordeel van specifieke producten en diensten te definiëren, terwijl ook het kostenplaatje van andere product- en klantensegmenten benadrukt werd. Dit zorgde ervoor dat de organisatie haar inkomsten kon verdubbelen in een periode van twee jaar en een verlieslatende business kon omvormen tot een winstgevende.

Kernboodschappen van dit hoofdstuk

De actieplanning en implementatie-batterij opladen is vaak uitdagender dan veel organisaties aannemen, aangezien het nodig is om veranderingscapaciteiten te ontwikkelen die je in staat stellen om het vliegtuig te (ver)bouwen terwijl het in de lucht hangt. Figuur 33 vat de contrasterende factoren samen van een lege en volledig opgeladen batterij voor actieplanning en implementatie.

Uiteindelijk levert deze batterij de energie die producten en processen converteert om hun waarde te optimaliseren, verspilling te elimineren en risico's te beperken. Dit vraagt om een gedegen begrip van de oorzaak-gevolg-relaties die de dynamiek van organisatieprocessen en -systemen definiëren. Een goede actieplanning en implementatie resulteert in effectieve en efficiënte wijzigingen in de huidige manier waarop de business bestierd wordt.

Deze batterij zorgt er ook voor dat de energie van alle betrokkenen bij het project of proces wordt ingezet voor het juiste doel, om te werken aan de dingen die ertoe doen vanuit het perspectief van de klant, de business of de stakeholder. Ze brengt de juiste mensen samen op hetzelfde moment en dezelfde plaats zodat ze tot instemming (niet noodzakelijk consensus) kunnen komen via een gestructureerde benadering die analyse, experimenten en de evaluatie van alternatieven aanmoedigt. Dit betekent dat je de handen uit de mouwen moet steken om potentiële oplossingen naar de winkelvloer en de (piloot)klant te brengen.

In theorie kunnen veel van deze benaderingen samengevat worden in de solide toepassing van de Deming-cyclus: Plan, Doe, Controleer, onderneem Actie. In de praktijk zetten veel bedrijven deze PDCA-cyclus echter in met exponentieel minder aandacht voor iedere stap: PDCA. Het geheim van volledig opgeladen organisaties ligt in het feit dat ze de Deming-cyclus hebben uitgebreid naar een PDCACA–PDCACA-aanpak: grote verbeteringen die afgewisseld worden met voortdurende verfijning, tot grondig begrip en reflectie voldoende transparantie creëren om naar de volgende stap over te gaan.

Een volledig opgeladen actieplanning en implementatie-batterij beschermt je tegen projecten zonder einde. Een grondige analyse is essentieel, maar een 'goed plan dat vandaag krachtig uitgevoerd wordt, kan beter zijn dan een perfect plan morgen'. Deze uitspraak van Generaal Patton leunt het meest aan bij '*lean kaizen*'-evenementen en '*agile*' sprints die *timeboxing* toepassen (welke waardevolle actie kan worden geïmplementeerd binnen de beschikbare tijd?) in plaats van *scopeboxing* (hoeveel tijd heb ik nodig om de implementatie van de volledige scope af te ronden?). Dit biedt aan veel organisaties een welkom alternatief om een evenwicht te creëren tussen *reflecteren* en *doen*, tussen de business *opbouwen* en *runnen*.

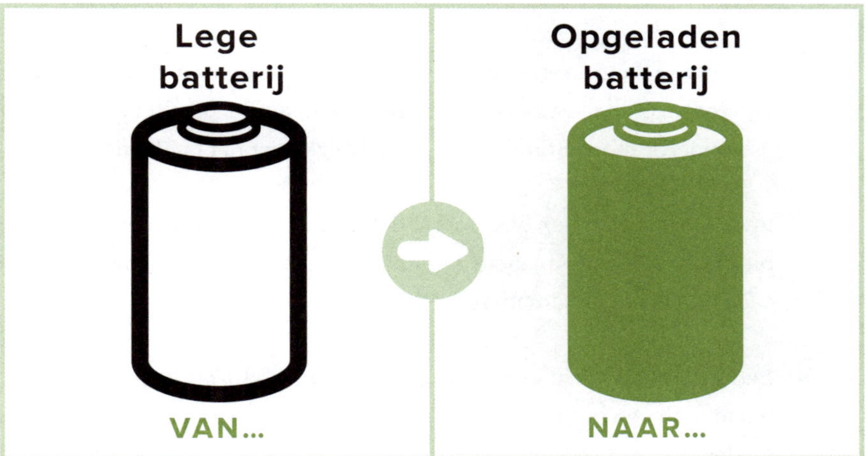

Meer is beter	Benadruk waarom, wie, wanneer
Plots heb je 'het'	Duidelijke projectcharters
Herculische oplossingen	Teamevenementen
Big Bang implementaties	De Odysseus-benadering
Na zonsopgang komt zonsondergang	Kristalgroei

Figuur 33 • Lege versus opgeladen batterijen voor actieplanning en implementatie

Figuur 33 vat de kernelementen samen om de actieplanning en implementatie-batterij volledig op te laden. Hoe zorg je ervoor dat actieplanning en implementatie de fysieke energie leveren om acties efficiënt om te zetten in voordelen en capaciteiten? Onze belangrijkste aanbevelingen luiden als volgt:

- Begin met het ‘waarom’. Je medewerkers aanmoedigen om actie te ondernemen is niet voldoende – zorg voor relevante initiatieven waarbij je het uiteindelijke doel voor ogen houdt.

- Ontwikkel een A3-projectcharter. Dit creëert een stevige handdruk tussen de kampioen die aansprakelijk is voor de resultaten en de sponsor die instaat voor de beschikbaarheid van tijd en middelen.

- Organiseer teamevenementen. Voorzie een plek waar het team samen kan focussen op het project gedurende een aantal dagen na elkaar zonder onderbreking. Stimuleer het teamwerk, niet het heldendom.

- Investeer in een flexibele methodologie. Stabiele oplossingen zijn het resultaat van data-analyse, creativiteit en experimenten maar ook van coaching en eigenaarschap.

- Bed de resultaten in in een omgeving van zelfsturende teams. Duurzame initiatieven evalueren hun eigen prestaties om de volgende uitdaging te identificeren.

Hoofdstuk 7

EEN STERKE BAND MET WERKNEMERS

De psychologische energie

Kernvragen

Waarom rendeert het om sterke banden met je mensen op te bouwen?

Hoe kan je mensen enthousiast houden over verandering en hun engagement versterken?

Hoe kan je duidelijk communiceren zodat je mensen ook écht begrijpen wat je bedoelt?

Hoe kan je omgaan met weerstand?

Mensen zijn de veranderingen moe. Hoe ga je hiermee om?

Quick Scan

HOE GOED IS *JOUW* VERBINDINGSBATTERIJ OPGELADEN?

Vink aan of je het eens of oneens bent met elk van de volgende stellingen.

		EENS	ONEENS
1	Iedereen in onze organisatie voelt de verandering maar niemand weet echt waarheen ze leidt.		
2	Onze organisatie ziet haar werknemers puur als middelen om de prestaties te verhogen. Ze heeft geen oog voor de personen achter de functie.		
3	We betrekken de werknemers actief bij de veranderingsinitiatieven die een impact op hen hebben.		
4	Onze werknemers ervaren een dagelijkse realiteit die in schril contrast staat met de belangrijkste boodschappen die de managers uitsturen.		
5	Onze veranderingsaanpak voorziet voor onze werknemers ook in opleiding en training in project- en procesmanagement.		
6	De leidinggevenden besteden een aanzienlijk deel van hun tijd aan het coachen van de werknemers op de vloer.		
7	We communiceren regelmatig over verandering en delen openlijk informatie met betrekking tot de veranderingsinitiatieven.		
8	In onze organisatie voelen mensen zich gewaardeerd voor hun veranderingsinspanningen.		

Geef jezelf een punt voor iedere keer dat je het *eens* was met de volgende stellingen:

3 5 6 7 8

Geef jezelf een punt voor iedere keer dat je het *oneens* was met de volgende stellingen:

1 2 4

Wat is jouw totale score op acht?

INTERPRETEER JOUW RESULTAAT

Score	Implicaties
0-2	Jouw verbindingsbatterij is leeg omdat je de psychologische aspecten van verandering negeert. Je werknemers moeten ondersteund worden in het globale veranderingsprogramma, maar jouw organisatie verwaarloost een aantal basisprocessen in het engageren van haar medewerkers voor de verandering. Met als gevolg dat wij geloven dat jouw medewerkers weerstand zullen vertonen tegen de veranderingsinitiatieven eerder dan ze met open armen te verwelkomen.
3-4	Jouw verbindingsbatterij is zwak. Het is fantastisch dat je jouw medewerkers als meer beschouwt dan enkel 'resources', maar wat doe je nu eigenlijk om hen te engageren en te ondersteunen in hun veranderingstrip? We zijn bang dat het antwoord op deze vraag weleens 'niet genoeg' zou kunnen zijn.
5-6	Jouw verbindingsbatterij wekt psychologische energie op; het vertrouwen tussen managers en werknemers is voldoende groot en jouw mensen worden aangemoedigd om de verandering te omarmen. Besteed voldoende aandacht aan de ondersteuning van jouw mensen tijdens hun individuele veranderingstrip en vergeet hen niet te prijzen en te erkennen voor hun veranderingsinspanningen.
7-8	Jouw verbindingsbatterij is een sterke hefboom voor het veranderingsprogramma. Je organisatie heeft veel aandacht besteed aan de uitbouw van een geëngageerd personeelsbestand. Je communiceert goed, je biedt ondersteuning via training en je erkent en beloont goed.

Spark for reflection: ING verandert veranderingsmanagement[106]

Begin 2008 laat de Nederlandse retailbankafdeling van ING Group haar twee aparte bankunits in Nederland fuseren: ING Bank en Postbank. De twee waren lange tijd zusterbedrijven geweest, maar het topteam bij ING Group geloofde dat het tijd was om beide te integreren. Het was een ongewone fusie: de fusie van twee units binnen dezelfde groep met gelijkaardige operationele modellen en dezelfde overkoepelende culturele karakterisitieken. Het topteam was zich ervan bewust dat de complexiteit van dit proces niet te onderschatten was. Beslissingen die in meer conventionele fusies objectiever geëvalueerd zouden worden, riskeerden nu als evident afgedaan te worden.

Het topteam van de nieuwe fusie-organisatie werkte een ambitieus plan voor de toekomst uit en ontwikkelde een sterk programma waar de nadruk lag bij uitvoerende zekerheid. Dit betekende dat er transparantie zou zijn rond de globale inspanningen en rond ieder specifiek programma in de programmaportfolio. Het bedrijf had een op regels gebaseerd verkeerslichtensysteem ontwikkeld om een roadmap te maken van de voltooiing van mijlpalen.

De gestrengheid van het programma werd aangevuld met een even sterke inspanning om een capabele en geëngageerde organisatie uit te bouwen. Het senior management van de nieuwe bank kende de waarde van glasheldere communicatie en bedacht een overkoepelend verhaal voor de logica van de fusie. Ze benadrukten dat de verandering niet van de ene dag op de andere zou plaatsvinden: ze startten met een drie jaar durend traject en onderweg zou de bank veel investeren in het ondersteunen van de medewerkers om zich aan te passen aan de nieuwe situatie.

Managers investeerden veel tijd in het vertalen van de nieuwe waarden van het bedrijf en de nieuwe gedragingen naar wat de werknemers iedere dag zouden ervaren. Ze kregen gestructureerde training-toolkits aangereikt om hun medewerkers te helpen hun eigen gedragsveranderingsplan op te stellen. Een '*ready, willing and able*' poll werd verspreid om na te gaan in hoeverre de medewerkers klaar en bereid waren om te veranderen. Tegelijkertijd zorgde ING voor 'buzz' dankzij creatieve interne marketingcampagnes. Sommige van de programma's toonden foto's van gedragingen die de medewerkers moesten beoordelen als '*hot or not*': wel of niet in overeenstemming met het verwachte gedrag. Elke maand stemden websitegebruikers voor de beste foto van die maand. Het bedrijf herhaalde de sleutelboodschappen ook in magazines, online interviews, videoclips en nog zovele andere communicatiekanalen.

De rol van een sterke band met werknemers in veranderingsmanagement

Los van de grootte van jouw organisatie en van het aantal werknemers dat effect zal ondervinden van jouw initiatief, impliceert het veranderen van organisaties uiteindelijk ook *het veranderen van mensen.*[107] Dit soort individuele verandering is heel erg persoonlijk en gebeurt bij iedereen op een ander moment. Elk individu moet oude gewoontes laten varen om er nieuwe aan te leren. Deze overgang kan een onaangename, soms pijnlijke ervaring zijn voor de persoon in kwestie. Als de individuele weerstand tegen verandering echter toeneemt, kan ze vaak ook pijnlijk worden voor de organisatie zelf. Als het individu zich er uiteindelijk niet toe kan brengen zich volledig te engageren voor de verandering en de voordelen ervan te ervaren, zal de verandering zich vaak als een sponsballetje gedragen: het keert terug naar zijn vertrouwde vorm zodra de externe druk wordt gelost.

Organisaties die veranderingen doorvoeren onderschatten regelmatig de hoeveelheid, de tijdschaal en de complexiteit van de inspanningen die nodig zullen zijn van hun leiders en managers om weerstand te overwinnen en engagement op te bouwen. Of ze zich nu angstig, onzeker, overweldigd, verward of genegeerd voelen, mensen die zich niet goed voelen, zullen maar weinig engagement tonen voor de voorgestelde verandering. Meer nog, de enige verandering waar ze voor zullen zijn, is een verandering van het leiderschap.

Kenmerken van een lege verbindingsbatterij

De spanning van stille energie: de stilte voor de storm

Iedereen 'voelt' dat er iets moet gebeuren. En gezien het aantal managementmeetings is er iets groots op til, zeker als de neiging bestaat om geen nieuws te delen. Plots breekt de storm uit. Er wordt slecht nieuws gegeven: globalisering, toegenomen concurrentie, financiële nadelen. Een grote herstructurering is onvermijdelijk. Met andere woorden: zoek onderdak of je raakt doorweekt.

De regen raakt iedereen op hetzelfde moment: "Eerder vandaag ontvingen jullie allemaal onze twee pagina's tellende folder. Vanmiddag zullen we een officieel persbericht versturen. In de komende dagen zullen we meer details delen met de vertegenwoordigers van de belangrijkste stakeholders." Er wordt zeer onregelmatig gecommuniceerd over de toekomst van het bedrijf en die communicatie verloopt enkel top-down. Op die manier blijft de toekomst zeer onduidelijk voor alle anderen en dat voor lange tijd.

Richtinggevende energieopwekking: *Befehl ist Befehl*

Iedereen in jouw organisatie erkent het gebrek aan oriëntering van de mensen. Elke boodschap vertrekt vanuit *het perspectief van het bedrijf*: waarom het moeilijk is om meer winst te maken, waarom we meer op kwaliteit zouden moeten focussen om de concurrentie te verslaan, waarom het noodzakelijk is om meer te centraliseren om zo een *'lean and mean'* bedrijf te worden. Zelden of nooit wordt vertrokken vanuit het perspectief van de mensen. Met als gevolg dat zij zich onbegrepen, niet-gehoord en ongemotiveerd voelen.

Bedrijven doen geen enkele moeite in het proberen begrijpen van, laat staan omgaan met, de kortetermijnimpact van de verandering op de behoeften van de werknemers:

- Mensen worden gezien als middelen voor prestaties. Ze zijn geldverdienende machines.
- People management is eigenlijk functiemanagement. Een individu staat gelijk aan de functie die hij of zij heeft en aan de taken en afgesproken resultaten. Niemand geeft echt om de persoon achter de functie.
- Veranderingsboodschappen gaan uit van feiten en worden gebracht door veraf staande woordvoerders.

Als het bedrijf niet weet hoe het moet omgaan met de emotionele behoeften van zijn mensen op korte termijn, dan voelen deze zich misnoegd, gebruikt of zelfs misbruikt en gedisconnecteerd.

Organisaties proberen dit soms te compenseren door zeer gedetailleerde plannen uit te werken: "Het staat allemaal in de handleiding, dus als je de instructies grondig doorleest, zal alles glashelder zijn." Eigenlijk hoef je enkel de richtlijn *'just do it'* te volgen. Jammer genoeg laten te gedetailleerde plannen en een manu militari aanpak de mensen ongeëngageerd achter en maken ze hen tot poppen die moeten dansen naar de pijpen van een systeem dat alles probeert te controleren.

Het is verwonderlijk te zien hoeveel tijd de senior executives zelf nodig hebben om de verschillende fases van individuele verandering te doorlopen, gaande van ontkenning over weerstand en ontdekking tot engagement (Figuur 34, De beroemde Kübler-Ross veranderingscurve schetst de verschillende emotionele niveaus of fases die mensen meemaken als ze door een verandering gaan). Eens het topmanagement het licht heeft gezien verwachten ze evenwel van hun werknemers dat die de verandering minzaam aanvaarden op basis van een eenvoudige, rationele aankondiging. Uiteraard werkt het niet op die manier: de fasen van omgaan met verandering zijn verschoven in tijd volgens de verschillende niveaus van functies binnen de organisatie:

Executives en senior managers zijn meestal de eerste om te begrijpen dat er iets moet veranderen. Dat is vaak een moeilijk proces voor hen. Ze zullen door dezelfde fases gaan van omgaan met verandering en verlies zoals wij die allemaal doormaken, maar de impact op hun motivatie en energie is lager aangezien ze meer controle en autoriteit hebben en dichter bij de informatiebronnen staan. Op het moment dat de senior managers begrijpen dat er iets mis is en beginnen te denken over recepten voor verandering, verkeert het middenmanagement nog in de ontkenningsfase. Ze begrijpen niet waarom hun bazen plots angstig en nerveus zijn. Pas na een poosje begint ook het middenmanagement de nood aan verandering te zien. Hetzelfde proces voltrekt zich tussen het middenmanagement en de rest van de organisatie. Er is een aarzelende verschuiving tussen de groepen in deze fases van omgaan met verandering. En hoe meer de verandering wordt opgelegd aan mensen, hoe sterker de negatieve impact op hun energie en motivatie is.

Wat gebeurt er daarna? De senior managers zijn in de aanvaardingsfase aanbeland. Ze weten waarom en hoe vooruit te gaan. Ze zijn overtuigd van het te volgen pad. Er worden roadshows georganiseerd. De corporate communicatie wordt voorbereid. Veranderingsagenten worden in stelling gebracht. Het overgrote deel van de organisatie voelt zich echter nog steeds gedemotiveerd en verward aangezien ze de tijd niet hebben gekregen om te 'rouwen' over hun verliezen. Het senior management begrijpt niet waarom het bedrijf niet beweegt. Ze verwijten hun mensen dat ze van slechte wil, opstandig en onaangepast zijn aan de nieuwe wereld.

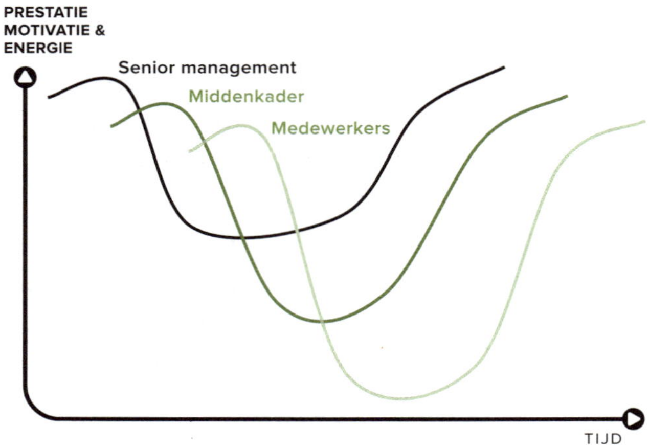

Figuur 34 • Kübler-Ross verschuiving van de ervaring van verandering op de verschillende hiërarchische niveaus

Energie van 'verkopen en vertellen'

Al te vaak ervaren werknemers een dagelijkse realiteit die helemaal niet strookt met de hoofdlijnen van de boodschappen die ze van hun managers krijgen. Executives nemen hun verlangens en gewenste situatie voor werkelijkheid. Ze handelen vanuit hun ivoren torens en ze realiseren zich niet wat er echt gebeurt op de werkvloer. Ze hebben een verwrongen beeld van de realiteit.

Als dat het geval is, zal er wantrouwen heersen tussen de mensen aan de top en hun ondergeschikten. Acties zijn daarom belangrijker dan woorden. Zelfs al hebben de managers goede bedoelingen, de perceptie van de mensen wordt bepaald door welke acties worden opgezet. In veel organisaties is het echter makkelijk praten. Niets kweekt het cynisme bij de werknemers gemakkelijker dan wanneer supervisors en managers zelf niet doen wat ze aan anderen opdragen.

- Ze praten over ondernemerschap maar schieten elk idee af nog voor het werd getest.

- Ze promoten open communicatie maar de deuren worden vaker wel dan niet gesloten, de agenda is overvol en de discussies zijn (te) kort.

- Ze praten over klantgerichtheid maar bezochten in de laatste zes maanden niet een van hun klanten omdat er hogere prioriteiten op hun lijstje stonden.

Als de boodschap niet aansluit op de realiteit, zal het cynisme woekeren en toenemen. Initiatieven lopen vast en de frustratie neemt toe.

Wegdeemsterende energie: stille weerstand

Beslissingen moeten snel worden genomen en topmanagers gaan ervan uit dat als niemand bezwaren opwerpt, iedereen de verandering steunt. Men zou kunnen argumenteren dat dit in principe geen slecht uitgangspunt is, maar in de praktijk zien we dat deze manier om sneller te willen gaan de organisatie eigenlijk vertraagt als ze verandering implementeert. Er zijn massa's voorbeelden van populaire manieren om je van een stille aanvaarding te verzekeren. Een vergadering op vrijdagnamiddag plannen, een briefing organiseren in een grote zaal met vertegenwoordigers van elk departement (wie durft het woord te nemen?), een complex en dik rapport bezorgen aan je werknemers die al overladen zijn met werk of e-mails. Er zijn veel manieren om echte betrokkenheid te vermijden.

Het probleem met deze aanpak is dat je de echte bronnen van weerstand uiteindelijk niet begrijpt. Mensen die geen feedback geven, gaan meestal ook niet over tot de uitvoering. In het slechtste geval kan dit ertoe leiden dat ze enkel doen wat hen gevraagd wordt en doelbewust heel strikt de instructies naleven – foute incluis – en elk probleem uitvergroten bij hun meerderen. Sommige werknemers kunnen zelfs beslissen om de verandering eenvoudigweg te negeren en te veronderstellen dat ze op anderen van toepassing is. Niet in staat zijn om met deze 'rebellen' om te gaan, kan een grote last en obstakel vormen om werknemers die worstelen met de verandering gemotiveerd te houden. We vermeldden hen ook al kort in het hoofdstuk over de cultuur-batterij: BOHICA-mensen hangen het motto 'Bend Over Here It Comes Again' aan. Ze zullen geen weerstand bieden en zullen geen feedback geven. Maar eens je je rug draait, zullen ze terugkeren naar hun oude gewoontes.

One-shot energie: vuur af en vergeet

Veel studies tonen aan dat een hoog percentage van werknemers bevestigen dat ze weinig of geen erkenning krijgen voor hun inspanningen. Confronteer bedrijfsleiders met deze cijfers en velen zullen in het defensief schieten. Ze zijn er zelf van overtuigd dat hun werknemers wel erkend en geprezen worden. Maar wie van dichterbij kijkt, merkt dat vooral de toppers in de schijnwerpers staan. Vaak brengen hun prestaties direct of indirect geld in het laatje. Gevuurd, geraakt, en op naar de volgende. De meer bescheiden presteerders vallen ervantussen.

Nadat bepaalde objectieven bereikt zijn, zal er *misschien* wel enige erkenning komen, maar die duurt maar zolang het project loopt. Zelfontplooiing wordt amper ondersteund en nieuwe initiatieven worden niet echt aangemoedigd.

Overzicht van ontladers

Figuur 35 • Waarom jouw verbindingsbatterij leeg is

Als jouw organisatie beantwoordt aan verschillende van bovenstaande kenmerken, levert je verbindingsbatterij niet voldoende energie om individuele verandering te ondersteunen. Je slaagt er niet in om voldoende psychologische energie te leveren voor jouw veranderingsinitiatieven. Zelfs al geloof je dat je een solide en steekhoudend plan hebt, toch is niemand bereid om je te volgen.

De verbindingsbatterij en veranderingseffectiviteit: Wat zegt ons onderzoek?

Succesvolle hervormers zetten hun verbindingsbatterij anders in dan onsuccesvolle hervormers. Figuur 36 toont dat bedrijven met een hoge veranderingseffectiviteit significant beter scoren voor vier van de vijf elementen van onze verbindingsbatterij.

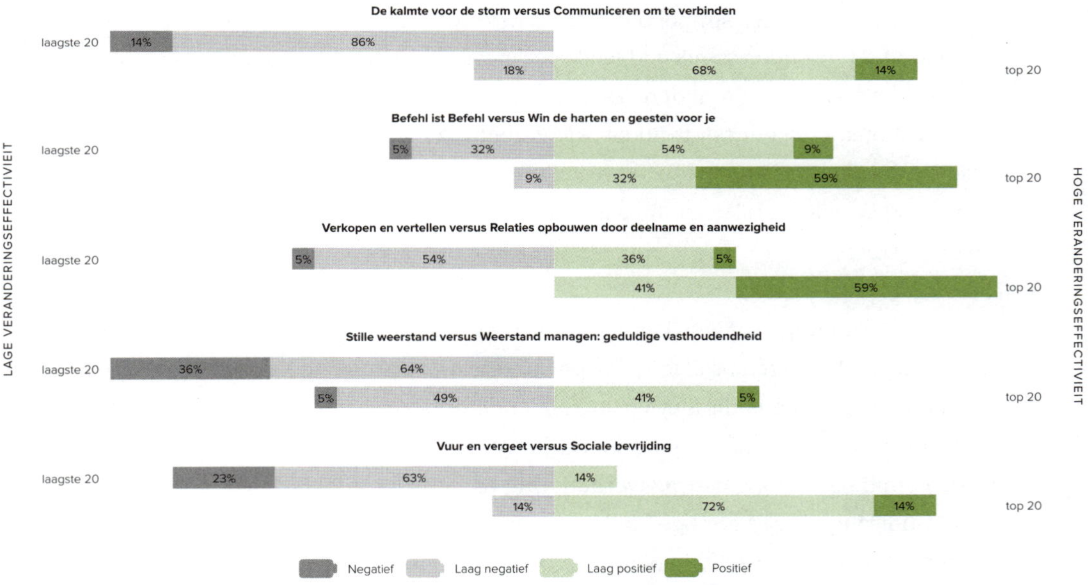

Figuur 36 • Verbindingsscores voor succesvolle en onsuccesvolle hervormers

Er is een significant verschil tussen succesvolle en onsuccesvolle hervormers op het vlak van *communicatie*. Succesvolle hervormers besteden meer aandacht aan empathische storytelling. Hun senior managers ondersteunen individuele transities ook door zelf aanwezig te zijn en te participeren. Net zoals in de ING-casestudy in de inleiding van dit hoofdstuk, coachen ze meer, geven ze meer tijd om de verandering te verteren, appreciëren ze werknemers voor hun veranderingsinspanningen en creëren ze een omgeving waar mensen worden gestimuleerd om de verandering te omarmen.

Onsuccesvolle hervormers scoren laag op de meeste van deze elementen. De dimensie van de 'harten en geesten voor jou winnen' is hierop de grootste uitzondering. Maar het volstaat jammer genoeg niet om medeleven en steun te betuigen, of zelfs participatie aan te moedigen als initiatieven een lauwe start kennen en naar het einde toe geen richting of versterking meer kennen.

Hoe kan je jouw verbindingsbatterij opladen?

In theorie is het eerder simpel om met de hele wereld in verbinding te staan. Via vrienden van vrienden is het mogelijk om in minder dan zeven stappen geïntroduceerd te raken bij alle andere zeven miljard mensen op deze wereld. Hetgeen uiteraard niet betekent dat je actief *wilt* verbinden met iedereen. Als het op echte vrienden aankomt, de mensen die we volledig vertrouwen en met wie we ons leven actief willen delen, zullen de meeste mensen veel minder indrukwekkende aantallen noemen.

Op een gelijkaardige manier kan je het nieuwe veranderingsinitiatief relatief gemakkelijk aankondigen bij al jouw medewerkers. Het volstaat iedereen in cc te zetten. Jammer genoeg is dit niet voldoende om sterke connecties op te bouwen die de motor voor de verandering kunnen zijn. We zien veel organisaties die er niet in slagen om de gewenste gedragsverandering bij de werknemers te verbinden met de verandering die ze voor ogen hebben voor de organisatie. Om deze hindernis te overwinnen hebben we een model ontwikkeld dat verschillende inzichten synthetiseert uit de dominante theorieën rond individuele en sociale gedragsverandering. Ze vallen gemakkelijk te onthouden als '*Smaller steps enable the steepest success*' - 'kleinere stapjes genereren het grootste succes' (zie Figuur 37).

Ook al moeten deze inzichten niet noodzakelijk in een opeenvolgende reeks aan elkaar worden vastgeknoopt, wij hebben ze samengebracht in *vijf essentiële stappen* die geleidelijk de band aanhalen tussen het individu en de organisatie. Deze stappen sluiten goed aan bij wat de meeste mensen zullen ervaren als ze door hun eigen proces gaan van hoe om te gaan met verandering. Je zal merken dat daar waar de eerste stappen sterker focussen op boodschappen die de individuele verandering ondersteunen, de laatste stappen meer berusten op mechanismes die succes promoten als motor voor sociale verandering.

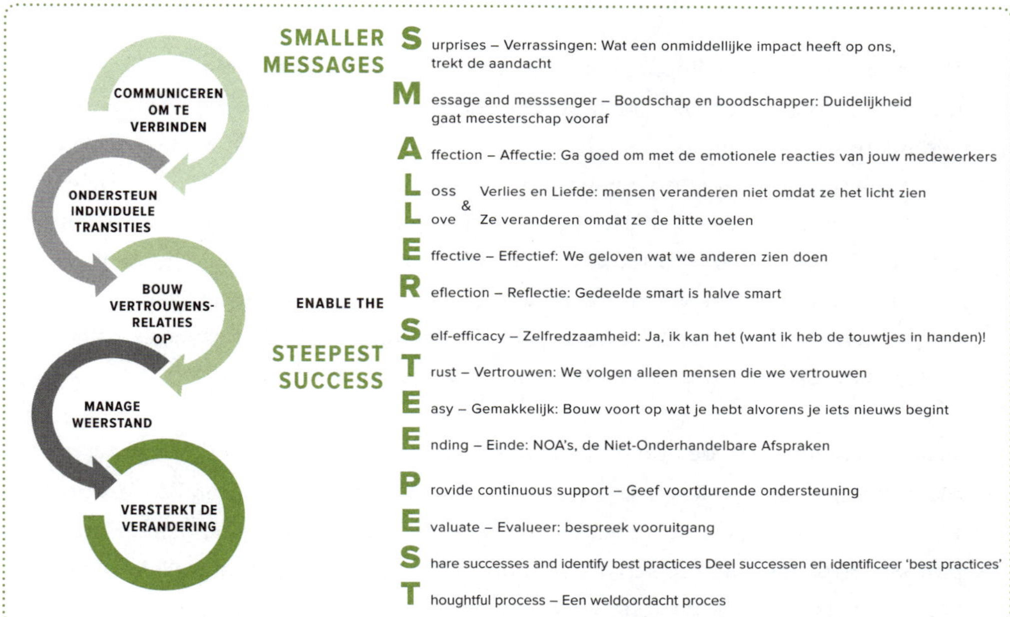

Figuur 37 • Kleinere stappen genereren het grootste succes – De band tussen het individu en de organisatie aanhalen

Communiceren om te verbinden

Verrassingen: wat een onmiddellijke impact heeft op ons, trekt de aandacht

Een crisis of een brandend platform kunnen belangrijke motoren zijn voor de topleiders om de topteam-batterij op te laden. Op een gelijkaardige manier heeft de rest van de organisatie ook een wake-upcall nodig die hun volledige aandacht trekt, alvorens ze zelfs nog maar zullen overwegen om hun veranderingsintentie bij te sturen. Veranderingsleiders gebruiken echter al te vaak de verkeerde wake-upcall. Als ze het hebben over de uitdagingen die overwonnen moeten worden, proberen managers een gevoel van hoogdringendheid te creëren door te benadrukken hoe zwaar de organisatie het heeft. Afnemende marges, verlies van marktaandeel, toegenomen concurrentie, ... Jammer genoeg kan je mensen niet engageren of motiveren om de verandering te integreren op basis van de 'pijn' van hun werkgever. De boodschap moet vaak meer worden gepersonaliseerd opdat mensen de nood om te veranderen voelen.

Wat een onmiddellijke impact heeft op onszelf, trekt onze aandacht. Als je communiceert, zorg er dan voor dat je voorbeelden gebruikt van 'Waarom we moeten veranderen' die gelinkt zijn aan de mensen in je publiek. Gebruik echte gevallen die resoneren. Stel dat jouw organisatie meer klantgericht en ondernemend moet worden. Vanuit het organisatiestandpunt van de 'pijn' zou je kunnen aanvoeren dat dit nodig is om de 'marktpositie van het bedrijf te behouden'. Dit ene argument alleen zal de meeste medewerkers evenwel niet motiveren tot een gedragsverandering. Zeker niet als ze hun job kunnen uitoefenen vanuit een comfortabele positie, met goede salarissen, bonussystemen en een lange staat van dienst.

Maar stel nu dat Eric, de productmanager, in de zaal zit. Hij heeft het grote talent een uitmuntende teamleider en inspirerende innovator te zijn. Bovendien is werken met mensen en een team leiden voor Eric een conditio sine qua non om zich gewaardeerd en trots te voelen over de functie die hij uitoefent. Wat als je nu eens stellingen als de volgende gebruikte: "We moeten meer ondernemend worden in de komende jaren. Waarom? Omdat we de marktpositie van het bedrijf willen bewaren en omdat we ervoor willen zorgen dat mensen zoals Eric [waarbij je hem vriendelijk aanwijst], die experten zijn in hun vakgebied, kunnen blijven samenwerken met hun teams zodat ze gemotiveerd en voorop blijven voor wat technologie en trends betreft, zodat ze de leider en expert kunnen blijven die ze altijd al zijn geweest."

Het pure vermelden van enkele van de talenten en belangrijke waarden van mensen kan al het verschil maken. Voor grotere groepen raden we je aan om er enkele deelnemers uit te pikken of gepersonaliseerde statements te hanteren die van toepassing zijn op de meeste mensen in het publiek. Zorg er gewoon voor om jezelf niet te beperken tot het organisatiestandpunt alleen.

Boodschap en boodschapper: duidelijkheid gaat meesterschap vooraf

Mensen leiden de ernst van de boodschap vaak af uit de naam of namen van de boodschapper(s). De meesten onder ons worden zwaar beïnvloed door de bron van de boodschap en verwachten over het algemeen dat grote veranderingen worden aangekondigd door de grote bazen. Om de haalbaarheid van de volgende stappen te evalueren horen mensen echter ook graag het antwoord van hun directe leidinggevenden. We hebben allemaal de neiging om zeer gevoelig te zijn voor boodschappen van de verschillende niveaus die niet op elkaar aansluiten. Dit is voor ons vaak het duidelijke signaal om 'af te wachten'.

Zorg ervoor dat de boodschappen van je leidinggevenden doorheen het bedrijf op elkaar aansluiten. *One voice, one message.* Eén boodschap, een stem. Zorg dat je weet wat mensen te horen kregen en begrepen hebben. Managers denken vaak dat communicatie enkel gaat om het delen van informatie – niets is minder waar. Iedereen filtert ontvangen informatie of vergeet ze zelfs eenvoudigweg. Jouw mensen zullen maar een fractie van de verzonden informatie ook echt opnemen. De boodschap hier moet dus zijn: *forceer de duidelijkheid*! Zorg ervoor dat iedereen de zaal verlaat met dezelfde, duidelijke boodschappen. Wees niet bang om aan sommige van je medewerkers te vragen om samen te vatten wat ze juist hebben gehoord. Je zal versteld staan van de antwoorden. En zelfs als alles duidelijk lijkt op het einde van de vergadering, houd je best voor een tijdje de vinger aan de pols. Want de verbinding kan mettertijd vervagen door de dagdagelijkse activiteiten en de daaruit voortvloeiende vermindering van focus.

TIP: LEER 'DOWN-CHUNKEN'

Veel managers verkiezen om '*up-chunked*' (generalistisch) te spreken – algemeen taalgebruik met heel veel buzzwords die intelligent en juist klinken maar geen echte oproep tot actie bevatten. Het voordeel van 'up-chunked' taalgebruik is dat je er niet over hoeft na te denken en dat het zelden tot conflicten leidt.

Kiezen voor 'down-chunked' (specifiek) taalgebruik impliceert keuzes maken en concreter en feitelijker worden. Dat kan je doen door woorden te gebruiken die naar lichaamsfuncties en zintuigen verwijzen, zoals 'zien', 'horen', 'doen', 'aanraken'. Zij zullen jouw boodschap duidelijker maken voor de toehoorders.

- Een voorbeeld van *up-chunked* taalgebruik: "Je moet meer communiceren over je bedrijfsstrategie en hen allemaal zo snel mogelijk op dezelfde lijn krijgen." Het is heel onwaarschijnlijk dat je met dit statement een conflict creëert, maar er zit dan ook *geen call to action* in.

- De *down-chunked* versie: "Vanaf nu zal ik iedere vrijdag een vergadering van een halve dag beleggen om jullie de kans te geven jullie versie voor te bereiden van wat jullie begrepen hebben uit onze bedrijfsstrategie. Daarna zullen we tegen eind juni een versie maken, die aanvaardbaar is voor jullie allemaal." Er is meer kans op een conflict hier (*"waarom vrijdag, waarom een halve dag, ik heb geen tijd om voor te bereiden, juni komt te vroeg"*), maar de verwachtingen zijn wel duidelijker en er ligt een duidelijk *call to action* in vervat.

Woon om het even welke vergadering bij en je zal voor het overgrote deel van de tijd om de oren geslagen worden met 'up-chunked' taalgebruik.

Als je over verandering communiceert, laat je mensen dan niet in het ongewisse. Wees transparant over wat je hebt gedaan, wat je aan het doen bent en wat je zal doen. Weten wat er te gebeuren staat geeft de mensen een comfortabeler gevoel.

En als je effectief doet wat je hebt beloofd, bouw je geloofwaardigheid op als veranderingsleider. Wees ook eerlijk. Erken de harde waarheid van de problemen van alledag en de uitdagingen die iedereen opmerkt. De waarheid verbergen, haar proberen te minimaliseren of nog erger, de 'pijn' proberen te ontkennen, is contraproductief. Het creëert afstand in plaats van verbinding. Beloof minder, geef meer.

Affectie: ga juist om met de emotionele reacties van jouw medewerkers

Om affectie te betuigen aan iedereen die de impact ervaart van de verandering, is het een goed idee om de werknemers de tijd te laten om zelf de boodschap te personaliseren. Echte verbinding vloeit voort uit diepe interacties en respecteert de emotionele triggers die geactiveerd worden door de verandering.

Daartegenover staat dat als mensen worden *gedwongen* te veranderen, ze meestal met de vinger gaan wijzen of de handschoen opnemen en het gevecht aangaan ("Als ik klappen krijg, zal jij ook in de klappen delen!"). Zoals de volkswijsheid zegt: 'Niemand houdt van verandering behalve baby's met een vuile luier'. En zelfs die baby's verwachten van jou dat *jij* het vuile werk doet.

Hoe je omgaat met de reacties van jouw mensen is van cruciaal belang. Het is belangrijk deze reacties niet onder de mat te vegen omdat "het maar emotionele reacties zijn". Sommige ideeën die naar boven komen uit deze initiële emotionele respons kunnen immers waardevol zijn voor toekomstige stappen. Anderen moeten eventueel opnieuw worden gepositioneerd maar geven je alvast een duidelijk beeld van wat kan verwacht worden in de toekomst en wat niet. Zorg er ook voor om duidelijk te benoemen wat *niet* zal veranderen. Deze vorm van *stabiliteitsmanagement* is essentieel om de destructieve angst aan te pakken die aangedreven wordt door speculatie en die meestal start in de koffiehoek onmiddellijk na de initiële aankondiging. Deze geruchten kunnen ook hun weg vinden naar de sociale media, waar ze nog meer schade kunnen berokkenen.

Ondersteun individuele transities

Slechte, onduidelijke communicatie is een van de belangrijkste redenen waarom mensen weerstand bieden tegen verandering. Het is een goed uitgangspunt, maar niet afdoend om de nood aan verandering duidelijk maken en te wijzen op een mooiere toekomst voor de organisatie. Je moet iedereen ondersteunen bij het overdenken van *hun* toekomst en het pad dat voor hen ligt. Je moet de harten en de geesten van iedereen voor jou weten te winnen. Hieronder vind je onze aanbevelingen om dit goed aan te pakken.

Verlies en Liefde: mensen veranderen niet noodzakelijk omdat ze het licht zien. Ze veranderen meestal omdat ze de hitte voelen

Ieder mens wil pijn vermijden en plezier bereiken. Pijn wordt door het brein als een bedreiging gezien en daarom voelen we er een intense reactie op. We hebben allemaal weleens een moment waarop we bang, boos of verdrietig worden omwille van zaken waarover we geen controle hebben. Over het algemeen zullen we er alles aan doen om deze toestand te vermijden of eruit weg te geraken. We willen overleven en wel zo lang mogelijk. En dat is een belangrijke boodschap om individuele verandering te kunnen begeleiden.

Mensen houden er niet van zaken te verliezen die op dat moment belangrijk zijn om te voldoen aan hun behoeften; ze willen vasthouden aan wat ze hebben. Verandering impliceert vaak volledig of gedeeltelijk loslaten. Verandering is dan ook pijnlijk voor de meesten onder ons. Ze creëert onzekerheid en dan angst; ze kan leiden tot verdriet als de dingen niet evolueren zoals we hadden verwacht of boosheid als we de controle over ons leven verliezen of wanneer we het gevoel krijgen dat de onrechtvaardigheid toeneemt.

Op die momenten hebben de mensen geen lange speeches met 'overtuigende' argumenten nodig om hun emotionele barrières te overwinnen. Ze hebben steun nodig bij het omgaan met hun pijn. Als leidinggevende ben je niet altijd in de positie om de mensen hun pijn weg te nemen. Maar binnen jouw beïnvloedingssfeer vind je zeker manieren om de pijn van je werknemer te verlichten. Kleine dingen kunnen het verschil maken; kleine blijken van appreciatie ('liefde') voor de mens achter de functie.

Hoe kan je begrip, medeleven en emotionele aanwezigheid toepassen in de praktijk?

- Ontdek waar de passies liggen van jouw mensen. Zorg ervoor dat je weet wat ze graag doen, op het werk en daarbuiten. Ga na hoe je deze passies of interesses kan integreren in jouw veranderingsverhaal.

- Wees een psycholoog. Spreek met de mens achter de functie en personaliseer je boodschap. Weet hoe ze scoorden op een persoonlijkheidstest (Insights, MBTI, DISC, HBDI, COSI, enz.). Durf hun emoties aan te pakken: zorg dat ze hun angsten, frustraties, passies en overtuigingen op tafel leggen. Help je mensen om een beter zicht op de situatie te krijgen. Laat hen zelf-assessments doen van de situatie, en luister 'gewoon' naar hen.

- Ga in interactie. Coach. Sterke relaties zijn gestoeld op de combinatie van frequent engagement, samen doorgebrachte tijd en diepe interactie. Neem de tijd om het ook over iets anders te hebben dan puur werkgerelateerde projecten. Leer hen beter kennen. Zo ontdek je misschien ook welke emotionele hindernissen het hen moeilijk maken om de verandering te omarmen.

Effectief: we geloven wat we anderen zien doen

Mensen staan er meer voor open om dingen te doen waarvan ze elders gezien hebben dat ze werken. Ze staan meer open voor verandering als anderen dat ook doen. Met dat in het achterhoofd kan het nuttig zijn om praktische illustraties te gebruiken, zelfs als ze uit andere afdelingen of organisaties komen, om het nadenken over het voorgestelde veranderingsprogramma te stimuleren. Dit kan de medewerkers ook helpen om technische en organisatorische problemen die gepaard gaan met de verandering te evalueren. Wat meer is, het helpt hen ook om hun eigen capaciteiten met betrekking tot de voorgestelde verandering te evalueren. Dit zal hen dan weer toestaan om te bepalen in welke mate ze zelf succesvol zijn geweest of hebben gefaald voor wat de voorgestelde verandering betreft. De conclusies hiervan laten zich gemakkelijk vertalen naar emotioneel gedrag. En of dit nu resulteert in tranen van blijdschap of van woede is van ondergeschikt belang: wat belangrijk is, is dat de mensen de verandering niet langer ontkennen.

We geloven ook wat we zelf kunnen *ervaren*. Maak van verandering een *zintuiglijke* ervaring in plaats van er enkel over te praten. Uit onderzoek blijkt dat ons limbisch systeem (emoties) sterker is dan ons cortexsysteem (rationaliteit) als het aankomt op het sturen van gedrag voor verandering. John Kotter, Harvard-professor en veranderingsgoeroe, argumenteert dat *zien-voelen-veranderen* vaak effectiever is dan *denken-analyseren-veranderen*.[108] Voorzie illustraties en foto's en geef je mensen indien mogelijk de kans om te spreken met werknemers die de gewenste verandering al hebben doorgemaakt. Dat zal veel efficiënter zijn dan saaie powerpointslides.

Reflectie: gedeelde smart is halve smart

Mensen zijn sociale wezens, gezelschapsdieren. We willen onze gevoelens, angsten en ideeën delen. We hebben het gevoel nodig dat we allemaal in hetzelfde schuitje zitten en we krijgen graag steun en feedback van onze collega's. Dit is evenwel een dynamisch proces. We bouwen, verbouwen en veranderen de informele netwerken in onze persoonlijke en professionele levens. Managers die erin slagen om deze netwerken op te merken en te gebruiken door mensen samen te brengen om na te denken en te delen, zullen sterke ondersteunende groepen voor gedragsverandering kunnen creëren. Goede relaties zijn essentieel om werknemers gemotiveerd te houden.

Zelfredzaamheid: ja, ik kan het (want ik heb de touwtjes in handen)!

Verandering betekent vaak dat medewerkers nieuwe vaardigheden moeten aanleren. Werknemers bieden vaak weerstand tegen de verandering, niet alleen omdat ze de nood voor verandering niet zien, maar ook omdat ze niet in actie schieten. En die actie zal er meer dan waarschijnlijk niet komen zolang werknemers het veelbelovende pad naar competentie niet zien.[109] Hoe kan je als manager deze weg voor je werknemers bereiden?

De beste manier om te ontdekken wat de verandering zal brengen is je mensen de verandering te laten uitproberen. Mensen vertrouwen meestal meer op veranderingen die ze zelf hebben uitgeprobeerd, eventueel op kleinere schaal. Ze steunen de verandering ook meer actief als hun eigen ideeën erin verwerkt zijn. Daarom is het ook belangrijk om ruimte te laten voor co-creatie om zo het '*hier niet uitgevonden'-syndroom* te vermijden, waarbij mensen geschikte, externe oplossingen verwerpen ten voordele van oplossingen die ze zelf hebben bedacht. Experimenteren houdt uiteraard wel een risico in. Wat als het pilootproject mislukt? Wat zal het antwoord zijn van onze sponsor, veranderingsmanager of kampioen als ik er niet in slaag af te leveren wat zij verwachten? Geruststellende antwoorden op deze vragen zijn cruciaal om ervoor te zorgen dat het experimenteren in een 'veilige' omgeving kan verlopen, onder leiding van betrouwbare leiders en coaches. Als werknemers slagen in de experimenten leidt dit tot hoge niveaus van zelfredzaamheid met betrekking tot de verandering.

Zelfredzaamheid is het vertrouwen dat we hebben in onze mogelijkheid om de vooropgestelde resultaten te bereiken. Ze is een belangrijke motor voor *individuele bereidheid om te veranderen*. Er zijn verschillende manieren om de zelfredzaamheid van je mensen te verhogen, maar het belangrijkste is om klein te beginnen. Gebruik minihapjes om het grote gerecht naar binnen te werken. Geef veel feedback, blik terug op successen uit het verleden, maak het succes zichtbaar en voorzie in goede coaching.

Vertrouwen: we volgen alleen mensen die we vertrouwen

Zelfredzaamheid creëren bij je werknemers is de sleutel om hen te engageren voor de verandering. Om een organisatie tot verandering te kunnen bewegen, moeten de werknemers ook een aanvaardbaar niveau van vertrouwen hebben, of eerder: *geen wantrouwen*.

Als we het over vertrouwen hebben in een professionele omgeving, bedoelen we voornamelijk het vertrouwen dat mensen in hun leidinggevenden hebben. Als het vertrouwen voldoende groot is, zijn werknemers bereid om risico's te nemen, ook al hebben ze er schrik voor. Daarom is het belangrijk te weten *hoe je vertrouwen kan opbouwen*. Hieronder vind je een 'formule' van David Maister, voormalig Harvard-professor en expert op het gebied van businessmanagementpraktijken, die wat volgens hem de sleuteldimensies van vertrouwen zijn, voorstelt.[110] Dit model werd ontwikkeld om professionals te leren hoe ze diepgaande relaties kunnen opbouwen met hun klanten. We hebben zijn model aangepast om veranderingsleiders te helpen betere relaties op te bouwen met hun mensen.

$$V = \left(\frac{G + B + V}{Z}\right) + H$$

V = Vertrouwen

Dit is de gave om vertrouwd te worden als authentiek, eerlijk en oprecht. Het is het vertrouwen dat je mensen hebben in jou als een veranderingsleider.

G = Geloofwaardigheid

Mensen voelen zich graag veilig. Ze zullen jouw geloofwaardigheid evalueren op basis van wat je zegt en hoe je jezelf voorstelt. Je bereikt de status van geloofwaardig als je accuraat, aannemelijk en eerlijk bent. Als je in het verleden hebt aangetoond dat je het kan. Het is ook oké om hen te tonen dat je competent bent – overweeg hiervoor om getuigenissen van andere teams of professionals te delen.

B = **Betrouwbaarheid**

Zeg wat je doet, doe wat je zegt. Gedraag je op een consequente manier. Als je beloftes maakt, kom ze dan ook na, in alle rust en op tijd. Communiceer altijd de veranderingen in agenda's, actieplannen, timing en verwachtingen. Je betrouwbaarheid komt in het gedrang als mensen geconfronteerd worden met onverwacht nieuws dat hen in een moeilijke situatie brengt. Vraag om feedback als leider, en aanvaard ook spontane feedback als een geschenk dat je in staat stelt om je acties en gedragingen te overschouwen.

V = **Vertrouwelijkheid**

Luister echt. Stel vragen. Probeer eerst te begrijpen en dan pas begrepen te worden. Begrijp wat mensen nauw aan het hart ligt en probeer dit zoveel mogelijk te integreren in je leiderschapsstijl. Wees geïnteresseerd in de details van iemands persoonlijke leven. Als je teamlid je vertelt dat zijn jongste dochter deze week haar piano-examen moet afleggen, vraag daar dan naar als je hem tegen het lijf loopt. Vertrouwelijkheid betekent ook dat je je kwetsbaar durft op te stellen. Deel persoonlijke zaken op een eerlijke manier. Je mensen moeten in staat zijn jou te 'lezen', zowel fysiek (lichaamstaal) als psychologisch. Ook al kan het verbergen van je tekortkomingen je eerst sterker doen lijken, dit zal op termijn je betrouwbaarheid ondermijnen.

Z = **Zelforiëntatie**

Zorg dat je geen verborgen agenda hebt. Oprecht praten over je geloofsbrieven is oké. Bluffen niet. Net zoals altijd je gelijk proberen te halen dat niet is, of altijd het laatste woord willen hebben of met de pluimen van het werk van het team te willen gaan lopen. Je begrijpt waar we naartoe willen: laat het niet altijd over jou gaan. Het haalt je vertrouwensratio naar beneden. Maak tijd voor de dingen die waardevol zijn voor jouw mensen.

H = **Historisch besef**

De trip die we het leven noemen brengt ons talloze inzichten, ervaringen, successen en mislukkingen die allemaal onze overtuigingen, waarden, normen en veronderstellingen vormgeven en die een impact hebben op de manier waarop we naar de wereld en naar andere mensen kijken. Onze levenservaringen worden in onze hersenen gefilterd in functie van inwendige voorstellingsystemen. Je zal andere mensen bijvoorbeeld alleen maar vertrouwen als je volgens jouw persoonlijke overtuigingsysteem de juiste signalen ontvangt. Hoe beter je iemands achtergrond en voorgeschiedenis begrijpt – en hoe meer je die van jou deelt – hoe beter je in staat zal zijn om een band op te bouwen en gemeenschappelijke domeinen te vinden in elkaars overtuigingsysteem. Dat zal het gevoel van wederzijds vertrouwen dan ook vergroten.

Creëer stabiliteit en leer omgaan met weerstand

Eens de fundamentele zaken van de verandering ontcijferd zijn, en experimenten of pilootstudies de haalbaarheid en aanvaardbaarheid van de oplossingen hebben aangetoond, kraaien veel organisaties victorie. Maar in de werkelijkheid start de strijd dan pas. Je hebt de wagen gebouwd, nu moet je de assemblagelijn bouwen die jouw hele organisatie succesvol zal maken.

Aristoteles leerde ons: "We zijn dat, wat we bij herhaling doen. Excellentie is dus geen losse handeling maar een gewoonte." Jammer genoeg is het moeilijk om gewoontes te veranderen en gemakkelijk om te hervallen in oude gewoontes. Gelukkig is er uitgebreid onderzoek gebeurd naar manieren om nieuwe gewoontes duurzaam te maken. Hieronder vind je een overzicht van onze tips om geduldig maar gedetermineerd weerstandsmanagement te implementeren.

Gemakkelijk: bouw voort op wat je hebt alvorens je iets nieuws begint

Je kan de kansen op het inspireren van echte en blijvende gedragsverandering verhogen als je de kracht van *stabiliteitsmanagement* aanwendt. We geloven dat stabiliteitsmanagement even belangrijk is als veranderingsmanagement om je verbindingsbatterij, je batterij voor *psychologische verandering*, op te laden. In werkelijkheid gaat een 'snelle verandering' uiteindelijk meestal erg traag. Spoed proberen te zetten achter verandering draait meestal verkeerd uit. Niet alleen raken mensen de verandering moe, ze krijgen ook het gevoel dat elke dag nu als een uitdaging voelt. Ze beginnen weerstand te bieden tegen de nieuwe benaderingen, om zo de stabiliteit van hun werkende leven te beschermen.

Wij zijn overtuigd van het concept van 'organisatiestilte': momenten tijdens (intense) veranderingsprojecten waarop de organisatie de tijd heeft om nieuwe gedragingen, systemen en structuren te institutionaliseren.

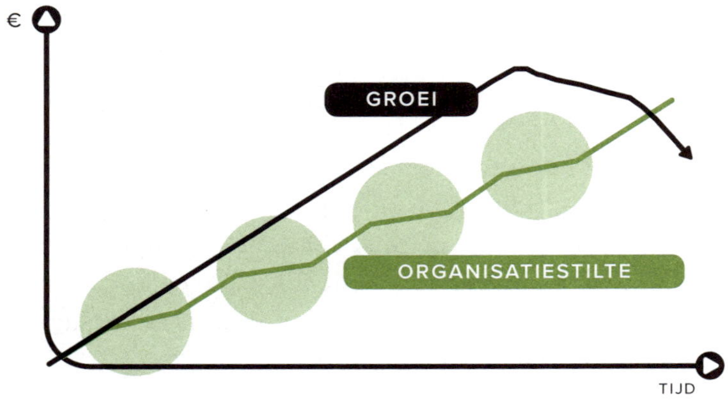

Figuur 38 • Het belang van organisatiestilte

Figuur 38 illustreert deze 'pauzes' in de organisatie. In plaats van de verandering te overhaasten (wat tot stress, burn-out en waarschijnlijk mislukking zal leiden), integreren we 'stiltemomenten', waarop de organisatie terugkeert naar 'business as usual'. Op lange termijn zal deze aanpak leiden tot een gezondere cultuur, meer geëngageerde werknemers en duurzamere resultaten. Dit valt te vergelijken met het met gestrekte arm vasthouden van een glas water – simpel om dit 30 seconden te doen, de hel om dat een uur vol te houden. Toch houden veel organisaties consequent vast aan het niet-aflatend streven naar verandering om uiteindelijk in de problemen te raken met de implementatie ervan door het eindeloze aantal initiatieven die doorgevoerd moeten worden, het een na het ander. De organisatie dwingt haar mensen om hun armen voortdurend gestrekt te houden, tot het effect op hun fysieke en mentale gezondheid ondraaglijk wordt.

Hoe breng je dit nu allemaal in de praktijk? Als je je veranderingsproject uitlegt, leg je jouw mensen uit *wat hetzelfde blijft* naast wat zal veranderen. Het is een natuurlijke vergissing: je wilt dat er zaken veranderen in de organisatie, dus praat je over verandering. Studies hebben echter aangetoond dat mensen meer gemotiveerd zijn om een inspanning verder te zetten of een doel te bereiken als je erin slaagt hen het gevoel te geven dat ze 'progressie' maken eerder dan dat ze 'van nul moeten beginnen'.[III] Je creëert de indruk van het laatste als je alleen maar spreekt over wat zal veranderen. De mensen krijgen het gevoel dat ze helemaal opnieuw moeten beginnen en alles wat ze tot dan toe hebben bereikt, moeten laten varen. Dit goed aanpakken is niet zo moeilijk – gebruik de tabel in Figuur 39 tijdens je veranderingsgesprek, waarbij je focust op specifieke thema's (in dit voorbeeld, een meer klantgerichte organisatie). Tot grote vreugde van je werknemers zal de lijst in de linkse kolom meestal langer zijn dan die in de rechterkolom. Zo kan je het gevoel benadrukken dat de verandering "waarde toevoegt aan de orde van de dag". Door dit te doen help je jezelf ook als manager om na te denken over de business in zijn geheel en dwing je jezelf om alle aspecten van het ophanden zijnde thema te verduidelijken en op te sommen.

NIEUWE BENADERING VAN KLANTGERICHTHEID	
Wat blijft hetzelfde?	Wat zal anders zijn?
▮	▮
▮	▮
▮	▮
▮	
▮	

Figuur 39 • Stabiliteitsmanagement: Spreek over wat hetzelfde zal blijven en over wat anders zal zijn

Het is hierbij belangrijk voor ogen te houden dat (de meeste van) je werknemers er de voorkeur aan zullen geven om vast te houden aan de vaardigheden die ze al jaren inzetten – zelfs als ze weten dat deze vaardigheden niet langer relevant of waardevol zijn. Investeer zeker voldoende tijd in de ondersteuning van je werknemers om competent te worden in de nieuwe situatie. Laat hen – niet jij – beslis-

van controle over wat er met hen gebeurt. Als je je veranderingsinspanningen niet koppelt aan wat jouw mensen altijd al deden, zullen ze snel hun interesse verliezen en terugvallen op vroegere gewoontes. Je moet duidelijke linken creëren met wat mensen *weten* en *kunnen* doen.

Einde: NOR's, de Niet-Onderhandelbare Regels

Verandering draait rond mensen. Als *zij* hun gedrag niet veranderen, zal er niets significants wijzigen. Deze overgang van het 'einde' naar een 'nieuw begin' – het oude gedrag loslaten en overgaan naar het nieuwe – gebeurt bij iedereen afzonderlijk, dag na dag. Je kan niet gewoon met je vingers knippen en hopen dat de omslag plaatsvindt.

Werknemers moeten ondersteund worden om goed gedrag aan te nemen, maar ze moeten ook duidelijke signalen krijgen bij slecht gedrag. Ze moeten de criteria en gevolgen van slecht gedrag begrijpen. We noemen dit de *NOA's, de Niet-Onderhandelbare Afspraken*, een set van criteria waar je het op voorhand over eens bent dat zij duidelijk de grens afbakenen tussen gepast en ongepast gedrag. Denk hierbij aan de verkeersregels: je vindt het misschien te rechtvaardigen om te snel te rijden omdat je dringend naar het ziekenhuis moet voor je zieke moeder, maar een rechter zal terugvallen op een NOR, omdat *de wet de wet is*.

Verandering kan niet succesvol zijn zonder duidelijke NOA's. Nu zien we vaak dat managers ze toepassen als dingen verkeerd lopen, zonder op voorhand een consensus bereikt te hebben over de regels en de gevolgen als ze overtreden worden. Deze benadering zal alleen maar weerstand en een gevoel van onrechtvaardigheid creëren. Hoe voer je deze NOR's dan in? En wat doe je als een van je topmensen – laten we haar Linda noemen, een competente en gerespecteerde 45-jarige countrymanager – een NOR overtreedt?

Figuur 40 • Niet-Onderhandelbare Afspraken versus targets

Figuur 40 geeft de verschillende opties en resultaten weer die leidinggevenden naar voren hebben geschoven. In ons geval bevindt Linda zich in het kwadrant onderaan links: ze presteert goed, maar doet dat niet binnen de grenzen bepaald door de NOA's. We zijn het er allemaal over eens dat een oogje dichtknijpen, omdat Linda het uiteindelijk toch wel goed doet, negatieve gevolgen zal hebben. Het zou immers niet lang duren vooraleer haar collega's haar voorbeeld volgen. Wat is de oplossing dan in dit geval?

Ten eerste moet je, nadat je het over het veranderingsproject hebt gehad, de NOA's tijdens een vergadering introduceren en uitleggen welke criteria niet onderhandelbaar zijn en waarom. Bijvoorbeeld:

- Vanaf 1 oktober aanvaarden we geen rapporteren meer in het oude systeem. Alleen rapporten die opgesteld werden binnen het nieuwe systeem zullen geldig zijn en aanvaard worden. De reden daarvoor is dat we de informatie niet versnipperd willen zien over de twee systemen.

- Elke pitch bij een klant moet de presentatie van ons nieuw digitaal platform bevatten. De reden daarvoor is dat we het digitale werken ook bij onze klanten willen promoten.

- Iedere maandagmorgen, van 8u30 tot 9u30 zullen we een projectmeeting houden. Enkel persoonlijke noodgevallen worden aanvaard als excuus, want het is cruciaal dat we elkaar minstens een keer per week zien en dit is daarvoor het enige mogelijke moment.

Ten tweede moet je deze NOR's communiceren aan je team en ze samen bespreken. Geef mensen de kans om vragen te stellen en feedback te geven, ja zelfs redelijke aanpassingen voor te stellen (vergaderen op vrijdag komt misschien beter uit voor iedereen). Zorg dat je teamleden zich er allemaal achter scharen.

Ten derde moet je kort nadien een vergadering beleggen – de NOR's moeten nog vers in het geheugen liggen – om te checken of de NOR's tot in de details werden begrepen. Organiseer individuele of teammeetings, afhankelijk van wat het meest geschikt is. Als je kiest voor een-op-een vergaderingen, stel dan dit soort vragen:

- *Wat kunnen we overeenkomen als gevolg/resultaat als je de vooropgestelde targets haalt en de NOR's hebt gerespecteerd?* (Medewerkers zouden een duidelijk beeld moeten hebben van de beloningen op dit pad.)

- *Wat kunnen we overeenkomen als gevolg als na voldoende feedback/commentaar/waarschuwingen je nog altijd de NOR's niet hebt gerespecteerd?* Het antwoord kan je verrassen. Mensen hebben bijvoorbeeld de neiging om strenger te zijn voor zichzelf dan jij zou zijn als ze een afgesproken doel niet halen.

We raden aan om deze NOR's neer te schrijven en ervoor te zorgen dat alle betrokken partijen een kopie hebben. Je wilt de werknemers dit document misschien zelfs laten tekenen, maar besef dat sommige werknemers dit bekrompen zullen vinden, wat het proces dan weer kan ondermijnen.

Bovenal, zorg dat je consequent handelt met betrekking tot deze NOR's en de gevolgen die eraan vasthangen. Als je nalaat ze op te volgen, zal je alle geloofwaardigheid verliezen.

Leidinggevenden zouden gevoelig moeten zijn voor de weerstand van de mensen tegen de veranderingsinspanningen, maar mogen geen weigering tot verandering verdragen. *Stimuleer maar tolereer niet!* Uiteindelijk impliceren duidelijke eindes soms ook het beëindigen van relaties. Leden die, na herhaaldelijke coaching en begeleiding, er niet in slagen hun gedragingen te veranderen, moeten misschien uit het team gehaald worden en overgeplaatst worden. Als iemand weigert mee te spelen heeft het ook geen zin hem op het veld te houden.

Versterk de verandering

Net zoals we bij cultuur hebben gezien, is engagement niet iets dat je snel even 'fixt'. Het is een langetermijnproces dat alleen maar succesvol kan zijn als de hele organisatie erbij betrokken is. Je moet er iedere dag aan werken, beetje bij beetje, en de impact en resultaten regelmatig meten. In wat volgt, geven we een aantal richtlijnen om zover te geraken.

Geef voortdurende ondersteuning

Diepgaande verandering betekent dat werknemers voldoende tijd nodig hebben om nieuwe vaardigheden aan te leren en nieuwe gedragingen aan te nemen. Om te vermijden dat je mensen moe raken en zich verloren voelen, zal je ondersteuning en coaching moeten aanbieden – niet alleen van de topmanagers maar ook van de lokale veranderingskampioenen.[112] Je lokale veranderingskampioenen moeten ervoor zorgen dat de verandering tot in de kleinste vezels van de organisatie doordringt. Ze handelen als rolmodellen voor de nieuwe gedragingen en zorgen ervoor dat individuen de verandering toepassen op hun domein. Lokale veranderingskampioenen zijn cruciaal om de link te leggen tussen de strategische veranderingsobjectieven en het werk op de vloer. Topmanagers hebben de neiging om niet voldoende tijd te spenderen aan de uitbouw van een netwerk van lokale veranderingssponsors of aan de ondersteuning van hun coaching-activiteiten.

Geëngageerde lokale kampioenen zijn essentieel om het organisatiedoel te vertalen naar iets dat tastbaar en persoonlijk is voor de toekomstige 'veranderaars'. Ze identificeren waar de veranderingsprojecten tractie winnen of verliezen en zijn uiteindelijk de motor achter het veranderingssucces. Weet jij wie de lokale veranderingskampioenen zijn in elk sleuteldomein van jouw organisatie? Weet jij bij wie mensen te rade gaan voor advies of welke collega's ze als vrienden beschouwen in tijden van angst?

Evalueer: bespreek vooruitgang

Voortdurende feedback is belangrijk en moet in twee richtingen verlopen. Zorg ervoor dat werknemers op regelmatige basis feedback kunnen krijgen van hun managementteam, coaches en collega's. Want onthoud: we doen wat anderen doen. Maar daarvoor moeten we wel weten wat die anderen aan het doen zijn en hoe zij naar ons kijken en naar wat wij aan het doen zijn. Feedback kan (en moet) zowel positief als negatief zijn. "Dit deed je goed" maar ook "je kan dit beter doen". Dankzij constante feedback kan iedereen in real time verbeteren. Veel bedrijven organiseren jaarlijks of twee keer per jaar een aantal feedbacksessies. Met dergelijke timing kunnen slechte gewoontes al diep verankerd zijn en verbleken de motiverende effecten van positieve feedback. Als je de tijd neemt om minstens een keer per maand snel terug te blikken op de prestaties, de verwachtingen te formuleren en aanmoedigende woorden uit te spreken, zullen je medewerkers zeer gemotiveerd blijven. Directe feedback is de beste manier om de trein op de rails te houden. Vergeet ook niet dat het belangrijker is om te helpen dan om vriendelijk te zijn.

In ruil moet je er ook voor zorgen dat je werknemers de mogelijkheid hebben om ook *aan jou* feedback te geven. Bekrachtiging van gewenst gedrag is pas effectief als je werknemers in staat zijn om input te geven over wat werkt en niet werkt. Verzamel dus systematisch feedback bij je werknemers. Organiseer regelmatig feedbacksessies of lanceer bevragingen waarin ze hun bezorgdheden kunnen ventileren en suggesties kunnen doen.

Deel successen en identificeer 'best practices'

Het is even belangrijk werknemers te erkennen en te prijzen als de zaken goed lopen als hen te ondersteunen en te coachen als het fout gaat. Geld kan ervoor zorgen dat mensen bij jou binnenstappen, maar je hebt iets anders nodig om te vermijden dat ze langs de achterdeur weer naar buiten stappen. Mensen moeten zich geapprecieerd voelen en *erkenningsprogramma's* helpen om aan die nood te beantwoorden. Uit onze gesprekken met veel executives en in het bijzonder hun ondergeschikten bleek dat verbijsterend weinig managers dit doen. De excuses zijn voorspelbaar: "Ik heb er de tijd niet voor." "Mensen worden betaald om hun job te doen, dus waarom appreciatie tonen voor iets wat normaal is?" "Ik vind dat te soft." "Echte presteerders hebben dat niet nodig." Uit onderzoek blijkt echter dat erkenning een van de belangrijkste redenen is waarom mensen zich gemotiveerd en betrokken voelen[113]. Zelfs met een schouderklopje en een "dankjewel, goed gedaan" geraak je al een heel eind.

Successen vieren, zeker de vroege overwinningen voor het project, wordt vaak genoemd als een van de sleutelelementen voor succesvolle verandering. In ons hoofdstuk over de cultuurbatterij wezen we al op het belang van feestjes en ceremonies. Het is belangrijk dat je die feestjes niet gewoon voor het hele bedrijf organiseert, maar dat je dit ook op kleinere schaal doet voor afdelingen of zelfs projectteams. Feestjes vieren successen, creëren een zekere vibe en maken de mensen trots.

Successen vieren betekent ook dat je 'best practices' hebt geïdentificeerd die met de rest van de organisatie kunnen worden gedeeld. Sommige bedrijven organiseren zelfs wedstrijden om actief op zoek te gaan naar die optimale werkmethodes. Wedstrijden laten zich vertalen naar instant engagement op kantoor. Bezorg bijvoorbeeld kleine camera's op iedere locatie en/of departement met het verzoek aan de werknemers om een van de bedrijfswaarden te kiezen en te tonen wat zij voor hen betekent. Vertel erbij dat de meest inspirerende video de wedstrijd wint. Geef bescheiden prijzen en maak de winnaars bekend via het intranet, en je bedrijf kan weleens veel meer verbonden en geëngageerd zijn dan voordien.

Een weldoordacht proces om verandering te managen

Je werknemers engageren is niet speciaal moeilijk. Maar om het te doen werken is er een weldoordacht proces nodig om de *menselijke* kant van je veranderingsproces te managen. Het is belangrijk om deze kant te koppelen aan de rationele kant van het project- en procesmanagement, dat we beschreven hebben in het voorgaande hoofdstuk.

Veel organisaties zien het engageren van hun medewerkers als de laatste stap in het veranderingsproces, zoals de bovenste helft van Figuur 41 illustreert. Zoals je wellicht al kon afleiden, raden we aan om de verbindingsprocessen te integreren in de project- en procesinitiatieven. Je mensen al vroeg betrekken in de initiatieven voor de verbetering van de business, zal de werknemersbetrokkenheid enorm versterken. We zullen dit verder uitwerken in Hoofdstuk 9.

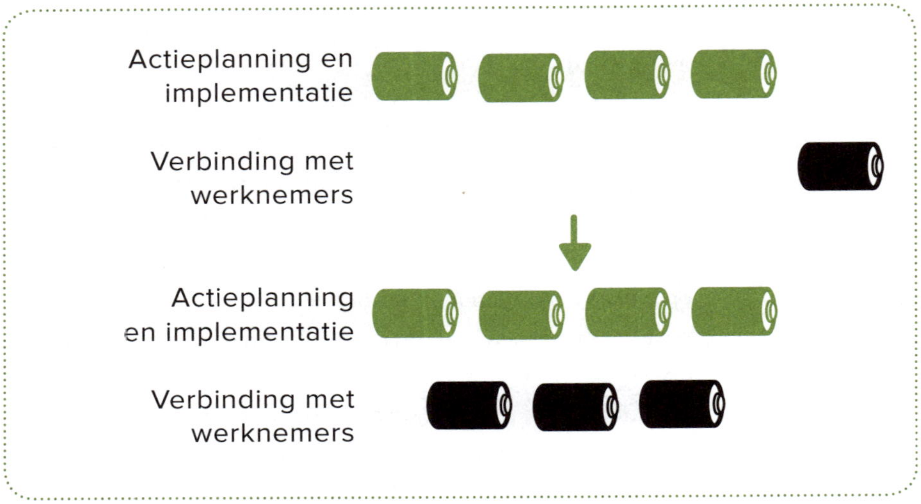

Figuur 41 • Integratie van actieplanning en verbindingsinitiatieven

Kernboodschappen van dit hoofdstuk

Dit hoofdstuk behandelde de uitdagingen om je werknemers aan de verandering te verbinden. De *individuele betrokkenheid bij de verandering*, die noodzakelijk is voor veranderingssucces, kan moeilijk op te bouwen en te behouden zijn. De mensen zijn de kern van een succesvolle organisatieverandering maar ze vormen tegelijkertijd ook een uitdaging voor de veranderingstrip. Al te vaak worden werknemers gedegradeerd tot hindernissen op de weg naar de doelstellingen, in plaats van hen te behandelen als de sleutel tot het bereiken van die doelen. Verandering managen impliceert daarom ook het volledig opladen van een lege verbindingsbatterij.

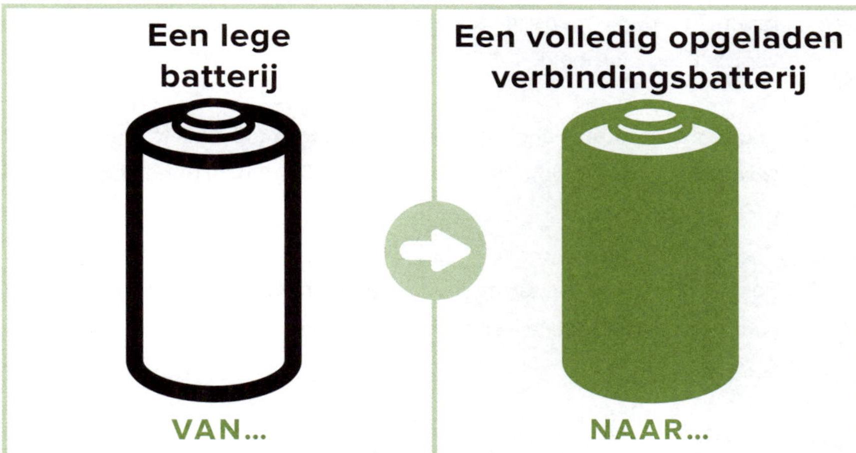

De stilte voor de storm	Communiceren om te verbinden
Befehl ist Befehl	Ondersteun individuele transities: win de harten en geesten voor jou
Verkopen en vertellen	Bouw relaties op door deel te nemen en aanwezig te zijn
Stille weerstand	Creëer stabiliteit en leer omgaan met weerstand
Vuur af en vergeet	Versterk de verandering

Figuur 42 • Van een lege naar een volledig opgeladen verbindingsbatterij

Figuur 42 toont zowel de kenmerken van een lege verbindingsbatterij als onze aanbevelingen om deze batterij volledig op te laden. Wat is de sleutel voor het opwekken van die *psychologische energie* die de veiligheid en betrokkenheid van de werknemers verhoogt?

- Communiceer om te verbinden. Communicatie is meer dan alleen maar informatie overbrengen, het gaat om de ontdekking van wat mensen denken en voelen bij de verandering.
- Win de harten en geesten van alle werknemers voor je in door hen te ondersteunen in hun individuele transitie.
- Bouw vertrouwensrelaties op door aanwezig te zijn en actief te participeren. Moedig je mensen aan op ontdekking uit te gaan. Dit legt de basis voor zelfredzaamheid.
- Manage weerstand door het de mensen gemakkelijk te maken om te veranderen maar ook door duidelijke Niet-Onderhandelbare Regels (NOR's) te bepalen.
- Bekrachtig de verandering door steun en voortdurende feedback te voorzien en door successen te delen en te vieren.

Hoofdstuk

8

ALLES SAMENGEBRACHT

Een globale energie-snapshot van je organisatie

Kernvragen

Wat kan je doen als je wisselende energieniveaus hebt over de verschillende batterijen heen?

Welke rol speelt de veranderingsgeschiedenis en -context in jouw veranderingsprogramma?

Wat zijn de typische energiebronnen en energievreters voor veranderings-programma's?

Welk effect hebben ze op veranderings-effectiviteit?

Met welke veranderings-pathologieën worden bedrijven gewoonlijk geconfronteerd?

In de voorgaande hoofdstukken verduidelijkten we het verschil tussen de positieve en negatieve energieniveaus per batterij. Deze hoofdstukken lieten je toe het energieniveau van iedere batterij te evalueren en voorzagen je ook van tips om ze op te laden. De meeste veranderingsprogramma's omvatten echter het opladen van verschillende veranderingsbatterijen. Hoe kan je al deze informatie samenbrengen? En wat zijn de cruciale elementen van een energieanalyse?

Een energieanalyse bestaat uit de volgende grote stappen:

- Analyse van jouw energiebronnen en energievreters
- Analyse van de veranderingsbatterijen – identificatie van de veranderingspathologieën
- Analyse van de veranderingsgeschiedenis en context

Analyseer je energiebronnen en energievreters

De eerste stap in een rigoureuze energieanalyse is de identificatie van je energiebronnen en je energievreters. Voor je begint na te denken over de implementatie van verschillende veranderingsinterventies is het verstandig om na te gaan of er kortsluitingen aanwezig zijn die het energieniveau van je organisatie significant kunnen doen dalen. Anderzijds is het ook van belang te weten of er elementen zijn die positieve energie opwekken en dus je energieniveaus aanzienlijk kunnen doen stijgen.

Op basis van ons onderzoek hebben we *tien energievreters* en *tien energiebronnen* geïdentificeerd die cruciale gevolgen kunnen hebben voor het veranderingsprogramma van je organisatie (zie Figuur 43 en Figuur 44). De energievreters leggen uit waarom de meeste bedrijven in onze studie met een lage veranderingseffectiviteit – de minst sterke hervormers – energie aan het verliezen zijn. Het zijn de domeinen waarop de minst sterke hervormers bijzonder laag scoren in vergelijking met de ander bedrijven in onze steekproef. Als je een aantal van deze energievreters hebt ontdekt in jouw organisatie kan verandering problematisch worden. De eerste kolom van energievreters geeft de gevaarlijkste statements weer. Als jouw organisatie er een aantal van weerspiegelt, loopt ze het risico in een politiek slagveld omgetoverd te worden. Verandering zal een strijd zijn. Je veranderingsprogramma zal van bij het begin een aantal van deze items moeten aanpakken om enige kans op succes te hebben.

Figuur 43 • Top 10 van energievreters

De energiebronnen zijn kenmerken van de tophervormers in onze steekproef die over veel positieve veranderingsenergie beschikken. Als je hierbij verschillende vakjes hebt aangevinkt, heeft je organisatie belangrijke energiebronnen ontwikkeld om van een reactieve naar een proactieve veranderingsmodus over te gaan. Als je verschillende vakjes in de tweede kolom hebt aangevinkt, ben je misschien wel een veranderingskampioen. Voor veel organisaties zijn deze elementen de onbereikbare Heilige Graal. Deze zaken aanpakken is misschien niet evident, maar als je toch een manier vindt om ze te implementeren, kunnen ze je veranderingssucces een echte boost geven. Hoe dan ook zal je over het algemeen wel eerst je energievreters moeten managen om echt voordeel te halen uit of te verbeteren op het vlak van de energiebronnen.

MEEST SIGNIFICANTE ENERGIEBRONNEN

1. Onze veranderingsvisie is inspirerend: ze genereert energie binnen de organisatie.
2. Onze strategie schetst zeer duidelijk wie niet te bedienen en wat niet te voorzien.
3. We leiden onze belangrijke veranderingsinitiatieven zelf, we besteden ze niet uit aan externe specialisten.
4. Onze individuele veranderingsinitiatieven vertrekken vanuit een sterke 'waarom': ze pakken dagelijkse operationele problemen of klantenbehoeften aan.
5. Onze organisatie heeft duidelijke toegevoegde waarde bepaald voor onze belangrijkste klantensegmenten.
6. We gebruiken prototypes en experimenteren om de waarde en het risico van alternatieve oplossingen te beoordelen.
7. We slagen erin onze veranderingsinitiatieven tot een goed einde te brengen door de hoeveelheid projecten die we tegelijkertijd willen implementeren, te beperken.
8. We identificeren systematisch de best practices en opportuniteiten om onze veranderingsaanpak te vereenvoudigen.
9. In onze organisatie verloopt veranderingscommunicatie zowel top-down als bottom-up.
10. We evalueren periodiek (wekelijks/maandelijks) de afwijking ten opzichte van de verwachte vooruitgang en resultaten om ervan te leren en bij te sturen.

Figuur 44 • Top 10 van energiebronnen

Analyseer jouw verandergingspathologie

Terwijl ons onderzoek aantoont dat iedere batterij een sterke correlatie vertoont met veranderingssucces, vergroot de waarschijnlijkheid van duurzaam succes naarmate verschillende batterijen tegelijkertijd worden aangepakt. In een omgeving waar verandering voortdurend en alomtegenwoordig is, is het van belang capaciteiten te ontwikkelen die jou toestaan *al* jouw batterijen op te laden.

Een effectief veranderingsprogamma pakt de kernoorzaken van de organisatieproblemen aan. De veranderingsbatterijen zijn een nuttig instrument om een beter zicht te krijgen op jouw veranderingsuitdagingen. Het ultieme doel van een succesvol veranderingsprogramma is om positieve energie te krijgen uit al je batterijen. Want dat betekent dat je capaciteiten hebt ontwikkeld die jou toestaan om met snel veranderende omstandigheden om te gaan. Ons onderzoek onthulde dat 35 procent van de bedrijven uit onze steekproef opgeladen en gezond waren.

De meeste organisaties bereiken die ideale toestand niet. Ze lijden energieverliezen in een of meer veranderingsbatterijen. We hebben verschillende patronen voor dat energieverlies gevonden. Dit onderdeel stelt de meest typische veranderingspathologieën voor die we ontdekt hebben zowel in ons onderzoek als tijdens onze consultancy-opdrachten. Ook al zijn er verschillende theoretische combinaties van veranderingspathologieën mogelijk, ons onderzoek toonde aan dat de meeste bedrijven in een van de volgende categorieën passen: chronisch zieke organisaties (30 procent), autistische organisaties (4 procent), ijlende organisaties (17 procent) en tot slot, verlamde organisaties (6 procent). Amper 8 procent van de bedrijven kon niet bij een van deze pathologieën ondergebracht worden.

We hebben ook de link onderzocht tussen *veranderingspathologie* en *veranderingseffectiviteit* (zie Figuur 45). Zoals verwacht zijn de volledig opgeladen organisaties ook de meest effectieve. De chronisch zieke organisaties worstelen het meest met verandering. 74 procent onder hen heeft een negatieve *veranderingseffectiviteitsscore*. 18 procent van de chronische zieke organisaties mislukken zelfs volledig in het bereiken van de doelen die ze zichzelf hadden gesteld. De andere drie veranderingspathologieën – de ijlende, de autistische en de verlamde organisatie – scoren relatief goed op het vlak van veranderingseffectiviteit. Ze halen 'laag positieve' effectiviteitscores. Ze hebben gematigde successen behaald met hun veranderingsprogramma's maar geen van hen is volledig tevreden over de veranderingstrip. Een derde van de ijlende organisaties en de verlamde organisaties worstelen met verandering.

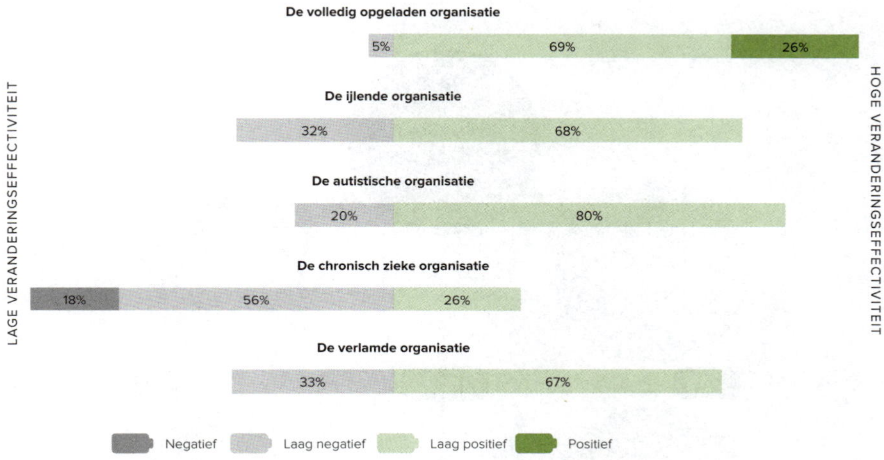

Figuur 45 • Pathologieën en veranderingseffectiviteit

Laat ons elk van deze pathologieën meer in detail bekijken en onderzoeken hoe sommige organisaties hun trein terug op de sporen kregen.

De ijlende organisatie

De ijlende organisatie heeft emotionele batterijen die positieve energie opwekken, maar haar rationale batterijen zijn energievreters. Een ijlende organisatie heeft een ambitieus topteam, met een gezonde cultuur en geëngageerde werknemers. Dergelijke bedrijven hebben een sterk doel en besteden aandacht aan het creëren van een collegiale en ondersteunende omgeving voor hun medewerkers. De werknemers zijn geëngageerd om de koers van de organisatie te helpen wijzigen. Het probleem van de ijlende organisatie ligt bij de rationele veranderingsbatterijen. Het ontbreekt een ijlende organisatie aan duidelijkheid en structuur om haar bedrijfsdoelen te realiseren. Te ondernemende organisaties vallen onder deze categorie: het zijn bedrijven die opportuniteit na opportuniteit najagen en in een permanente ad-hocmodus opereren. Het ontbreekt hen niet aan gedrevenheid en ambitie en hun mensen zijn geëngageerd, maar ze stuiteren of driften van het ene project naar het andere zonder een duidelijke bestemming voor ogen te hebben.

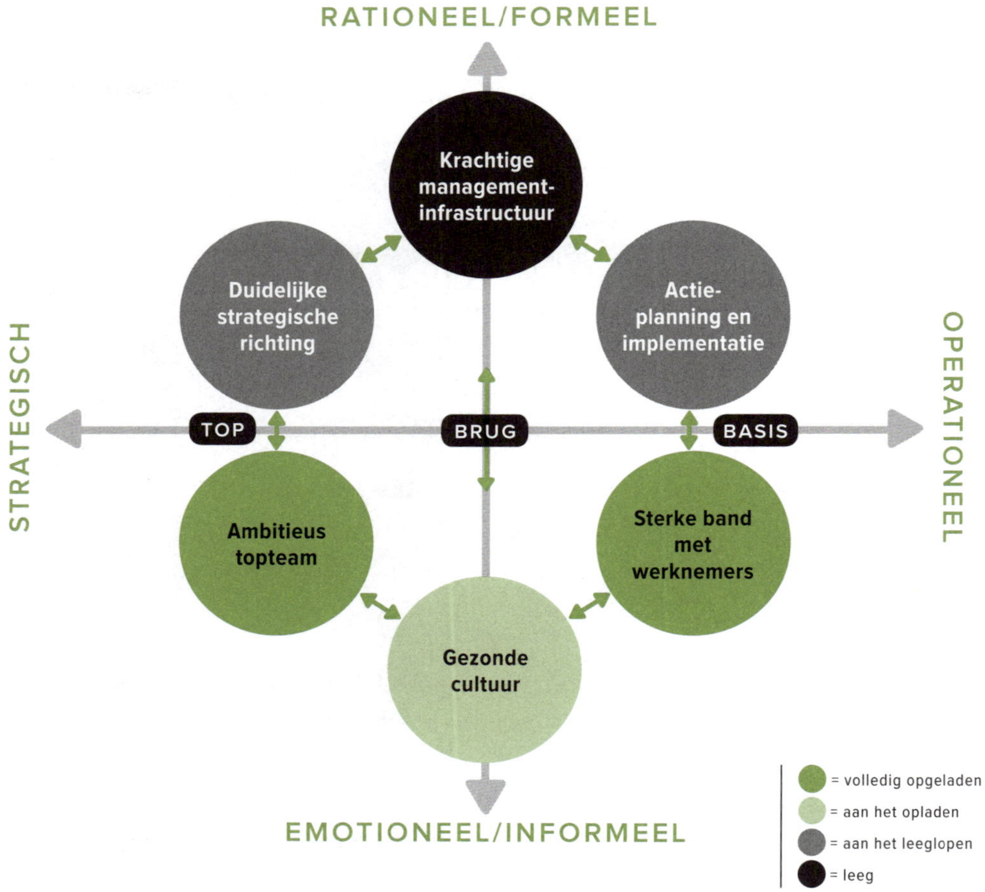

Figure 46 • De ijlende organisatie

HOE ZENITH DENEMARKEN ZIJN RATIONELE VERANDERINGSBATTERIJEN HEEFT OPGELADEN[114]

Zenith Denemarken is een dierengezondheidsfirma die deel uitmaakt van een grote internationale gezondheidsgroep. Johan Svenson werd eind 2011 aangeduid als nieuwe Managing Director en stapte binnen in een bedrijf met een samenhangend topteam en een gezonde cultuur. Het bedrijf had een fusie meegemaakt maar had daarbij aanzienlijk veel aandacht besteed aan de menselijke kant van die fusie, dus de 50 werknemers waren gelukkig en geengageerd.

In het eerste begrotingsoverleg met het corporate management moest Svenson echter aankondigen dat zijn organisatie de opgelegde financiële doelstellingen niet had gehaald. Hij besprak mogelijke strategieën om de inkomsten te verhogen met zijn leidinggevenden op de hoofdzetel maar hij kreeg niet veel concrete input. Die corporate managers waren enkel geïnteresseerd in de financiële doelstellingen en gaven businessmanagers de autonomie om zelf te beslissen hoe die te bereiken. Svenson besefte dat zijn directieleden strategische doelen hadden uitgezet, maar dat het Zenith Denemarken ontbrak aan een duidelijke bedrijfsstrategie om die te realiseren. Hij wist dat Zenith binnen zijn markt bekend stond om zijn focus op dienstverlening en hij vroeg zich af of hij op die basis een strategie kon stoelen.

In april 2012 organiseerde Svenson een strategieworkshop van twee dagen bij Vlerick Business School, waar het uit zes personen bestaande topmanagement het hoofd boog over de bedrijfsambities en de strategie om ze te realiseren. Ze kozen ervoor om te gaan voor het bedrijf 'met de nauwste klantenrelaties' van de hele markt, een logische keuze aangezien het bedrijf al gestart was met het nemen van acties die in de lijn lagen van dat strategische model. Ze specifieerden duidelijke keuzes en werkten actieplannen uit voor de drie businesslijnen: gezelschapsdieren, varkens en pluimvee, en herkauwers.

Nu iedereen aan de top op dezelfde lijn stond, dacht Johan Svenson na over hoe hij de boodschap kon overbrengen naar de rest van de organisatie. De nieuwe strategie simpelweg communiceren, zou niet voldoende zijn om de volledige steun te krijgen die hij nodige had voor een succesvolle uitvoering. In oktober 2012 organiseerde Svenson opnieuw een tweedaags seminarie, nu voor alle werknemers. Voor de eerste maal in zijn geschiedenis werd het bedrijf voor die periode ook gesloten. De werknemers bespraken de interne en externe uitdagingen van de organisatie en Svenson begon te voelen dat voldoende mensen klaar waren om naar de volgende stap over te gaan.

Svenson en zijn managementteam kozen zes werknemers om de strategie meer gedetailleerd te bediscussiëren en een strategiekaart uit te tekenen [zie hieronder]. Zoals ook beschreven in het hoofdstuk over de managementinfrastructuur-batterij is een strategiekaart een grafische voorstelling van hoe een bedrijf zijn grootste strategische doelen aanpakt. Zeniths strategiekaart toonde hoe de verschillende strategische doelen onderling verbonden waren en hoe 'customer intimacy' werd vertaald naar doelen op het vlak van financiën, klanten, processen en mensen. Het was de roadmap van hoe Zenith Denemarken zijn strategische uitdagingen zou aanpakken.

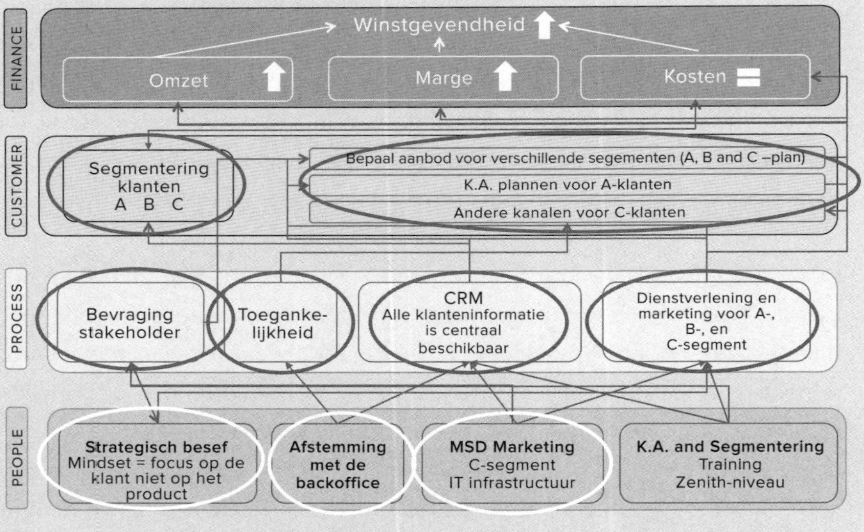

Om deze strategische uitdagingen te implementeren, werden zes functie-overschrijdende teams gecreëerd, geleid door een lid van het directiecomité en een teamleider. Deze teams zouden het belangrijkste vehikel zijn om de actieplannen uit te rollen. Daar bovenop zou elke businesslijn zijn eigen initiatieven moeten nemen om een '*customer intimacy*' strategie uit te rollen.

Svenson besefte dat het concept van 'customer intimacy' te abstract was om echt iets te betekenen voor de werknemers. De organisatie had het daarom in de plaats daarvan over 'Love Affairs' [zie illustratie hieronder]. Hij daagde de mensen uit: "Zou je dit doen in een relatie?" "Zou jouw klant warmlopen voor dit initiatief?" De mensen maakten grapjes rond deze 'Love Affairs', maar Svenson was er wel in geslaagd hun aandacht te vestigen op het thema. En voor elk team ontwierp hij labels die in de lijn lagen van het nieuwe thema. Elk team moest een initiatief lanceren dat zou bijdragen aan het realiseren van een strategische doelstelling.

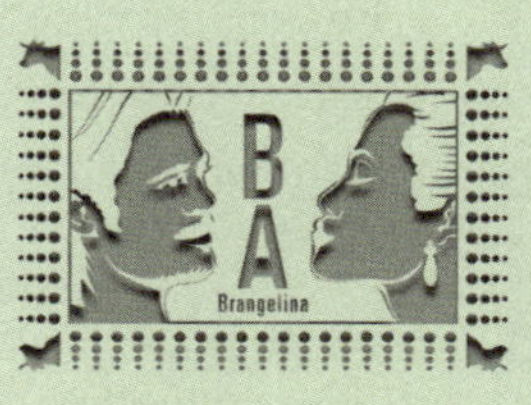

Alle zes de teams stelden hun projecten voor op de strategiedag in april 2013. Op het einde van de dag stemde de groep voor het beste project. De winnende groep kreeg een exclusieve avond in een toprestaurant cadeau. Moet het nog gezegd dat bij de volgende wedstrijden alle teams meer gemotiveerd waren om een goed project voor te stellen? De globale kwaliteit van de projecten nam inderdaad significant toe. Zenith Denemarken organiseert deze competities nu om de zes maanden. Met deze gecombineerde aanpak zorgt het bedrijf ervoor dat het traag maar gestaag richting 'customer intimacy' beweegt.

Dit voorbeeld toont hoe je je rationele batterijen kan opladen en ondertussen ook de energie hoog kan houden of zelfs kan verhogen in de emotionele batterijen. Zenith Denemarken definieerde zijn strategie eerst in het directiecomité en herhaalde de oefening vervolgens met het middenkader en de rest van de organisatie. De strategiekaart speelde een grote rol in de vertaling van de strategie naar een portfolio van projecten en de vooruitgang van elk van deze strategische objectieven werd nauwgezet opgevolgd. Functie-overschrijdende teams implementeerden deze strategische projecten, en droegen op die manier hun steentje bij aan het uitbouwen van de business en niet alleen aan het 'runnen' van de business. Merk hierbij op dat de invoering van een teamcompetitie ook hielp om positieve energie op te wekken binnen de cultuurbatterij. Er ontstond een grotere drive en prestatiegerichtheid en de functie-overschrijdende teams droegen bij aan een nog betere sfeer van samenwerking binnen het bedrijf.

Deze aanpak hielp Zenith Denemarken om extra marktaandeel te winnen en zijn kosten te beheersen. De globale winstgevendheid steeg significant en in 2015 kreeg Johan Svenson promotie om divisiemanager te worden bij de Zenith Animal Health Group.

De autistische organisatie

De autistische organisatie staat lijnrecht tegenover de ijlende organisatie. De autistische organisatie heeft positief geladen rationele batterijen maar negatief geladen emotionele batterijen. Ze is te analytisch en superrationeel. Het topteam heeft duidelijke strategieën uitgewerkt om de financiële prestaties te optimaliseren en heeft ook voorzien in een krachtige managementstructuur om de verandering op te volgen. Werknemers werken aan projecten om de verwachte winsten van de verandering te realiseren. De verandering is gepland en programmatisch.[115] Op zich is er niets mis met goed functionerende rationele batterijen. In autistische organisaties ligt de focus echter op een obsessieve manier op het afronden van project na project en op het bereiken van de financiële mijlpalen. Dit zorgt ervoor dat de aandacht wegschuift van de minder tastbare aspecten van een succesvolle organisatie, zoals cultuur, aspiratie en goede relaties onder werknemers.

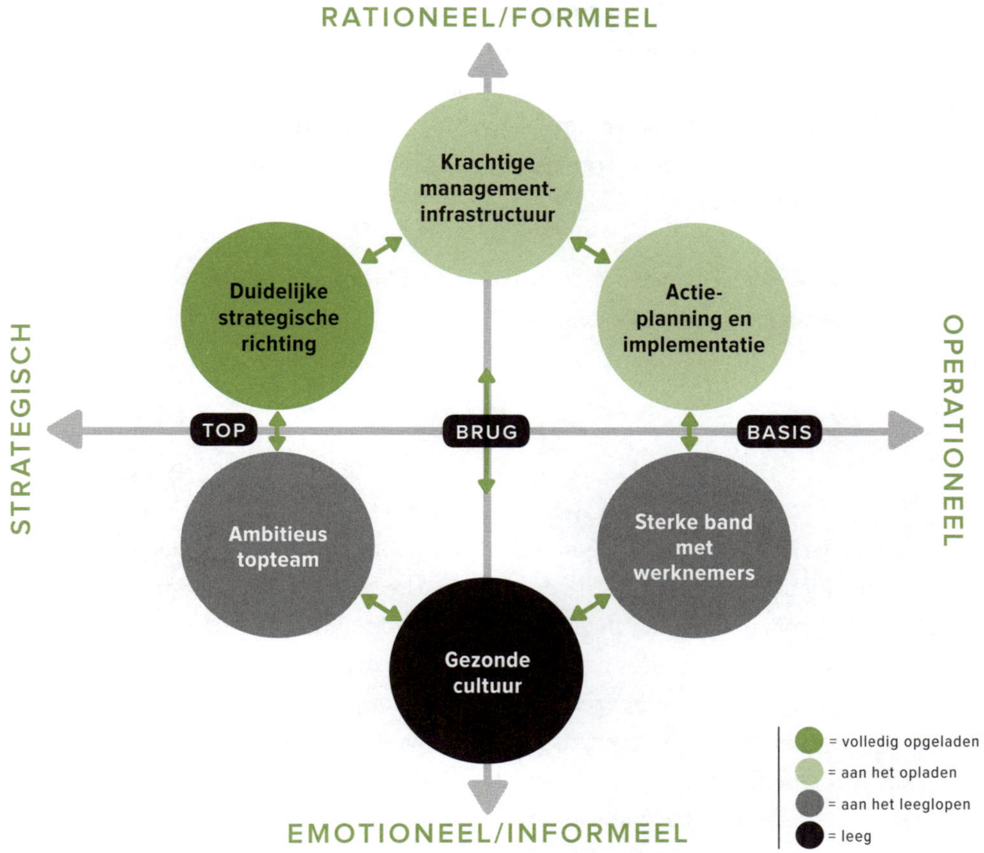

Figuur 47 • De autistische organisatie

In een autistische organisatie is er geen inspirerende aspiratie, er zijn alleen maar kortetermijn financiële doelen die bereikt moeten worden. De cultuurbatterij loopt ook leeg: autistische organisaties zijn koud en vaak doordrongen van een toxische cultuur. Sommige zijn heel erg prestatiegericht, maar de fanatieke zoektocht naar orde en perfectie creëert ook een cultuur die extreem kritisch is en weinig ruimte laat voor fouten. Het ontbreekt dit type organisatie aan sociale ondersteuningsmechanismen om de werknemers een gevoel van zekerheid en veiligheid te geven dat het leren ondersteunt. Zo'n veeleisende, resultaatgedreven organisatie die niet voorziet in sociale ondersteuning is de ideale voedingsbodem voor burn-outs. De mensen presteren misschien goed gedurende een bepaalde tijd maar de individualistische, gedepersonaliseerde en autoritaire aard van de autistische organisatie beperkt de effectiviteit van de veranderingsprogramma's op lange termijn.[116] Hoewel men zou kunnen beweren dat veel van de opgesomde bedrijven kenmerken vertonen van een autistische organisatie, werd toch maar 4 procent van de bedrijven als dusdanig gekwalificeerd.

Hoe kan je de sterkte van de rationele batterijen als hefboom gebruiken en tegelijkertijd de emotionele batterijen opladen?

DE MENSELIJKE UITDAGINGEN AANPAKKEN IN DE FUSIE TUSSEN NORWICH UNION EN CGU[117]

In februari 2000 vond een gigantische fusie plaats in het Britse verzekeringswezen met als resultaat: CGNU, dat nu Aviva heet. De nieuwe unit zou de tak van de algemene verzekeringen en die van de levensverzekeringen van twee Britse verzekeringsmaatschappijen met elkaar combineren: Norwich Union en CGU, die laatste zelf het resultaat van een vorige fusie. De algemene verzekeringstak, Norwich Union Insurance (NUI) genaamd, was verlieslatend en de CEO van de unit, Patrick Snowball, een oud-militair, focuste op het herstellen van de winstgevendheid van die unit. Snowball gaf toe dat de focus in de eerste twee jaar van de fusie bijna uitsluitend op de winstgevendheid lag. Mensen werden overgeplaatst om kosten te besparen, processen werden gerationaliseerd en geoptimaliseerd en er ging maar weinig aandacht naar de emotionele kant van de business. Toen het directiecomité, in november 2001 in het Five Lakes Hotel, haar nieuwe strategie voorstelde aan de hogere kaderleden werden ze getrakteerd op stilte, gevolgd door ongeloof en woede.

De Five Lakes conferentie schudde het directiecomité, inclusief Patrick Snowball, wakker. Ze gingen ervan uit dat de verbeterde financiële resultaten een positieve vibe door de hele organisatie zouden sturen. Maar niets was minder waar. Op de conferentie werden de resultaten van de eerste *Internal Morale Survey* (interne bevraging van het moreel) gedeeld met het hoger kader. De leidinggevenden hadden zwakke resultaten verwacht maar waren gechoqueerd door wat ze lazen. De werknemerstevredenheid was ongekend laag. Het personeelsverloop was met bijna 30 procent gestegen en het engagement zakte in elkaar. In de conclusies van de Broker Survey kwam NUI er als vijfde van vijf uit.

Als reactie besliste het team om een taskforce van vijftien mensen samen te stellen om het moreel van de werknemers te verhogen. Eerst contacteerden ze de top 100 leidinggevenden en ze spendeerden anderhalve dag aan een leiderschapssessie om te bespreken wat leiderschap voor hen betekende, wat ze aspireerden, wat ze wilden en wat ze weg wilden.

Het engagement van de top zou essentieel blijken om de verandering te laten plaatsvinden en dit impliceerde dat de ideeën op de radar van het directiecomité moesten worden geplaatst en meetbaar moesten zijn. In januari 2002 besliste het topteam dat winst niet langer de enige maatstaf zou zijn en ze formuleerden doelstellingen voor sleutelindicatoren op het vlak van financiën, dienstverlening en moreel. Snowball noemde dit 'de drie pilaren'. De doelstellingen werden vervolgens ook gecommuniceerd aan de verschillende businessunits en afdelingen. Gezien het feit dat zowel klanten- als werknemerstevredenheid extreem laag waren in 2001, was de hele operatie een gewaagde zet.

Norwich Union Insurance deed ook veel moeite om managers en personeel terug met elkaar te verbinden. Natuurlijke kampioenen en supporters werden geïdentificeerd; zij zouden de wegbereiders worden om nieuwe gedragingen te promoten die in lijn lagen met de nieuwe strategie. De taskforce introduceerde ook het dagelijkse SMP-beraad (SMP staat voor *Service Morale Profit* of Dienstverlening, Moreel, Winst). Deze dagelijkse, staande besprekingen moesten werknemers naar de zakelijke doelstellingen leiden, maar zorgden ook voor een betere communicatie en meer engagement. De managers stonden wel in verbinding met hun leidinggevenden, maar niet met hun werknemers. Face to face communicatie was veel effectiever dan de eenrichtingscommunicatie van de voorbije jaren. De managers besteedden ook meer tijd aan het luisteren naar problemen en grieven van hun personeel en klanten. Het middenkader besefte dat hun rol verder ging dan die van een pure beheerder.

Er werd een videoruimte geïnstalleerd waar alle personeelsleden hun visie konden uiten. Zowel managers als werknemers gebruikten deze ruimte om stoom af te blazen en openlijk te delen waar ze een hekel aan hadden. Het senior management stond dit toe – ze beseften immers dat de mensen slecht behandeld waren geweest en lieten hen hun zegje doen. Het bedrijf lanceerde ook een nieuwsbrief om de boodschap verder te verspreiden. Er werden managers aangeduid in verschillende leiderschapsprojectteams met als doel mensen te betrekken bij de verandering en uit te kijken naar supporters. Het bedrijf leverde enorme inspanningen bij het uitrollen van lokale leiderschapsprogramma's om lokale managers te overtuigen van de nood aan deze nieuwe aanpak.

NUI creëerde ook een database van 'te verwijderen hindernissen', waarin lokale leiders de obstakels konden aangeven die hen verhinderden geweldige diensten te leveren. Het ging hierbij om problemen die naar boven kwamen tijdens het dagelijkse beraad maar die niet lokaal konden worden opgelost.

Het bedrijf introduceerde bovendien nieuwe informatiestromen, '*horizontals*' genaamd, driemaandelijkse meetings voor het top- en middenkader. Het doel hiervan was om mensen van verschillende afdelingen samen te brengen om te focussen op nieuwe denkwijzen en gemeenschappelijke problemen te delen. Het bedrijf investeerde tevens in een netwerk van voltijdse businesscoaches en organiseerde bevragingen rond leiderschap en werknemerstevredenheid om de evolutie van haar dienstverlening en het moreel op de voet te volgen. Patrick Snowball vatte het als volgt samen: "Het gaat erom een bepaalde richting aan te houden maar eveneens op constante basis jezelf heruit te vinden en te verfijnen. De kernboodschap moet eenvoudig uit te leggen zijn aan de mensen maar op verschillende lokale manieren worden uitgevoerd ... en je moet ze erin 'hameren', ze in iedere vergadering herhalen." Anders gezegd: talrijke interventies, elk apart bescheiden in omvang maar allemaal consistent en afgestemd op de overkoepelende boodschap.[118]

Dit voorbeeld toont hoe Norwich Union Insurance, na een obsessieve focus op de rationele batterijen, een versnelling hoger schakelde en evenveel aandacht ging besteden aan de emotionele kant van de verandering. Deze aanpak omvatte initiatieven aan de top en op lokaal niveau en werkte aan een verandering van de bedrijfscultuur. In die periode bleven de financiële prestaties verbeteren, maar ook de andere prestatiemetingen bewogen in de juiste richting. Het personeelsverloop zakte van 30 procent in 2001 naar 12 procent in 2004.

De chronisch zieke organisatie

30 procent van de bedrijven in onze database past in de categorie van de chronisch zieke organisaties. Dat zijn organisaties met grote veranderingsproblemen. Ze verliezen zowel energie in de rationele als in de emotionele batterijen. Een chronisch zieke organisatie veranderen is een ontzagwekkende opdracht omdat het acties op verschillende fronten vergt: je moet niet alleen ernstige zakelijke uitdagingen aangaan maar tegelijkertijd ook culturele en menselijke problemen aanpakken. Daarbovenop heb je ook te maken met een verdeeld topteam en een niet-verbonden groep van werknemers die de verandering eerder tegenwerken dan ondersteunen.

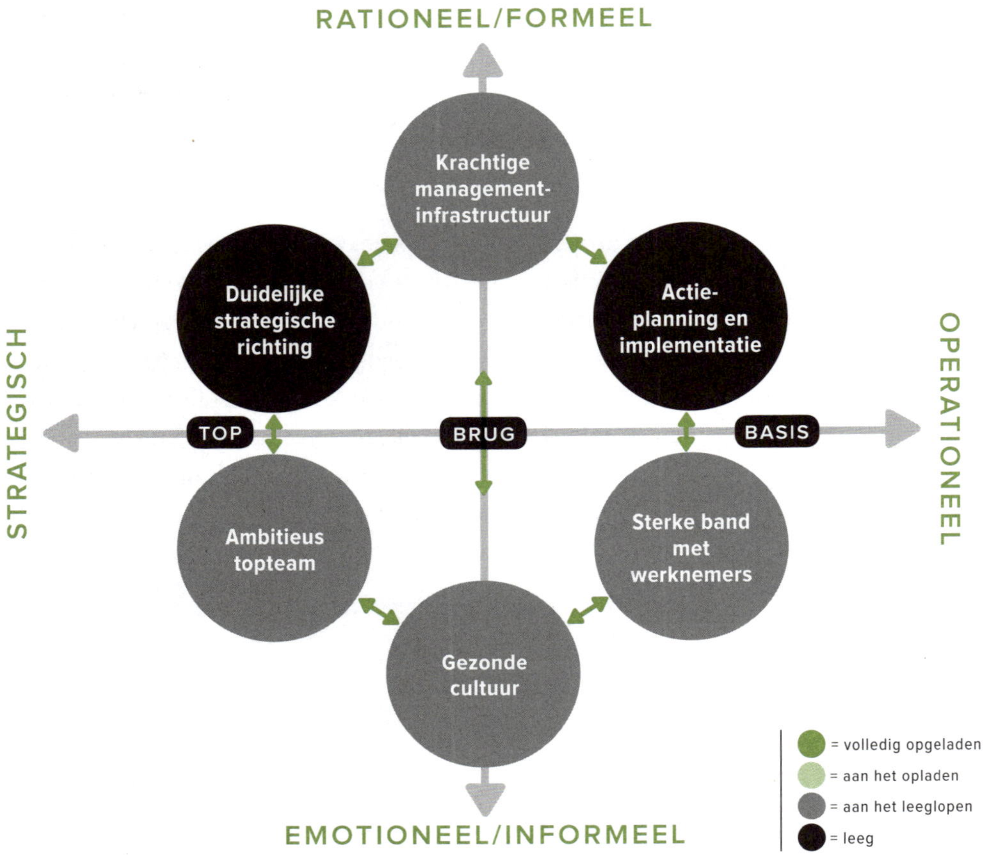

Figuur 48 • De chronisch zieke organisatie

DE MEEST TRANSPARANTE EN BETROUWBARE VERZEKERINGSMAATSCHAPPIJ WORDEN[119]

In hoofdstuk 2 refereerden we aan Interpolis als een bedrijf met een inspirerende aspiratie. Maar het verhaal van Interpolis gaat veel verder dan de formulering van een enorme ambitie. Het is een geweldig voorbeeld van een bedrijf dat in staat is geweest om veel positieve energie op te wekken met een innemend veranderingsprogramma, dat zowel de rationele als de emotionele batterijen van verandering aanpakt.

In de jaren 90 van de vorige eeuw was deze Nederlandse verzekeraar een grote organisatie geworden die haar focus eerder legde bij het managen van verzekeringspolissen dan bij het bedienen van de klantenbehoeften. De financiële resultaten waren slecht en het bedrijf zat in nauwe schoentjes. Jan Vullings en Piet van Schijndel werden uitgestuurd om het bedrijf te helpen zijn kosten te verlagen en de winstgevendheid en de klanten- en medewerkerstevredenheid te verhogen. Ze slankten het personeelsbestand af van 2400 naar 1800 medewerkers. Het duo wist echter dat kosten reduceren het probleem van de concurrentiepositie van het bedrijf niet fundamenteel zou veranderen.

In 1995 startte Interpolis met een radicaal transformatieprogramma, 'Vast en Zeker' genaamd. Vullings en Van Schijndel formuleerden een ambitieus plan om verzekeringen 'glashelder' te maken en het eerste bedrijf te worden dat verzekeringen zou vereenvoudigen dankzij eenvoudige communicatie en relevante oplossingen. Interpolis zou zijn beloftes houden – "belofte maakt schuld" – en zou open en eerlijk worden. Het bedrijf zou nieuwe en eenvoudige verzekeringsproducten creëren en zijn processen veranderen opdat ze snel, gemakkelijk en pijnloos zouden verlopen.

Dit startte allemaal op kleine schaal: vijf backoffice-medewerkers van Interpolis probeerden het concept uit in 700 lokale Rabobank-kantoren, de belangrijkste distributiepartner van Interpolis. Op dat moment was er geen businesscase, enkel een diepgeworteld geloof dat deze nieuwe aanpak zou kunnen werken in de praktijk. In 1997 werd het eerste nieuwe, geïntegreerde verzekeringsproduct op de markt gebracht, de 'Alles in één Polis'. Het bedrijf ontwikkelde ook een duidelijke marketingstrategie die veel aandacht besteedde aan het uitbouwen van een consistent merk. Glasheldere oplossingen waren het kernthema van elke marketingboodschap.

De klanten reageerden positief op de nieuwe initiatieven en Interpolis breidde de reikwijdte van zijn veranderingsprogramma uit. Het bedrijf herbekeek zijn belangrijkste backoffice-processen, zoals de aangifte van schadeclaims, de communicatie, de uitbetaling van claims en de schikkingen. Interpolis gebruikte gestructureerde verbeteringsprojecten om zijn processen te hertekenen. Wat in het oog sprong bij deze aanpak was dat het bedrijf in alles wat het deed het *vertrouwen* in de klant benadrukte. Als de klant een schadeclaim indiende, zou Interpolis de dag erna uitbetalen. "Laat je reçuutjes maar thuis – wij geloven je", was hun motto. Het spreekt voor zich dat het bedrijf wel een kleine steekproef van de klanten controleerde en als de schadedossierbeheerder voelde dat er iets niet klopte, onderzocht het bedrijf de claim grondiger. Als de fraude bewezen was, belandde de klant op een zwarte lijst en werd hij de laan uitgestuurd.

Deze manier van werken vergde een fundamentele verandering van de cultuur en de manier waarop men met de werknemers omging. Interpolis pakte deze culturele transformatie aan op een geïntegreerde manier. Het bedrijf veranderde de HR-praktijken, de IT- en communicatiesystemen en de werkomgeving. Het 'Nieuwe Werken', zoals het cultuurveranderingsprogramma werd gedoopt, had de ambitie een open cultuur te creëren waarin alle medewerkers ideeën naar voren konden brengen om werkmethodes te verbeteren zodat ze de klant in verrukking konden brengen. In 1996 gebruikten Vullings en Van Schijndel het nieuwe hoofdkantoor om de organisatie opnieuw van energie te voorzien en nieuwe manieren te zoeken om de klantgerichtheid te vergroten.

De meeste betrouwbare verzekeraar willen worden, impliceerde dat je veel vertrouwen legde bij je medewerkers. Het directiecomité van Interpolis communiceerde uitgebreid en betrok de personeelsleden in alle operationele beslissingen. Interpolis was een van de eerste Nederlandse bedrijven om het 'flexibele kantoorconcept' te introduceren. Er waren geen vaste werkplekken meer. Iedereen koos een werkplek die het beste paste bij de activiteit of taak die moest gebeuren – ook de senior executives. Werktijd werd ook flexibel gemaakt, er werd geïnvesteerd in essentiële informatietechnologie om de communicatie te stimuleren en de werknemers werden aangemoedigd om van thuis uit te werken. Op die manier verleenden de managers hun werknemers autonomie en verantwoordelijkheid voor het regelen van hun eigen werkschema. Om dit alles af te werken, formuleerde de verzekeraar een 'nieuw werknemersprofiel', waarin aandacht werd besteed aan de rekrutering van werknemers met de juiste competenties *en* attitudes.

Daarbovenop bouwde Interpolis een geweldige kantoorruimte. Met de focus op een groots ontwerp en eenvoudige businesssystemen die autonomie, flexibiliteit en vrijheid ondersteunden, werden de mensen het focuspunt in plaats van de gebouwen of de hiërarchieën.

Als een gevolg hiervan groeide Interpolis spectaculair: het inkomen uit premies steeg en Interpolis snoepte marktaandeel weg van zijn belangrijkste concurrenten. Winstmarges stegen en het bedrijf wierf ook veel extra personeel aan. In 2004 gaf Interpolis werk aan 5173 mensen, veel meer dan de oorspronkelijke 2400 van de vroege jaren 1990. De groei bleef aanhouden, ook nadat Vullings en Van Schijndel met pensioen gingen. In 2005 werd Interpolis een dochteronderneming van de Nederlandse Achmea Group.

De verlamde organisatie

De verlamde organisatie heeft een sterk hoofd maar zwakke benen. Zes procent van de bedrijven in onze steekproef behoren tot deze categorie. De batterijen aan de linkerkant van het model zijn goed opgeladen, maar die aan de rechterkant (nl. de actieplanning en implementatiebatterij en de batterij voor de relatie met de werknemers) zijn dat jammer genoeg niet. De verlamde organisatie slaagt er niet in om haar veranderingsvisie en strategie te vertalen naar tastbare acties die gesteund worden door de medewerkers. Dergelijke organisaties hebben een ambitieus topteam en een geweldig strategisch talent. Ze scannen de omgeving en ontwikkelen strategieën om te kunnen omgaan met de initiatieven van concurrenten en disruptors. Het energieke topteam ontwikkelt visie na visie, strategie na strategie, plan na plan.

Maar de organisatie worstelt hopeloos met de uitvoering ervan. Strategieën raken niet geïmplementeerd omdat het topteam te ver afstaat van de dagelijkse operationele activiteiten. De implementatie wordt als minder belangrijk beschouwd, ietwat saai zelfs, en wordt toevertrouwd aan managers uit het midden- of lager kader. Het topteam delegeert achteloos: ze beschouwen implementatie als een detail en ze erkennen de praktische overwegingen en emotionele bezorgdheden dan ook niet. Ze denken maandenlang na over de ambitie en richting van de organisatie, maar eens ze het licht hebben gezien, verwachten ze van buitenstaanders dat die meestappen in het verhaal na een eenvoudige briefing.

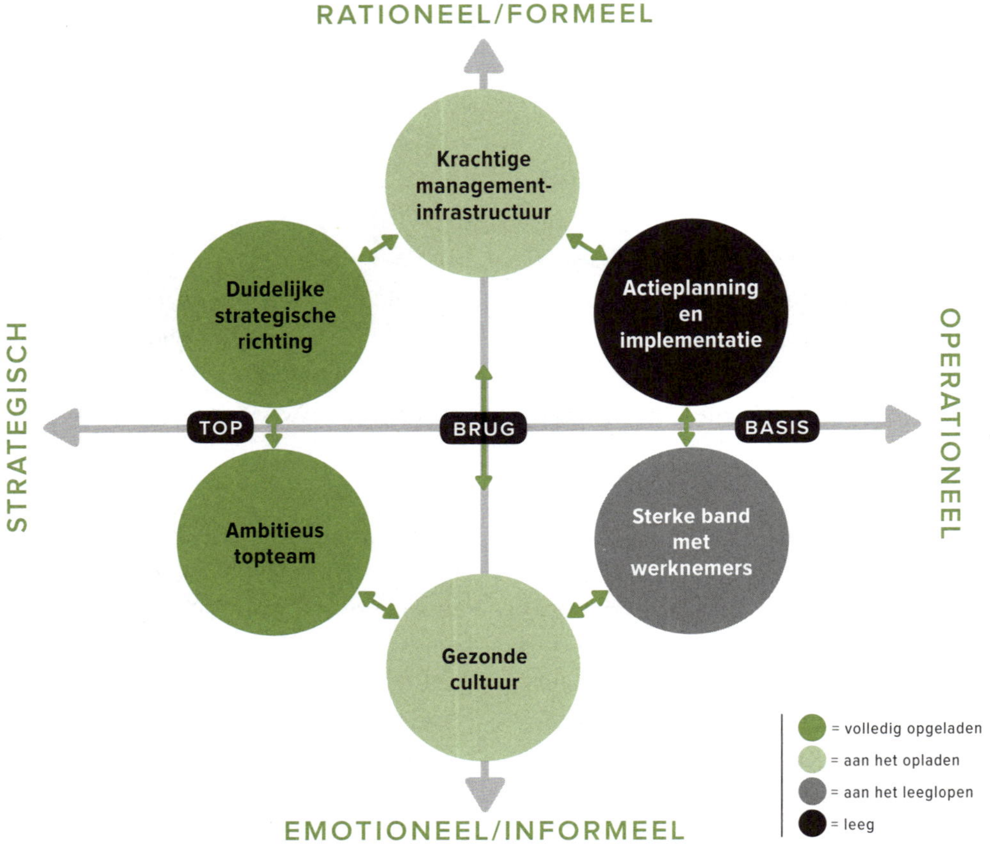

Figuur 49 • De verlamde organisatie

Analyseer jouw veranderingscontext en geschiedenis

De energieniveaus van je batterijen evalueren is essentieel om een grondige diagnose te stellen van je veranderingscapaciteiten. Maar om te beslissen over het type en de opeenvolging van specifieke interventies moet je ook de *context* en *geschie-*

denis van de organisatie goed begrijpen. We kunnen dit vergelijken met een arts die dankzij de diagnose weet aan welke ziekte (pathologie) een patiënt lijdt, maar meer details nodig heeft over de context en geschiedenis van die patiënt om te beslissen over de precieze behandeling en medicatie. Misschien heeft de patiënt wel een allergie ontwikkeld aan een bepaald medicijn, waarvan de dokter op de hoogte zou moeten zijn (geschiedenis). Misschien moet de dokter ook weten dat de patiënt volgende week op reis gaat (context).

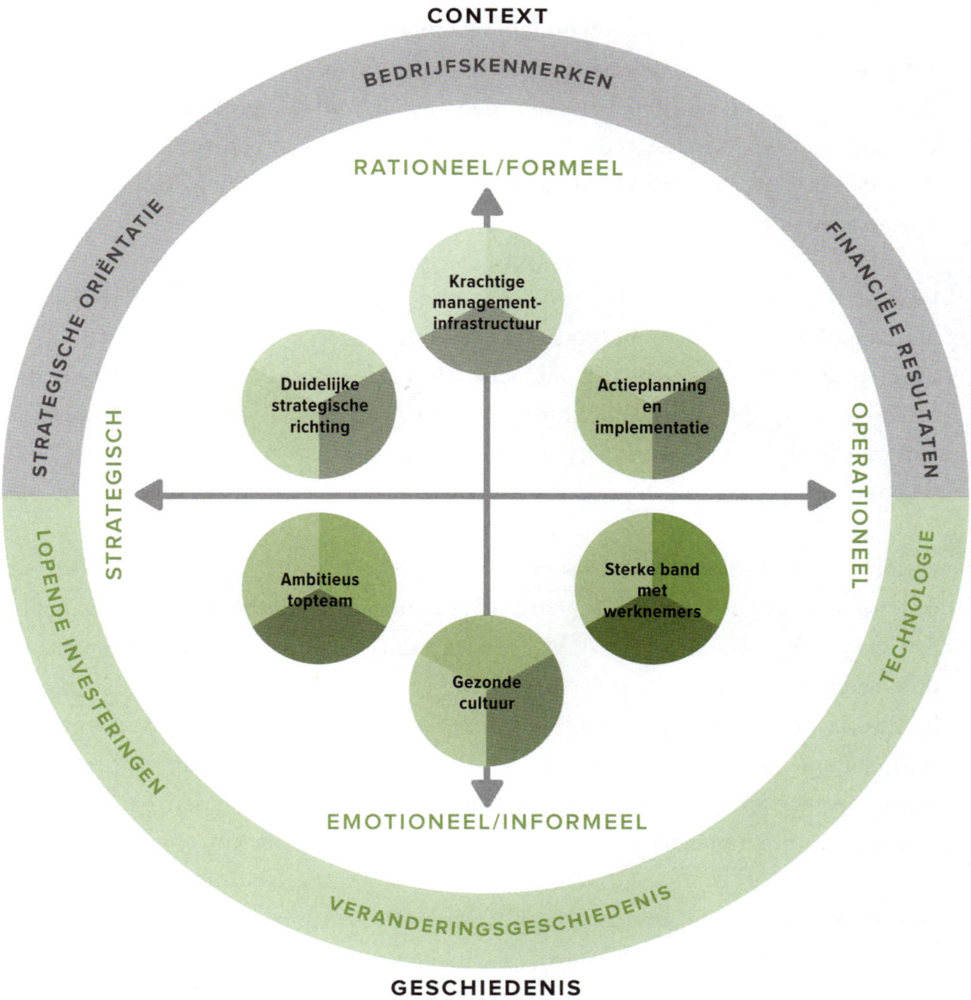

Figuur 50 • De rol van context en geschiedenis in het bepalen van jouw veranderingsaanpak

Je *financiële resultaten* spelen een cruciale rol. Als je dreigt failliet te gaan is het vaak gemakkelijker om binnen het topteam positieve energie voor verandering op te wekken door bij je teamleden een duidelijk gevoel van hoogdringendheid te creeren. Interventies om de topteam-batterij op te laden vragen wellicht veel meer moeite als er geen duidelijk noodgeval is.

Belangrijke *bedrijfskenmerken* kan je evenmin negeren: een veranderingsprogramma opzetten voor een groot bedrijf met verschillende vestigingen is niet hetzelfde als een kleine of middelgrote onderneming omvormen. Jouw positie in de organisatie, je persoonlijke geloofwaardigheid en je persoonlijke netwerk zijn eveneens belangrijk om in overweging te nemen. Een manager uit het middenkader die een verandering wil opstarten ondervindt waarschijnlijk meer moeite om aansluiting te vinden bij de topexecutives en hun persoonlijke netwerk dan zij die al deel uitmaken van het topteam.

De overkoepelende *strategische oriëntatie* van de organisatie speelt ook een rol. Ook al zullen de algemene veranderingscapaciteiten gelijkaardig zijn voor een productleider vergeleken met een bedrijf dat focust op kostenleiderschap (operationele excellentie), de specifieke veranderingsinterventies vragen vaak andere combinaties van vaardigheden en daarom zal je verschillende expertises nodig hebben om je te ondersteunen.

Historische elementen kunnen ook in grote mate het ontwerp van je veranderingsprogramma beïnvloeden. In elk bedrijf is er een erfenis die bepalend is voor het pad dat de organisatie volgt: een wegenbouwbedrijf zal zich niet van de ene dag op de andere heroriënteren en een spoorwegbouwbedrijf worden. In theorie kan je alles veranderen; in de praktijk vraagt een dermate grote goocheltruck meer tijd en andere mensen. De beschikbaarheid van specifieke *technologie* kan het gemakkelijker of moeilijker maken om een bepaald procedé te ondersteunen. Ze kan een zegen of een last zijn in de ondersteuning van specifieke batterijen.

Verder moet je ook de veranderingsprojecten waar je al aan werkt op dit moment in de overweging opnemen. Grote investeringen van lopende of geplande initiatieven kunnen je veranderingsprogramma maken of kraken. Ze kunnen belangrijke obstakels zijn voor verandering, of er net belangrijke hefbomen voor worden. Atleten met dezelfde blessure kunnen kiezen voor een andere behandeling in functie van de wedstrijden die ze nog op het programma hebben staan.

Tot slot moet je ook de *veranderingsgeschiedenis* van de organisatie begrijpen. Dingen die in het verleden gewerkt hebben of mislukt zijn, hebben meestal een gigantische impact op de dominante mindset en overtuigingen binnen de organisatie – wat hier 'kan' en 'niet kan worden gedaan'. De geschiedenis van veranderingssucces en -mislukking begrijpen, zal je ook toelaten om vroegere veranderingshelden en -tegenstanders te identificeren en de actuele geloofwaardigheid van de betrokken leidinggevenden te evalueren. De evaluatie van het profiel van deze leiders zal interessante inzichten genereren met betrekking tot het type interventies dat leidinggevenden hebben gebruikt om hun organisatie aan te drijven in het verleden. Je kan er ook uit afleiden welke soort steun of weerstand je kan verwachten van sleutelfiguren in de organisatie, afhankelijk van de geloofwaardigheid van de leidinggevende. Patiënten aanvaarden gemakkelijker onaangename boodschappen van artsen die een succesvolle staat van dienst kunnen voorleggen.

We beseffen dat dit veel aspecten zijn om in overweging te nemen, maar we zijn er zeker van dat al deze elementen een impact hebben op de focus, tempo, opeenvolging en initiële stappen van je veranderingsprogramma. We geloven er sterk in dat alles zo eenvoudig mogelijk moet worden gemaakt, maar ook niet eenvoudiger dan dat (Albert Einstein). Wat we aanbieden is een leidraad die je zal helpen doelgericht, niet toevallig, succes te hebben.

Kernboodschappen van dit hoofdstuk

Elke succesvolle verandering start met een goede analyse van de energiestatus van je bedrijf:

- Analyseer je energiebronnen en energievreters. Zij zijn de elementen die je veranderingsprogramma kunnen maken of kraken. Geef energievreters geen kans om een invloed te hebben op je veranderingsprogramma. Hoe meer je erin slaagt om te werken aan je energiebronnen, hoe meer je verandering je zal helpen om een tophervormer te worden.

- Identificeer vervolgens jouw veranderingspathologie. Welke batterijen verliezen energie? Dit hoofdstuk identificeerde meerdere typische veranderingsziektes. Ze hebben elk hun eigen en verschillende behandeling nodig. Zorg dat jouw veranderingsprogramma zich richt op de juiste problemen.

- Wees je er tot slot van bewust hoe je veranderingscontext en -geschiedenis jouw veranderingsaanpak beïnvloeden.

De volgende stap in een veranderingsprogramma is te bepalen welke de sleutelinterventies zijn om je batterijen weer op te laden en je organisatie weer energiek te maken. In de volgende hoofdstukken komt aan bod welke interventies te lanceren en in welke volgorde dat te doen.

Hoofdstuk

9

PRINCIPES VAN ENERGIEDESIGN

Van analyse tot interventie

Kernvragen

Wat zijn de belangrijkste veranderings-initiatieven om te lanceren?

Hoe moet je tewerk gaan als je interventies opstart die verschillende batterijen betreffen?

Wat zijn de belangrijkste principes van energiedesign om een gezond energieprofiel te creëren?

Tot nu toe hebben we je voorzien van een vrij complete analyse van het globale energieniveau van je bedrijf. Je hebt je energievreters en de kernoorzaken van waarom verandering moeilijk is, geïdentificeerd. Je begrijpt ook waar en hoe je veranderingsgeschiedenis en -context impact kunnen hebben op je veranderingsprogramma. Meerdere batterijen wekken negatieve energie op, dus je hebt meer dan een kortetermijnpijnstiller nodig.

Nu is het tijd om initiatieven te lanceren om een slechte situatie om te keren. We hebben veel illustraties van potentiële interventies gedeeld in de voorgaande hoofdstukken. Welke initiatieven je moet lanceren en voor welke batterijen, hangt af van welke batterijen negatieve energie genereren. Veranderingscapaciteit opbouwen gaat uiteindelijk om het opladen van die batterijen die negatief geladen zijn. Maar veel organisaties moeten simultaan verschillende batterijen aanpakken. Eens je weet welke interventies nodig zijn, hoe weet je dan waar je moet starten en hoe je moet verdergaan?

Evenwicht

Een van de kernboodschappen van dit boek is dat succesvolle verandering een connectie tussen de rationele en de emotionele kant van de verandering vergt. Alleen dan kan de verandering integratief zijn. Een typisch symptoom van sommige van de pathologieën die we in het vorige hoofdstuk beschreven, is een onevenwicht tussen de rationele en emotionele batterijen van verandering. Daaruit volgt dat sommige typische veranderingsinterventies mikken op het herstellen van de balans tussen de rationele en emotionele batterijen op elk niveau van de organisatie.

Je hebt wellicht gemerkt dat ons batterijmodel *drie organisatieniveaus* overspant: de top, de basis en een derde niveau dat de brug vormt tussen top en basis. Figuur 51 toont dat elk organisatieniveau gelinkt wordt aan een koppel batterijen, een rationele en een emotionele. De volgende paragrafen tonen aan waarom het belangrijk is om op elk niveau zowel de rationele als de emotionele veranderingsbatterijen te managen.

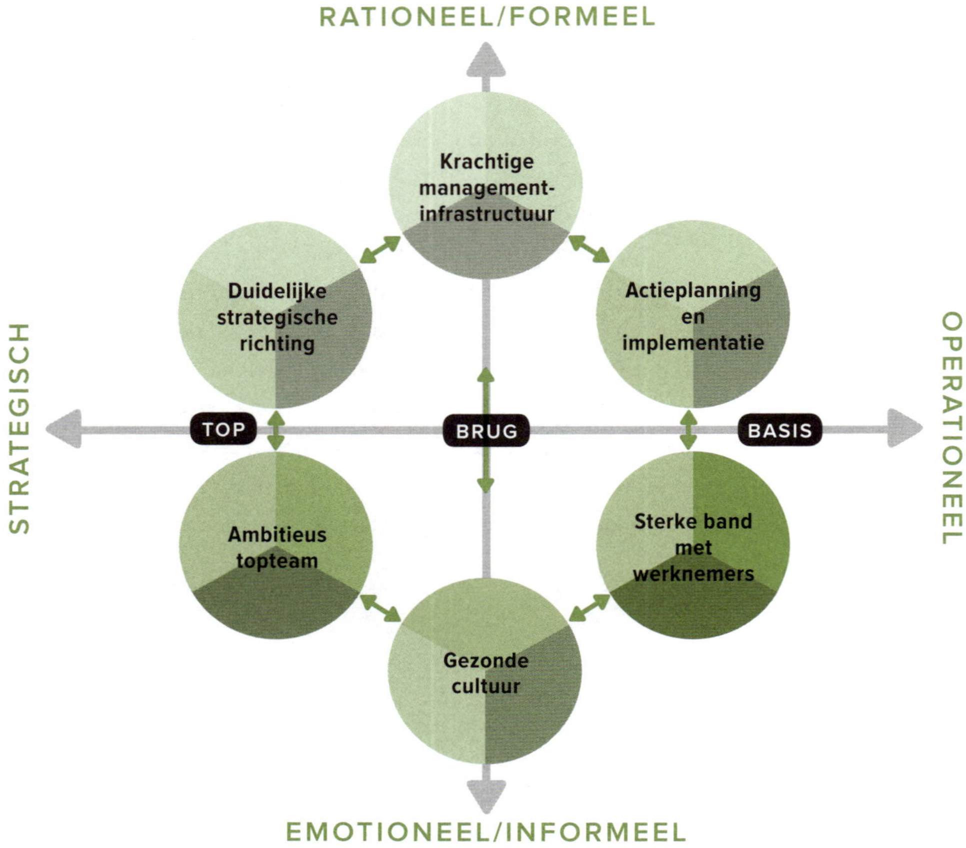

Figuur 51 • De energieflow managen over de batterijen heen

De toon zetten aan de top

Verandering start met een ambitieus topteam dat speelt om te winnen en dat een duidelijke visie en strategie heeft ontwikkeld om competitief voordeel uit te bouwen. Evenwicht creëren aan de top houdt in dat je werkt aan de analyse en formulering van je strategie terwijl je een dynamisch leidinggevend team kweekt en de interactie met de belangrijkste interne en externe stakeholders verhoogt.

Succesvolle verandering aan de top vraagt om opgeladen topteam- en strategie-batterijen. Als een van de batterijen leeg blijft, zal je veranderingsprogramma eronder lijden. Nog niet zo lang geleden werden we benaderd door een toonaangevend lokaal bedrijf voor professionele dienstverlening. Ze vroegen om hulp bij het ontwikkelen van een leiderschapsprogramma. We ontdekten al snel dat het bedrijf *chronisch ziek* was. Toen we ons batterijmodel voorlegden aan de twee leden van het directiecomité, werd het hen duidelijk dat ze een duidelijke strategie misten, maar ook dat de introductie van een nieuwe strategie op veel weerstand zou stuiten bij het top- en middenkader. De prestaties van het bedrijf liepen traag terug, maar er was nog geen echt gevoel van hoogdringendheid om de koers van de organisatie bij te sturen.

We organiseerden een strategiesessie en een coachingsessie rond leiderschap voor de 150 meest ervaren managers. Dit was meteen ook de aftrap van een groter veranderingsproject. Het bedrijf gaf zowat een half miljoen euro uit aan de ontwikkeling van een nieuwe strategie en de lancering van leiderschapssessies. Die sessies onthulden dat de meeste managers uit het middenkader het idee van een duidelijke en meer gefocuste strategie genegen waren en de meesten gingen ook akkoord met de nieuwe strategische richting. Maar de coachingsessies rond leiderschap gaven ook aan dat sommige van de topmanagers de verandering in de strategie duidelijk niet steunden. Ondanks onze aanbevelingen werd dit niet opgenomen door het directiecomité. Het bedrijf had nu wel een strategie, maar die werd niet volledig gesteund door de top waardoor ze ook niet kon doorsijpelen naar de rest van de organisatie. De strategie was gewoon een leuke hersenoefening, voorgesteld in een flitsende powerpointpresentatie. Elke afdeling focuste verder op haar eigen prioriteiten, de oorlogen tussen de afdelingen gingen gewoon verder en het middenkader geraakte gefrustreerder dan ooit.

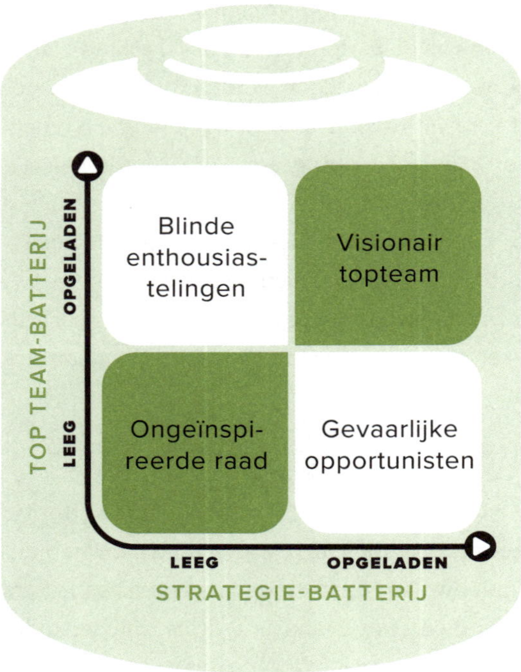

Figuur 52 • De juiste toon zetten aan de top

Dit verhaal is een goed voorbeeld van een team van gevaarlijke opportunisten. De organisatie heeft een duidelijke strategie maar er is geen engagement, geen '*band of brothers and sisters*' om ze te ondersteunen. Alleen met een visionair topteam kan je je veranderingstrip in de juiste richting laten verlopen – dan heb je een topteam dat geëngageerd is om een duidelijke bestemming te bereiken. Strategie betekent keuzes maken. Maar in een team van ego's resulteren keuzes in winners en verliezers. Als die keuzes niet ondersteund worden door iedere executive, veranderen individuele teamleden in ongeleide projectielen. Ze zullen de kleinste hindernis op de weg aangrijpen om de discussie te heropenen en te bewijzen dat zij gelijk hadden.

Als je een ambitieus en goed samenhangend topteam hebt maar de strategie onduidelijk blijft, heb je typisch een bende van blinde enthousiastelingen die van opportuniteit naar opportuniteit springen. Moet het nog gezegd dat dit gebrek aan richting je veranderingseffectiviteit schaadt? Als zowel de strategie- als de topteam-batterij leeg zijn, promoot de top van je organisatie voornamelijk *de status quo*, eerder dan verandering. Ze spenderen misschien veel tijd aan het tussenkomen in operationele problemen of het verfijnen van organisatiestructuren en rapporteringssystemen, maar het gevaar is substantieel dat het hen ontbreekt aan passie en oriëntatie om transformationele verandering te leiden.

Hoe krijg je je topteam- en strategie-batterij opgeladen? De belangrijkste aanbeveling is dat als je strategiesessies met je topteam organiseert, je ook tijd inbouwt om het *functioneren van je topteam* te bespreken. Die zaken bespreekbaar maken zonder met de vinger te gaan wijzen is een belangrijke stap die vaak een nieuwe dynamiek creëert in het topteam. Als topexecutives het niet eens raken over belangrijke zaken en ze het niet gewoon zijn of niet in staat zijn om fundamentele strategiediscussies te voeren, kunnen de onderlinge relaties tussen de executives verzuren. Een goede strategiediscussie kan deze wrijvingen naar boven brengen en wijzen op problemen die je niet langer kan negeren. Als executives het moeilijk vinden om het eens te worden over deze problemen, moet je misschien technieken uit conflictmanagement bovenhalen om leden uit het topteam met elkaar te verzoenen. Een manager vertelde ons: "De strategieworkshop heeft ons veel energie gekost maar heeft ook veel energie opgewekt." Duidelijkheid en de wil om een echt team uit te bouwen kan een boost geven aan de energie van het topteam. Duidelijkheid met betrekking tot de strategische richting kan de ambitie en cohesie van het topteam versterken en vice versa.

Versterk de kern

De brugbatterijen – de managementinfrastructuur-batterij en de cultuurbatterij – zijn extreem belangrijke batterijen in ons veranderingsmodel. Zij slaan de brug tussen de batterijen van de linkerkant en die van de rechterkant. Zij zorgen ervoor dat strategieën vertaald raken naar concrete doelen en actieplannen, dat die adequaat worden opgevolgd en dat belangrijke lessen en inzichten worden gedeeld doorheen de organisatie. Tegelijkertijd verzekeren deze batterijen dat de passie en energie van het topteam zich verspreiden doorheen de rest van de organisatie, dankzij de oprichting van erg gemotiveerde zelfsturende teams. De brugbatterijen garanderen dat de organisatie in staat is en ook wil veranderen in de voorgestelde richting.

Zowel *veranderingscapaciteiten* als *veranderingscompetentie* zijn belangrijke ingrediënten voor succesvolle verandering. We associëren veranderingscapaciteiten met de kennis en vaardigheden (bekwaamheid), en de middelen (capaciteit) van een organisatie met betrekking tot verandering. Bedrijven met een krachtige managementstructuur zijn beter in staat dergelijke veranderingscapaciteiten op te bouwen. Als we zeggen dat een organisatie veranderingscompetenties heeft ontwikkeld, bedoelen we dat capabele individuen ook een duidelijke wil tonen om te veranderen. Ze hebben zich geëngageerd om hun gedrag te veranderen, op zo'n manier dat de hele organisatie collectief haar veranderingscapaciteiten zo effectief mogelijk inzet.[120] Een gezonde cultuur creëren is een absolute voorwaarde om een veilige veranderingsomgeving te scheppen die de verandering ziet als een collectieve opportuniteit – en niet als een individuele bedreiging – en dus ook om een organisatie te smeden die erop gebrand is te veranderen. Dit wordt geïllustreerd in Figuur 53.

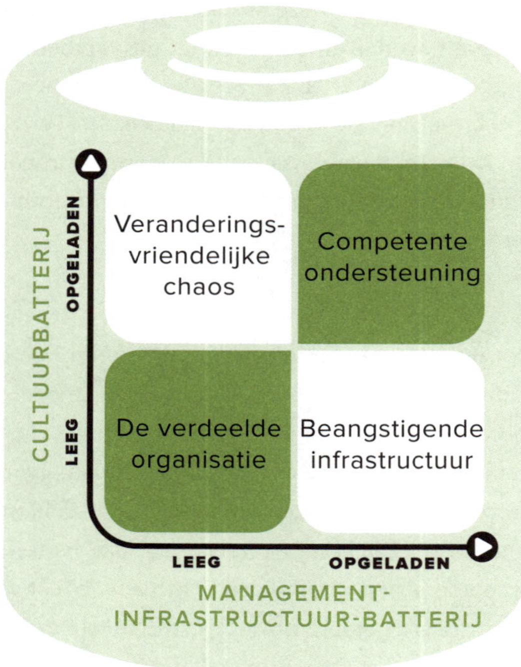

Figuur 53 • Versterk de kern

'Competente ondersteuning' uitbouwen, neemt tijd in beslag. Bedrijven die er niet in slagen tijd uit te trekken om de 'business uit te bouwen' terwijl ze een gezonde cultuur creëren, beperken hun kansen op veranderingseffectiviteit aanzienlijk. We verwijzen naar de hoofdstukken rond een krachtige managementstructuur en een gezonde cultuur voor aanbevelingen rond hoe je elke batterij kan opladen. Maar nogmaals, het is belangrijk om simultaan aan de batterijen te werken. Je kan geen infrastructuur voor een lerende organisatie oprichten als er een op conformiteit gerichte cultuur heerst of als de drive om te verbeteren ontbreekt. Op dezelfde manier kan jouw ambitie om continu te verbeteren niet aangehouden worden als je niet nagaat of je je doelen hebt bereikt. We raden aan om stil te staan bij de culturele implicaties van het werken aan je managementinfrastructuur. Omgekeerd, als je culturele initiatieven lanceert, zorg dan zeker dat ze ingebed zijn in je managementinfrastructuur. Hoe kan je dat doen?

Als je bijvoorbeeld strategiekaarten uittekent met strategische objectieven en initiatieven, gebruik dan functie-overschrijdende teams om je projecten te bemannen (zoals in het geval van Zenith Denemarken). Als je de belangrijkste prestatie-indicatoren bepaalt en je een prestatiemanagementsysteem uitbouwt, stel jezelf dan de vraag hoe dit gebruikt kan worden om een meer prestatiegerichte cultuur te creëren. Betrek je medewerkers in de bepaling van de prestatiemetingen en laat hen toe om extra indicatoren te selecteren die de prestaties op het vlak van strategische doelen verder uitleggen. Dit zal de spanning tussen de hiërarchische niveaus verminderen omdat medewerkers zich beter begrepen zullen voelen en het meetsysteem als een opportuniteit zullen zien om aan te tonen dat ze willen bijdragen tot de organisatie. Veranderingen in jouw managementinfrastructuur zullen ook leiden tot veranderingen in je cultuurbatterij.

Het omgekeerde is ook waar. Je kan een gezondere cultuur uitbouwen door je prestatiemanagement, je communicatie of je capaciteit en prioriteringssysteem als hefboom te gebruiken. Middelen voorzien voor ondernemingsrisico's zal helpen om je opportuniteiten-zoekende cultuur een boost te geven. Meer open zijn en strategische beslissingen uitleggen door je communicatiesystemen in te zetten zal bijdragen tot de creatie van een cultuur van transparantie en vertrouwen. Het meest krachtige managementsysteem is waarschijnlijk het bedrijfsbeloningssysteem. Belonen is een belangrijk symbool voor gepast gedrag. Bonussen en prijzen zijn krachtige instrumenten om een organisatiecultuur te veranderen.

Evaluatievergaderingen zijn typisch instrumenten van de managementinfrastructuur die gebruikt worden door het middenkader om de prestaties op het vlak van doelstellingen en initiatieven op te volgen. Veel organisaties vullen een groot deel van deze meetings met rapportering, of in het beste geval, met de evaluatie van de vooruitgang van de bewuste initiatieven of doelstellingen. Deze realiteit weerspiegelt in hoge mate een cultuur van bevelen en controles die focust op het managen van individuele projecten maar er niet in slaagt de kern te versterken. In organisaties die overweldigd worden door initiatieven, resulteert dit vaak in marathonvergaderingen waar de actieve inbreng van de meeste deelnemers is beperkt tot de rapportering over hun initiatief. Op de dag van vandaag impliceert dit dat de deelnemers zich verbergen achter hun laptop of smartphone om e-mails te beantwoorden of ander werk te doen terwijl ze doen alsof ze luisteren naar de presentaties van de anderen.

RECALL-evaluatiesessies bieden een alternatieve structuur om organisaties te helpen hun managementinfrastructuur te versterken. RECALL is een mnemotechnisch hulpmiddel, ontwikkeld door Geert Letens en Eileen Van Aken, een professor van Virginia Tech wereldwijd erkend voor haar expertise op het vlak van prestatiemanagement. RECALL staat voor Rapporteren, Evalueren, Communiceren, Aanpassen, Lessen trekken, Leiderschap. Het voorziet in een canvas waarop rapporterings- en evaluatieactiviteiten kunnen worden geënt, maar dat de typische activiteitengerichte rapporten verruimt met een duidelijke evaluatie van de resultaten, aanpak en mensen, zoals ook werd verduidelijkt bij de actieplanning en implementatie-batterij. Op het niveau van het middenkader is het echter belangrijk te evalueren wat de impact is van een initiatief op andere organisatiedoelstellingen en -initiatieven om suboptimalisatie te vermijden. Daarenboven moet de synchronisatie van activiteiten over de grenzen van meerdere initiatieven heen worden aangemoedigd. De impact die een initiatief kan hebben op interne of externe stakeholders zou een sterkere communicatie moeten stimuleren. Gebaseerd op het statusoverzicht van alle activiteiten, moeten de prioriteiten voor kernpersoneel, budgetten en andere kritische middelen worden bijgestuurd. Dit kan ook de aanpassing van de reikwijdte, timing, budgetten en verwachtingen inhouden. De belangrijke lessen die worden getrokken uit de vier eerste initiatieven moeten worden vastgelegd en gedeeld binnen de organisatie via de formele en informele netwerken. Aanmoedigende resultaten en gewenste gedragingen verdienen het om beloond en erkend te worden door de leiding van de organisatie. Dit houdt ook in dat men gaat nadenken over wie baat zouden kunnen hebben bij training en coaching.

Terwijl RECALL-sessies een manier zijn om individuele prestatieverwachtingen te koppelen aan de doelen en ambities van de organisatie, bieden ze ook krachtige instrumenten aan om de cultuur van een organisatie te veranderen. De verbeterde samenwerking tussen lager geplaatste managers en middenmanagers vermindert de machtsafstand die kan leiden tot een toxische cultuur. De functie- en afdelingsoverschrijdende discussies moedigen een samenwerkingscultuur aan en stimuleren proactief, prestatiegericht gedrag. Het doel is om van die RECALL-sessies de ideale voedingsbodem te maken voor een dialoog tussen de verschillende organisatieleden. Een dialoog die systeemdenken, teamleren en de ontwikkeling van een gemeenschappelijke taal promoot en de creatie van een wij-cultuur ondersteunt.

DE KERN VERSTERKEN BIJ NYU LANGONE MEDICAL CENTER

In juli 2007 werd Robert Grossman decaan en CEO van het NYU Langone Medical Center. Die instelling omvatte zowel de NYU School of Medicine als de NYU-ziekenhuizen, maar kreeg te maken met een wegdeemsterende reputatie, een afbrokkelend marktaandeel en een operationeel verlies van 120 miljoen dollar in dat jaar. Toen Grossman het roer overnam, werkte hij aan een inspirerende, ruimere visie om de organisatie terug te brengen naar de top van de medische en de academische wereld. Hij ontwikkelde ook een strategische roadmap om duidelijk te maken hoe die visie zou moeten worden bereikt en hoe de verschillende teams hiertoe zouden kunnen bijdragen.

Met ingang van 2008 begon een taskforce een prestatiemanagementsysteem uit te werken, op basis van de input van alle leerstoelen. Ze identificeerden relevante prestatieindicatoren om excellentie te meten evenals de potentiële databronnen om vooruitgang te meten. Het IT-departement voorzag een online dashboard dat aanvankelijk werd gebruikt als basis voor de evalutievergaderingen van aparte afdelingen. Na een jaar gaf Grossman aan alle afdelingshoofden toegang tot dit dashboard. Het bedrijf richtte ook een taskforce op van hoog niveau die mikte op het breder delen van de data. Deze datatransparantie stond symbool voor een meritocratie-engagement en een ambitie voor uitmuntende prestaties.

Grossman startte ook met de upgrade van talent in sleutelposities. Hij besefte dat de 33 afdelingshoofden een cruciale rol speelden in het veranderingsproces. Jammer genoeg waren velen onder hen vastgeroest in de oude denkwijzes die Grossman net wilde veranderen. Dus wierf Grossman nieuwe afdelingshoofden aan, volgens nieuwe profielen: niet langer de uitmuntende onderzoekers of clinici, maar mensen met een grote emotionele intelligentie en executive leiderschapskwaliteiten. Hij besteedde aandacht aan het evenwicht tussen nationale profielen en internationale promoties. Anticiperend op de nood om van een aantal vastgeroeste ambtsdragers af te geraken, stelden Grossman en zijn topteam zesjarige termijnen in voor de afdelingshoofden. Ze richtten bovendien ook een faculteitscomité op om de grenzen tussen de afdelingen te hertekenen. Tegen 2015 waren 30 van de 33 afdelingshoofden vervangen en het docentenkorps in alle afdelingen raakte gewoon aan de hogere verwachtingen die als vanzelfsprekend bij een topinstelling horen.

Tien jaar later is de reputatie van NYU Langone er significant op verbeterd, het docentenkorps is verviervoudigd en het financieel verlies is teruggedrongen tot een operationele marge van 10 procent.[121]

Verandering leiden in de Gemba

Succesvolle verandering vereist ook dat problemen aangepakt worden aan de bron, of in de *Gemba* ('de echte plaats')[122]. Dit impliceert het managen van zowel stapsgewijze verbeteringen als projecten op grotere schaal om duidelijke voordelen voor de klant te creëren op een gestructureerde en transparante manier. Tegelijkertijd vraagt duurzame verandering ook om verbinding tussen medewerkers, door hun betrokkenheid te stimuleren, te anticiperen op mogelijke weerstand en leiderschap op het voorplan te ontwikkelen.

Als je lokale veranderingsinitiatieven lanceert, moet je zowel de rationele als de emotionele batterij erbij betrekken. Een van beide batterijen overladen zal tot energieverliezen leiden. Als je te veel nadruk legt op actieplanning en implementatie, zal de emotionele kant van de verandering worden verwaarloosd. Dat gebeurt wanneer de organisatie vertrouwt op huurlingen – externe consultants of interne specialisten – die geen oog hebben voor werknemersbetrokkenheid en de verandering leiden op een veel te directieve manier. Wees je ervan bewust dat je veranderingsprojecten zullen struikelen over heel veel weerstand.

Anderzijds kan het overladen van je verbindingsbatterij resulteren in te veel betrokkenheid en opwinding bij je werknemers. Als je dit niet koppelt aan een aanvaardbare structuur voor actieplanning en implementatie, kan het leiden tot een overvloed aan ideeën en lokale initiatieven die uiteindelijk alle middelen zullen uitputten. Veel organisaties hebben dit probleem ervaren toen ze een ideeënbus introduceerden om de werknemerssuggesties voor verbetering te verzamelen. Over het algemeen zit de bus gedurende de eerste maanden behoorlijk vol, maar daarna blijft de bus leeg omdat de organisatie er niet toe in staat is om met die overvloed aan suggesties om te gaan. Dat is wat gebeurt als je organisatie bemand is met groentjes, mensen met goede bedoelingen maar zonder de noodzakelijke veranderingscapaciteiten.

Figuur 54 • Verandering leiden in de Gemba

Alleen als je beschikt over zelfsturende operationele teams, zal je een goed uitgerust en geëngageerd leger hebben dat klaar staat om jou te helpen je strategische doelen te bereiken. Zonder dit, zal je veranderingseffectiviteit lijden omdat je troepen niet goed uitgerust zijn voor de taak, het hen ontbreekt aan de overtuiging om te slagen, of de autoriteit missen om te beslissen en lokaal te handelen met de globale strategie in het achterhoofd.

Hoe beheer je zowel de rationele als de emotionele kant in een lokaal veranderingsinitiatief? Hoe bereik je een goed uitgerust en geëngageerd leger van zelfsturende teams? Voor dit doel hebben Letens en Van Aken een model ontwikkeld om projecten succesvol te managen zonder de menselijke kant van de verandering uit het oog te verliezen. Dit model is afgeleid van TransMeth ('Transformatie Methodologie') en omvat zowel elementen van de actieplanning- als van de verbindingsbatterij.[123] Het wordt voorgesteld in Figuur 55.

Het model zit als volgt in elkaar: om lokale initiatieven succesvol te managen, moeten veranderingsleiders de aandacht van de betrokken werknemers kunnen vasthouden. Dit impliceert de nadruk leggen op de nood aan verandering en verduidelijken hoe het project in het grotere strategieverhaal van de organisatie past. Het volstaat evenwel niet om enkel het grote strategieverhaal te brengen. Lokale veranderingsleiders moeten het grote verhaal ook kunnen vertalen naar een kleiner verhaal dat de huidige context en verlangens van de lokale werknemers weerspiegelt. Het moet de link leggen met zaken die ze zelf hebben gezien of meegemaakt: een probleem in hun lokale context, een verzoek van een klant, een zet van een concurrent die werd aangekondigd in de media. Een brandend platform[124] en strategische richting die zinvol zijn zullen de werknemers in een staat van bewustzijn brengen, maar ook niet meer dan dat. Dit is de initiële taak van de lokale veranderingsleider en zijn sponsor uit het midden- of topkader van de organisatie. Het is stap 1 in het model en die wordt vaak genomen tijdens de kick-off vergadering van een project.

In de volgende stap helpen de leidinggevenden hun mensen om de huidige situatie te analyseren. Je werknemers moeten de beperkingen en ongewenste kenmerken van de situatie zoals ze nu is onderzoeken en de implicaties van de verandering op hun context evalueren. Het TransMeth model stelt dat als je je werknemers zelf-assessments laat doen, het 'bewustzijn van de nood aan verandering' sneller zal evolueren naar een 'wil om te veranderen'.

In stap 3 van het model neemt de leider de touwtjes van de verandering weer in handen, hij brengt de inzichten uit de analyse van de huidige situatie samen in een betekenisvol geheel dat de kerngebieden voor de verandering samenvat en de lokale veranderingsvisie linkt aan streefdoelen en doelstellingen. Op die manier specifieert de veranderingsleider het eindresultaat van het initiatief en identificeert hij beoordelingscriteria voor wanneer het eindresultaat is bereikt.

In stap 4 beginnen werknemers te experimenteren en oplossingen te ontwikkelen. Hier nemen de werknemers opnieuw de leiding. Ze werken een aanvaardbare oplossing uit voor een gegeven probleem, evalueren alternatieven en ontwikkelen inzichten in hoe te veranderen. Dit leidt tot praktische kennis over de manier waarop te veranderen. TransMeth veronderstelt dat hoe meer deze kennis voortbouwt op de inzichten die door de werknemers werden aangebracht, hoe waarschijnlijker het is dat zij ook de stewards van de voorgestelde oplossingen zullen worden.

Als werknemers een aanpak hebben gevonden die werkt, omvat de volgende stap de systematische inzet ervan. Het is de veranderingsleider die verantwoordelijk is om ervoor te zorgen dat goede oplossingen ingebed raken in de manier van werken van het bedrijf. De leider moet de transitie dan ook actief ondersteunen: hij moet voldoende tijd vrijmaken voor coaching. Deze stap impliceert ook veel vertrouwen in de leidinggevende; dit vertrouwen moet in de vorige stappen van het model opgebouwd worden en de leider moet bewijzen dat hij een visionair-luisteraar is.

De laatste stap is de medewerkers aansporen om de effectiviteit van de nieuwe oplossing zelf te evalueren. Heeft de nieuwe oplossing geleid tot de verhoopte resultaten, of is er nog werk voor de boeg? Wat kan worden gedaan om de lokale veranderingsvisie naar het volgende niveau te tillen? Het is belangrijk hierbij niet alleen naar de resultaten te kijken maar ook te evalueren in welke mate de medewerkers een specifieke methodologie hebben gevolgd. Zijn ze in staat om een succesverhaal te herhalen? Kijk ook naar de motivatie en het engagement van de werknemers om zich achter de verandering te scharen. Zijn de mensen *echt* geëngageerd en enthousiast over de nieuwe aanpak?

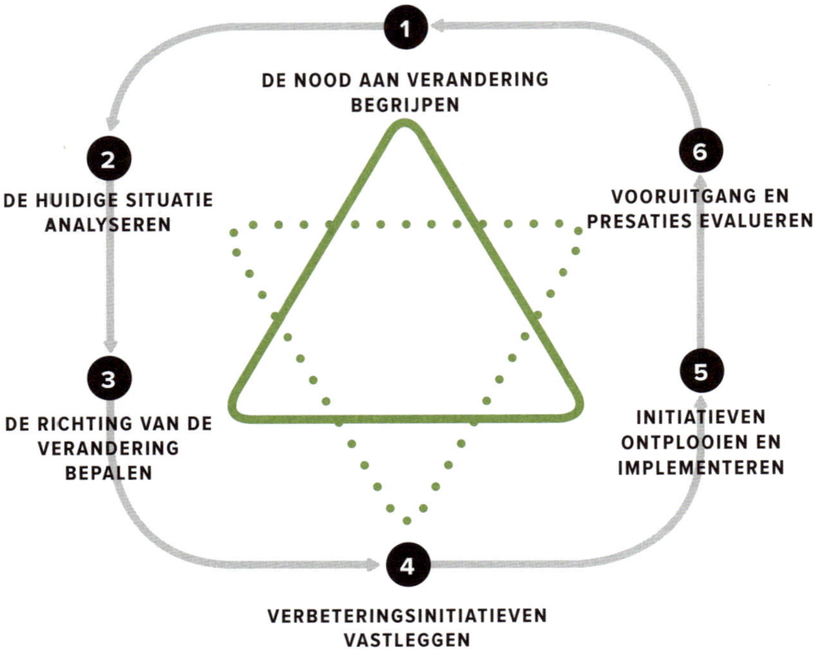

Figuur 55 • TransMeth-model om verandering te leiden in de Gemba

Figuur 55 beeldt een davidster af in het midden van het TransMeth-model. Deze davidster geeft aan wie de leiding zou moeten nemen bij iedere specifieke stap. In de stappen die met elkaar verbonden worden door een volle lijn, is het de lokale kampioen die de dans leidt. In de stappen verbonden door stippellijnen zitten de werknemers achter het stuur. Schuiven met verantwoordelijkheden is een goede manier om zowel de top-down als de bottom-up communicatie en betrokkenheid te verzekeren. Het helpt om zowel aandacht te besteden aan de technische projectkant als aan de 'softe' menselijke kant van verandering en dus zowel de *actieplanning-* als de *verbindingsbatterijen* op te laden. Een evenwicht creëren tussen deze batterijen helpt om de rationele met de emotionele kant van de verandering te verzoenen. Het helpt om *de rationele batterijen van verandering te 'emotionaliseren' en de emotionele batterijen van verandering te 'rationaliseren'*.

Flow

Het evenwichtsprincipe zorg ervoor dat de energie evenredig verdeeld wordt over de rationele en de emotionele veranderingsinitiatieven. Evenwichtige interventies vinden voornamelijk plaats onder mensen op hetzelfde niveau – binnen het topteam, in het middenkader of tussen leden van een projectteam. *Flow-initiatieven* zorgen dat de energie ook circuleert tussen deze verschillende organisatieniveaus. Verandering wordt dan inclusief.

Flow gaat over bruggen bouwen tussen de top en de basis van de organisatie. Er is flow nodig om de linkerkant van ons batterijmodel te laten aansluiten op de rechterkant. Als er te veel aandacht wordt besteed aan de initiatieven aan de top, is de kans vrij groot dat ze niet zullen worden geïmplementeerd. Als de verandering daarentegen enkel lokale problemen aanpakt, zal een bedrijf er nooit in slagen om met zijn echte strategische uitdagingen om te gaan. Onderzoek door McKinsey toont aan dat transformaties meer kans op succes hebben als ze mensen doorheen de organisatie betrekken in het ontwerpproces. Al te vaak kijken de leiders steeds naar dezelfde paar mensen, namelijk het topmanagement en transformatie-leiderschapsteams – om veranderingsprogramma's en -projecten te bemannen. Als je de *meest invloedrijke personen* betrekt in het ontwerp van je verandering, stijgt je kans op veranderingssucces aanzienlijk.[125]

Je creëert flow in de eerste plaats door duidelijke veranderingsrollen en -verantwoordelijkheden toe te kennen aan leidinggevenden op verschillende niveaus. En in de tweede plaats door gezamenlijke initiatieven te lanceren waarbij mensen van de verschillende organisatieniveaus elkaar ontmoeten, samen discussiëren en onderling verbinden. Het doel is om de machtsafstand tussen de niveaus te verminderen en een meer tastbare en morele ondersteuning te bieden, via budgetten, begrip en advies voor de leiders die de verschillende veranderingsinitiatieven voorstaan.

Ken duidelijke veranderingsrollen en verantwoordelijkheden toe

Voor een succesvolle verandering moeten de juiste mensen betrokken worden in je veranderingstraject, van de top tot de basis. Maar in hun haast om de veranderingsinspanningen op gang te trekken, vaardigen veel executives projectteams af zonder hen de macht te geven om een aantal sleutelbeslissingen te nemen over hoe de verandering moet worden gerund. Executives vertellen ons dat ze geen tijd hebben om de inspanningen van elk projectteam op te volgen. "Vind gewoon de juiste mensen en zet hen op weg," is wat ze lijken te denken. Jammer genoeg werkt het niet op die manier.[126]

Verandering delegeren aan mensen die niet willen of niet in staat zijn te veranderen brengt alleen maar frustratie met zich mee. Hoeveel 'juiste' mensen *heb* je in je organisatie? En wat zorgt ervoor dat ze 'in gang schieten'? 'Laissez-faire'-leiderschap of strikte controle en verstikkende supervisie? Als er geen zogenaamde handdruk is geweest tussen de leidinggevenden aan de top en die aan de basis van de organisatie gaan de leidinggevenden op de lagere niveaus de houding van 'Vind gewoon de juiste mensen en zet hen op weg' vaak negatief percipiëren. Het is geweldig om mensen te empoweren, maar bij de start van een veranderingsprogramma neemt de geloofwaardigheid van de leidinggevenden op de lagere niveaus toe als ze publiekelijk de steun krijgen van machtige figuren binnen de organisatie. Op een gelijkaardige manier moeten deze leiders kunnen terugvallen op de hogergeplaatste leidinggevenden als puntje bij paaltje komt en ze te maken krijgen met sabotage door enkele medewerkers. Simpelweg projecten delegeren geeft niet voldoende steun aan managers van de lagere of zelfs de middenniveaus om belangrijke stakeholders te beïnvloeden.

Als je de aanbevelingen volgt van veranderingsmanagementconsultants, heb je een veranderingsinitiator nodig naast een ondersteunend topteam, veranderingsagenten, sponsors, coaches, kampioenen, supporters, uitvoerders, facilitators en volgers. Dat is een hele groep mensen. Welk rol moet elk van hen precies spelen in het veranderingsproces? Wij geloven dat deze vraag duidelijk moet worden beantwoord om een effectieve veranderingsaanpak te kunnen lanceren. Gebrekkig begrip, uitvoering en coördinatie van de rollen die veranderingsleiders moeten spelen, ondermijnen zowel het veranderingsontwerp als de implementatie ervan. Initiatieven blokkeren vaak, bijvoorbeeld als de woorden van de sponsor niet overeenkomen met zijn daden of als er maar weinig vertrouwen is in de veranderingsagent.[127]

In de sportwereld heeft iedere succesvolle atleet een sponsor, een manager en een coach nodig. In veranderingsmanagement is een gelijkaardige aanpak van toepassing: op elk organisatieniveau hebben we leiders nodig om specifieke verantwoordelijkheden op te nemen, zodat leiders *op alle niveaus* het gemakkelijker vinden om elkaar te ondersteunen.

Figuur 56 • Drie sleutelrollen in succesvolle verandering

De *sponsors* zijn uiteindelijk aansprakelijk voor het succes van het globale veranderingsprogramma. Zij zorgen ervoor dat de transformatie de vooropgestelde bedrijfsdoelstellingen haalt en de bedrijfswinsten uit de verandering oplevert. Ze zijn typisch topleidinggevenden die binnen de organisatie over de macht beschikken om veranderingsinitiatieven te legitimeren, engagement te belonen en gevolgen te verbinden aan het niet veranderen. Ze ontwerpen en volgen de evolutie van de transformatie op de voet om zich ervan te verzekeren dat de batterijen van de organisatie aan het opladen zijn en ze maken ook de nodige budgetten vrij voor de verandering. Bovenal zijn zij de eerste rolmodellen voor verandering. Hun woorden en daden moeten de basisprincipes van de gewenste transformatie weerspiegelen. Hun aanwezigheid op goedgekozen momenten, bij specifieke initiatieven fungeert als inspiratiebron voor de verandering en verleent andere rollen binnen het veranderingsprogramma de geloofwaardigheid om de leiding te nemen.

Veranderingsmanagers ontwerpen en managen typisch jaarlijkse veranderingsprogramma's. Voortbouwend op het geheel van principes, richtlijnen en verwachtingen van sponsors, managen ze het portfolio van lopende veranderingsinitiatieven. Dit impliceert dat ze de veranderingsleiders op het lokale niveau mobiliseren, door hen te voorzien van de nodige tijd en middelen. Even belangrijk echter is dat ze de training en ondersteuning inplannen. Ze volgen de resultaten, noden en inzichten uit de lokale initiatieven op, om er lessen uit te trekken en die vervolgens te delen. Deze rol wordt vaak opgenomen door managers uit het middenkader die, via frequente feedback en interacties met lokale veranderingsmanagers en hun teamleden, bijdragen tot de ontwikkeling van een gezonde cultuur. Zij zijn de architecten van netwerken die samenwerking en kennisdeling faciliteren en ze treden op als coaches voor de lokale veranderingsleiders. Zo zetten ze de toon voor verbetering, integratie en open communicatie.

Kampioenen zijn de lokale veranderingsleiders. Ze leiden hun teams naar de verwachte resultaten binnen de afgesproken tijd en kosten. Ze coachen hun teamleden om die vaardigheden te ontwikkelen die nodig zijn om lokaal succes duurzaam te maken. Even belangrijk: ze leiden hen door de verschillende stadia van individuele verandering. Ze werken met andere woorden aan *resultaten, processen* (hoe een specifiek initiatief benaderen via gestructureerde probleemoplossing; hoe dit te ondersteunen met solide proces- en projectmanagement) en *mensen* (communicatie, empathie, weerstandsmanagement, betrokkenheid en motivatie).

Om echte pleitbezorgers te worden van gevarieerde benaderingen om de batterijen op te laden en rolmodellen te worden voor verandering, moeten leidinggevenden op alle niveaus vertrouwd raken met de rollen en verantwoordelijkheden die hierboven uit de doeken worden gedaan. Aangezien in de praktijk veel organisaties niet vertrouwd zijn met deze types van rollen is de ontwikkeling van gepaste leiderschapsprogramma's vaak essentieel. Elk van deze rollen draagt op een verschillende manier bij doorheen het veranderingsproces. In de volgende paragrafen zullen we uit de doeken doen hoe het flowprincipe de samenwerking stimuleert tussen de verschillende rollen aan de top, op de brug en aan de basis van de organisatie.

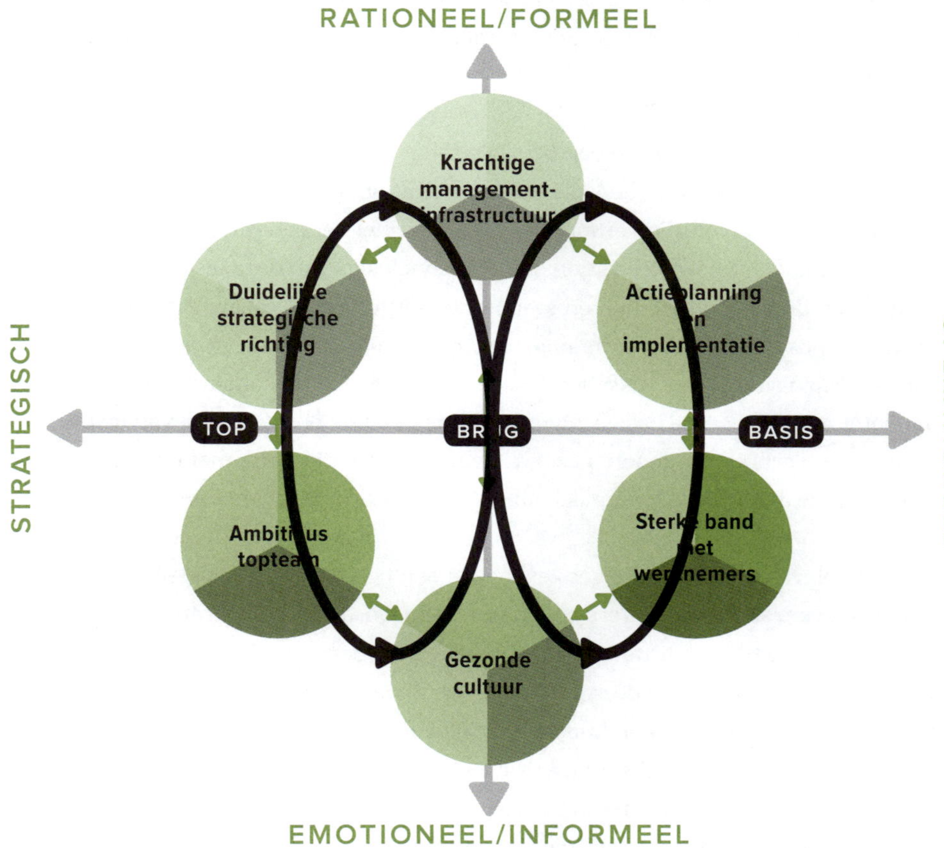

Figuur 57 • Flow creëren bij verandering

Energieflow aan de top

Je topbatterijen opladen, gebeurt voornamelijk door het executive team. In eerste instantie nemen een of twee leden van het directiecomité de rol op van veranderingssponsor aan de top: ze starten discussies op over de nood aan verandering en coachen de rest van het executive team naar het punt waarop ze allemaal kunnen fungeren als geëngageerde sponsors van het overkoepelende veranderingsprogramma. Dat resulteert in executive sponsors die gaan screenen in welke mate het executive team de conclusies volledig ondersteunt en als team handelt. Ze houden een oogje in het zeil voor wat de dynamiek binnen het topteam betreft en zorgen voor een veilige en energieopwekkende omgeving waarbinnen stevige discussies rond strategie en verandering gevoerd kunnen worden. Ze zijn het brein van de organisatie en bepalen haar toekomst, maar ze zijn ook de longen waardoor de organisatie ademt.

De executive sponsors spelen een cruciale rol in het faciliteren van discussies die de toon zetten aan de top. Ze oriënteren de strategie- en veranderingsdiscussies binnen het topteam en zijn verantwoordelijk voor het verzekeren dat dit belangrijke proces niet verwatert. Ze vatten de hoofdconclusies van deze discussies samen en bepalen de volgende te nemen stappen en uit te voeren taken. Hun kerntaken omvatten ook de communicatie naar de andere managementniveaus en de rest van de organisatie. Heel vaak heeft het topteam echter bijkomende input nodig om beter geïnformeerde beslissingen te kunnen nemen en de bundel van de energiestraal te verbreden. Anders gezegd is een betere verbinding met de andere niveaus van de organisatie essentieel om dit te verwezenlijken.

Daaruit volgt dat senior managers eveneens een belangrijke rol spelen in dit proces. De meeste senior managers zullen gevraagd worden om de strategie te vertalen naar hun afdeling en functionele objectieven te bepalen die afgestemd zijn op de strategische keuzes van de organisatie. Dit proces zal in grote mate de prioriteiten voor de resources (tijd en budget) bepalen. Een slechte afstemming van tactische doelen met strategische keuzes zal leiden tot een zwakke implementatie van de strategie. Senior managers zullen ook typisch worden aangeduid als veranderingsmanagers, verantwoordelijk voor het uitrollen van projecten en het uitvoeren van de verandering in hun departement. (In kleinere organisaties is het mogelijk dat een senior executive zowel de rol van sponsor als van veranderingsmanager op zich neemt.) De veranderingsmanagers moeten de veranderingsambitie en strategie volledig begrijpen en zouden het topteam moeten uitdagen als de ambitie en strategie niet realistisch blijken of gebaseerd zijn op de verkeerde veronderstellingen. Ze moeten ook als rolmodel voor verandering fungeren binnen hun departement en de spirit van de top overbrengen op hun omgeving. Als deze veranderingsmanagers getuige zijn van openheid en samenwerking tussen de executive sponsors, zullen ze worden aangemoedigd om de fundamentele principes van de transformatie ook toe te passen op hun eigen niveau.

Sommige organisaties betrekken zelfs kampioenen van de lagere niveaus in de strategiediscussies. Het idee is dat als die invloedrijke personen of 'high potentials' betrokken worden in de discussies, ze in staat zullen zijn om de veranderingsinitiatieven beter en sneller te helpen implementeren. Meestal dragen deze managers van de lagere niveaus niet significant bij tot het nemen van de strategiebeslissingen, maar het kan een bewuste strategie zijn om hen toch te betrekken. Hun aanwezigheid symboliseert openheid, vertrouwen en betrokkenheid. Dit draagt in grote mate bij tot de transfer van de gewenste cultuur en ondersteunt de bewustwording en interesse op de lagere niveaus van de organisatie. Deze elementen zijn belangrijke hefbomen om de implementatie te versnellen van de strategie, het veranderingsprogramma en zijn onderliggende principes.

De creatie van een energieflow aan de top via de betrokkenheid van sponsors, veranderingsagenten en geselecteerde kampioenen, legt de basis voor de aansluiting en inspiratie van leidinggevenden doorheen de organisatie.

Energieflow door de kern

Je brugbatterijen opgeladen krijgen is cruciaal in succesvolle verandering. De managementinfrastructuur-batterij en de cultuurbatterij vergroten de sociale energie en controleren de systemische energie in je organisatie. De brugbatterijen helpen om veranderingsinspanningen te prioriteren en te ondersteunen. Ze zorgen ook voor de ontwikkeling van een menselijk netwerk dat een gezonde organisatie kenmerkt. Ze volgen het globale veranderingssucces op vanuit het perspectief van de resultaten, processen en mensen. Op rationeel niveau betekent dit de vertaling van de globale strategie naar een portfolio van initiatieven, de toekenning van middelen en de opvolging van de vooruitgang. Op emotioneel niveau, gaat het over de ontwikkeling van nieuwe sociale netwerken die de kloof tussen organisatieleden verkleinen en die verandering promoten als een leerkans.

De veranderingsmanagers spelen ook hier een centrale rol. Samen met de executive sponsors definiëren ze het portfolio van veranderingsinitiatieven voor de komende twee tot drie jaar. Daarna runnen zij het 'programmamanagementbureau'. Bedrijven met een systematische aanpak om initiatieven te prioriteren en die een gestructureerde methodologie volgen zijn meer succesvol dan bedrijven die projecten aanpakken op een ad hoc manier. Veranderingsmanagers zijn verantwoordelijk om zo'n veranderingsmethodologie op te zetten. Dit staat hen toe nauw samen te werken met lokale veranderingsmanagers wanneer ze de vooruitgang van specifieke veranderingsinitiatieven beoordelen. Een gemeenschappelijke methodologie stimuleert de samenwerking tussen de leden van lokale initiatieven maar draagt ook bij tot de ontwikkeling van een gemeenschappelijke taal die samenwerking en begrip aanmoedigt over de initiatieven heen. Daarbovenop proberen veranderingsmanagers om de informele organisatie te begrijpen door actief te zoeken naar manieren om connecties tussen verschillende organisatieleden te promoten. Met communicatie- en trainingsinspanningen streven ze ernaar het gewenste gedrag te beïnvloeden. Ze zouden ook culturele barrières moeten identificeren die naar voren komen uit de discussies onder organisatieleden en culturele initiatieven moeten nemen die respect en begrip promoten. Ze zijn gevoelig voor de geschiedenis van de organisatie en voor hoe die zich vertaalt naar mindsets die ongewenste paradigma's weerspiegelen en ze zoeken actief naar manieren om beperkende mentale modellen in vraag te stellen en te veranderen. Wat misschien nog het belangrijkste is, is dat ze de lokale veranderingsagenten identificeren die het best geplaatst zijn om de individuele projecten te runnen.

In dit proces is het de rol van de executive sponsors ervoor te zorgen dat de veranderingsmanagers voldoende budgetten hebben om menselijke en financiële resources aan te trekken om hun initiatieven te kunnen uitvoeren. Sponsors hebben een belangrijke politieke rol te spelen tijdens de transformatie. Een van de meest courante problemen die we ervaren in grote organisaties is wat wij de 'gedelegeerde verandering' noemen. Juister uitgedrukt, sponsors mogen niet meer verdwijnen eens ze de kick-off van het veranderingsprogramma of een specifiek veranderingsinitiatief hebben bijgewoond. Een van hun kerntaken is de strategische keuzes en de gewenste cultuur te communiceren om de verandering te promoten. De sponsors moeten de nood aan verandering binnen de organisatie voortdurend legitimeren en ze moeten het verhaal versterken door te benadrukken waar succes wordt gehaald. Ze werken samen met de veranderingsmanagers om belangrijke streefdoelen en deadlines te bepalen en aan te kondigen.

Het is echter even belangrijk dat sponsors en veranderingsmanagers het eens zijn over systemen die het juiste gedrag belonen. Executive sponsors zouden anderen openlijk moeten engageren en een coalitie moeten opbouwen die de verandering ondersteunt. Een systeem ontwikkelen dat het gedrag dat de organisatie meer wil zien, erkent en beloont en dat bestraft wat als onaanvaardbaar wordt beschouwd (NOR's), is een van de moeilijkere uitdagingen waarvoor sponsors en veranderingsagenten een consensus moeten bereiken. Samen werken aan de ontwikkeling van een beloningssysteem is een belangrijke manier voor sponsors om veranderingsagenten te coachen bij de implementatie van een cultuurverandering. Uit onze ervaring blijkt dat dit een van de meest uitdagende discussies is van een transformatie-inspanning omdat het de identificatie impliceert van nieuwe successymbolen en de erkenning van nieuwe helden, zoals de 'early adopters', op elk niveau van de organisatie. Ze moeten succesvolle projecten identificeren en hen in de kijker zetten.

Ook al moet het opladen van de brugbatterijen lokale veranderingskampioenen inschakelen, het is duidelijk dat hun rol nog explicieter is bij het leiden van de verandering in de Gemba. Om de kern te versterken moeten ze heel specifiek als antennes fungeren die belangrijke signalen uit de basis van de organisatie delen. Uiteindelijk bepalen zij vaak wat haalbaar is, vanuit een technisch maar ook vanuit een menselijk perspectief. Terwijl sponsors en veranderingsmanagers het best weten wat moet gebeuren om te beantwoorden aan de realiteit van de markt, weten lokale veranderingsmanagers wat kan worden gedaan binnen de huidige context van de organisatie: waar de organisatie toe in staat is en wat werknemers bereid zijn te doen. Goede veranderingsmanagers brengen problemen en risico's onder de aandacht van veranderingsagenten, maar stellen ook alternatieve oplossingen voor om de geïdentificeerde uitdagingen te overwinnen. Ze delen informatie over mensen, progressie en resultaten zodat veranderingsmanagers kunnen nadenken over zowel lokale maatregelen om de kampioenen te ondersteunen als over maatregelen die moeten worden genomen binnen het globale veranderingsprogramma. Voorbeelden van kritische informatie zijn onder meer de acties waar het bedrijf het meeste waar voor zijn geld kan krijgen of de even belangrijke links van sleutelfiguren aan de basis van de organisatie met persoonlijke behoeftes. Veranderingsmanagers moeten de nood aan fysieke en emotionele ondersteuning signaleren. We verwijzen hiervoor ook naar het RECALL-proces dat we in het vorige hoofdstuk voorstelden als een waardevol instrument dat de samenwerking vergemakkelijkt tussen kampioenen en veranderingsmanagers in evaluatievergaderingen.

De samenwerking en coördinatie van sponsors, veranderingsagenten en kampioenen in de kern stimuleren, wekt energie op die de praktische en morele ondersteuning voor lokale initiatieven verzekert en in grote mate de ontwikkeling bepaalt van een gezonde cultuur in de hele organisatie.

Energieflow die verandering ondersteunt in de Gemba

Verandering aan de basis gaat over het lanceren van individuele projecten die passen in het globale portfolio van initiatieven. Hier nemen de lokale veranderingskampioenen de belangrijkste rol op. Lokale veranderingsleiders moeten met hun teams individuele projecten uitvoeren en afronden. Ze zijn aansprakelijk voor de volledige en tijdige implementatie van de veranderingsprojecten in hun domeinen. Het TransMeth-model dat eerder in dit hoofdstuk werd geïntroduceerd, hielp te verklaren hoe in succesvolle lokale projecten de verantwoordelijkheden worden verschoven tussen de lokale veranderingsleider en de teamleden. Verschuivende verantwoordelijkheden is een goede manier om zowel top-down als bottom-up betrokkenheid en communicatie te verzekeren.

De rol van de veranderingsmanagers is hier om ervoor te zorgen dat lokale veranderingsleiders over alle middelen beschikken om de individuele veranderingsprojecten succesvol tot een einde te brengen. Lokale kampioenen kunnen hun rol niet vervullen zolang hun noden en bezorgdheden niet zijn aangepakt. Dat is de taak van de veranderingsmanagers, die training en emotionele ondersteuning moeten voorzien. Dit impliceert dat ze zich opstellen als coaches en dat ze actief participeren in lokale projecten op goedgekozen momenten, om advies te geven rond methodologie en benadering. Ze erkennen de kampioen en zijn team voor het gebruiken van de gepaste methodologie en moedigen tegelijkertijd creativiteit en teamwerk aan. Ze zouden in de verf moeten zetten hoe elk individueel project past binnen het grotere verhaal en de lokale veranderingsmanager moeten ondersteunen als er coördinatie of hulp nodig is van andere veranderingsinitiatieven of departementen.

De rol van executive sponsors is ervoor te zorgen dat de kampioenen en veranderingsagenten geëngageerd zijn voor het project en de plichten die bij hun rollen horen. Door hun woorden en daden verlenen ze geloofwaardigheid aan de projecten: ze ondertekenen het projectcharter en verduidelijken de nood voor het project tijdens opstartvergaderingen. Ze evalueren periodiek de dynamiek van het team om de veranderingsgeest op de voet te kunnen volgen. Dit impliceert dat ze tussenkomen als het nodig is om de waarden van de verandering te verduidelijken en het engagement van de top te herbevestigen. Ze tonen belangstelling voor de resultaten van pilootprojecten en gebruiken deze om verse energie in het team te injecteren als dat nodig is. Ze begrijpen de waarde van hun aanwezigheid in de Gemba in tijden van overwinning en nederlaag, en voelen zich niet te beroerd om, wanneer nodig, individuele tegenstanders onder vier ogen te confronteren. Ze zien ook het belang van hun rol in om de duurzaamheid van de prestaties te garanderen. Zo plannen ze ook opvolgbezoeken om opnieuw in verbinding te treden met de lokale kampioen en zijn team enkele maanden na de oplevering van de projectresultaten.

Als er een kernwoord is dat alle rollen delen, is het *coaching*. De eerste job van elke manager op elk niveau is om de ontwikkeling van leiders of organisatieleden op lagere niveaus te begeleiden. Coaching is daarom de beste manier om energieflow te verzekeren tussen de verschillende rollen van het veranderingsprogramma. Het impliceert dat sponsors aan de top weten wat nodig is om een veranderingsagent te zijn en dat zowel sponsor als veranderingsagent begrijpen wat het betekent om een kampioen te zijn. Dit is een absolute voorwaarde voor verandering die zeer goed begrepen werd door de tophervormers in onze studie, die dit principe toepassen in al hun programma's rond leiderschapsontwikkeling.

We beseffen dat dit alles tijd in beslag neemt. Maar we weten ook dat de energieflow ervoor zorgt dat de dingen worden gedaan, eens hij de Gemba bereikt, de plek waar de echte waarde van de organisatie wordt gecreëerd. Hij verandert een cultuur van 'doe het gewoon' naar 'we hebben dit gedaan'.

Adem in en adem uit

Zoals we al eerder vermeldden, kunnen mensen in kleinere organisatie meerdere rollen opnemen. Maar dan nog is het belangrijk dat de mensen begrijpen welke rollen en verantwoordelijkheden ze moeten vervullen als ze flow proberen te creëren over de verschillende niveaus van de organisatie heen. Ook als dat betekent dat ze verschillende petjes moeten opzetten bij verschillende gelegenheden.

Zowel kleine als grote organisaties kunnen de energieflow verder stimuleren door *flow-evenementen* te organiseren. Dat zijn meetings van twee tot drie dagen waar sponsors, veranderingsagenten en kampioenen en andere sleutelfiguren binnen de organisatie elkaar ontmoeten om samen te werken aan specifieke thema's van het veranderingsprogramma. Wij raden organisaties aan om per jaar minstens een 'inadem'- en een 'uitadem'-sessie te plannen.

Tijdens een *'inadem'-sessie* komen de verschillende spelers van de organisatie samen om te focussen op de linkerhelft van het batterijmodel: strategische oriëntatie en de identificatie van strategische doelen en initiatieven, maar ook inspirerende activiteiten die het doel en de betekenis verduidelijken, en ook reflectie op hun link met de kernwaarden en de cultuur van de organisatie. Sponsors en veranderingsagenten bepalen in grote mate de agenda tijdens dit type evenement, dat erop mikt om verse zuurstof in de organisatie te brengen. Deze vergaderingen verbinden de organisatie met de buitenwereld en geven energie aan het veranderingsprogramma dankzij hun focus op strategie en spirit. Het kan natuurlijk voordelig zijn om er ook een beperkt aantal centrale veranderingskampioenen bij te betrekken.

'Uitadem'-sessies leggen alle nadruk op de rechterhelft van het model. Ze zijn essentieel om te focussen op implementatie, niet op het aanbrengen van ideeën. De focus ligt hier duidelijk bij het realiseren van winst, zowel tastbaar (echte resultaten) als ontastbaar (capaciteiten). Dit impliceert dat de agenda voornamelijk gedomineerd wordt door veranderingsagenten en -kampioenen. De kernactiviteiten zijn voornamelijk intern georiënteerd. Ze proberen een overzicht te maken van alle praktische en emotionele hindernissen die de organisatie moet overwinnen alvorens ze in staat is om de duurzame verandering volledig te ontplooien doorheen de organisatie. Dit is een belangrijke oefening om projecten en initiatieven opnieuw te prioriteren, maar ook om opportuniteiten voor sponsors en veranderingsmanagers te identificeren om de veiligheid te verzekeren of de betrokkenheid van de medewerkers te stimuleren. Pilootprojecten en succesverhalen bieden de geknipte gelegenheid om resultaten met een groter publiek te delen zodat ze erkenning en zichtbaarheid kunnen krijgen voor hun werk, maar ook om mensen uit andere projecten de mogelijkheid te bieden te netwerken en kennis te delen. 'Uitadem'-sessies focussen op resultaten en verbinding.

We geloven dat beide benaderingen essentieel zijn om cohesie en gedrevenheid bij de verschillende rollen te creëren en de focus op prestatie en verbetering te verzekeren. Organisaties die te veel nadruk leggen op een bepaald type flow (*in or out*) zullen langzaam maar zeker de batterijen in hun organisatie destabiliseren.

Merk op dat het doel van deze evenementen veel verder gaat dan de rationale voordelen van afstemming en prioritering. De evenementen zijn in de eerste plaats opportuniteiten om een gemeenschappelijke taal te ontwikkelen, om de banden van het veranderingsnetwerk aan te halen en het te verruimen, en nieuwe connecties te stimuleren. Volledig opgeladen organisaties zijn organisaties met een sterk verweven netwerk die weten dat er een tijd is om samen na te denken en een tijd om samen te handelen.

Kernboodschappen van dit hoofdstuk

Terwijl hoofdstuk 8 de belangrijkste initiatieven identificeerde die je zou moeten lanceren om je verandering succesvol te managen, heeft dit hoofdstuk zich meer geconcentreerd op *de manier waarop je deze initiatieven kan ontwerpen.* Aangezien we niet geloven in een gestandaardiseerd stappenplan, hebben we je principes voor energie-ontwerp voorgesteld om je te helpen jouw portfolio aan initiatieven samen te stellen.

- Het eerste ontwerpprincipe is er om de balans te bewaren tussen de rationele en de emotionele kant van de veranderingstrip. Ook als je veranderingsinitiatief zich concentreert op een kant, moet je er altijd naar streven om het evenwicht over alle organisatieniveaus heen te bewaren. Dit hoofdstuk verklaarde wat evenwicht betekent als je de toon zet aan de top, als je je kern versterkt en als je verandering leidt in de Gemba.

- Het tweede principe van energie-ontwerp verzekert de flow tussen de verschillende organisatieniveaus die betrokken zijn in elk veranderingsproject. Een goed veranderingsproject zou een impact moeten hebben op zowel de batterijen aan de rechter- als aan de linkerkant van het model. Onze belangrijkste aanbeveling is om duidelijke verantwoordelijkheden en veranderingsrollen toe te kennen binnen het veranderingsprogramma. Een andere tip is om focusevenementen te lanceren waar verschillende mensen elkaar ontmoeten, samenwerken en verbinden. Dit alles zal de waarschijnlijkheid van je veranderingssucces aanzienlijk verhogen.

Hoofdstuk

10

VERANDERINGSENERGIE BOOSTEN

Je veranderingsarchitectuur ontwerpen

Kernvragen

Hoe verleg je je aandacht van het managen van een veranderings-programma naar het opbouwen van veranderings-capaciteiten?

Wat moet er gebeuren om de energie in je organisatie een boost te geven?

Wat is jouw energie-ambitieniveau?

Dit laatste hoofdstuk beschrijft drie manieren waarop managers dit batterijmodel gebruiken. Sommigen gebruiken het om acute pijn te behandelen. Anderen hebben het gebruikt om een grondiger veranderingsprogramma op te starten dat verschillende veranderingsbatterijen aanpakt. Deze organisaties verbeterden en waren in staat om op een veel betere manier om te gaan met hun veranderingsuitdagingen. Een derde categorie van bedrijven ging nog een stap verder en investeerde in de opbouw van veranderingscapaciteiten om een antwoord te kunnen bieden op een snel veranderende en complexe omgeving. Deze laatste groep gaf een echte boost aan zijn organisatie-energie en managet ze ook voortdurend.

Dit hoofdstuk beschrijft wat er nodig is om een boost van energie te sturen doorheen de hele organisatie en stelt het geval van KBC voor, een financiële instelling die moest omgaan met de bedreiging van digitale disruptie. Het bedrijf ging door een gigantisch veranderingsprogramma dat het veranderde in een meer wendbare organisatie, met de focus op prestatie, empowerment en aansprakelijkheid.

Wat is de ambitie van jouw veranderingsprogramma?

We hebben ons batterijmodel en een meer gedetailleerde energiescan voorgesteld aan verschillende bedrijven. Ook al vinden ze het concept van de batterijen inzichtelijk, ze beseffen ook snel dat ze een veel zwaarder traject moeten afleggen dan ze hadden verwacht, om hun organisatie weer energiek te maken. In onze consultancypraktijk hebben we drie typische reacties ervaren op de resultaten van een energiescan.

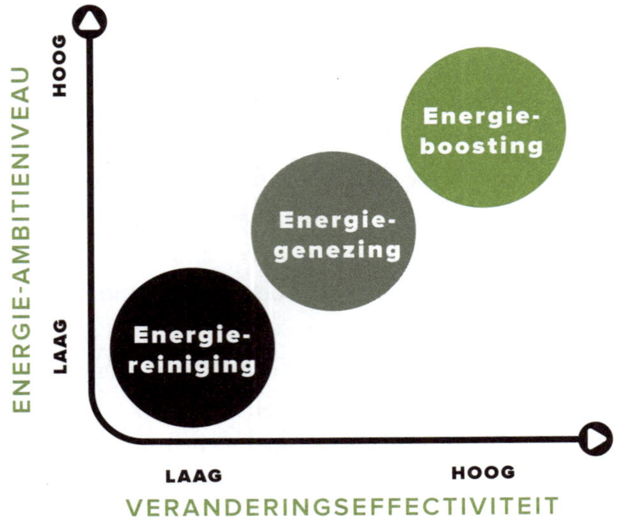

Figuur 58 • Drie ambitieniveaus op het vlak van energie

De eerste groep bedrijven is geïnteresseerd en geïntrigeerd door het model. Ze vinden dat het aanzet tot denken en vinden het ook inzichtelijk, en erkennen al snel dat ze wel wat uitdagingen aan te gaan hebben. Maar ze willen niet te veel moeite steken in het volledig opladen van al hun batterijen. Hun energie-ambitieniveau is om aan wat *'energie-reiniging'* te doen. Ze gaan op zoek naar een onmiddellijke oplossing voor hun grootste veranderingsproblemen. Een typische vraag hierbij is: "Kunnen jullie jullie conclusies in drie belangrijk aanbevelingen samenvatten?" Bedrijven die aan energie-reiniging willen doen, willen enkel die batterijen aanpakken die energie laten wegvloeien uit de organisatie. Ze schakelen de hulp van externe consultants in omdat ze zelf niet beschikken over de veranderingscapaciteiten en/of -vaardigheden om zelf oplossingen uit te werken. Jammer genoeg is de effectiviteit van die veranderingsoplossingen laag, aangezien hun ambitie zich slechts beperkt tot het aanbrengen van een doekje voor het bloeden. Ook al zijn hun bedoelingen goed, ze vervallen vaak snel in hun oude patronen.

De tweede groep bedrijven beseft dat hun veranderingsproblemen niet tijdelijk zijn en dat er geen snelle oplossing bestaat die hen terug op de rails zal krijgen. Ze zijn zich ervan bewust dat hun organisatie nood heeft aan een coherente set van evenwicht- en flowinterventies om meer harmonie in de organisatie te brengen. Daarom lanceren ze een groot veranderingsprogramma om alle zes de batterijen op te laden. Zij willen een behandeling vinden voor hun ziekte: ze streven naar '*energie-genezing*'. Die bedrijven investeren wellicht in een veranderingsmanagementprogramma, meestal gesponsord door een senior executive. Maar als de situatie terug onder controle is, of als de senior executive de organisatie verlaat, verdampt de interesse in de veranderingsbatterijen. Organisatie-energie wordt niet langer als een belangrijke kwestie beschouwd. In sommige gevallen – meestal als een nieuwe CEO wordt aangeduid die geen interesse vertoont in het concept van veranderingsenergie – merken we zelfs dat het bedrijf eveneens heel gemakkelijk terugkeert naar de vroegere situatie. Het programma kan dan wel effectief zijn in het bereiken van waardevolle veranderingsresultaten, het slaagt er over het algemeen niet in om duurzame veranderingscapaciteiten op te bouwen.

De laatste groep bedrijven vormt jammer genoeg eerder de uitzondering die de regel bevestigt. Deze bedrijven zijn echte 'energie-boosters' en werken hard om veranderingscapaciteiten op te bouwen die een antwoord kunnen bieden op snel veranderende omgevingen. Ze beseffen dat verandering een constante is. Het enige antwoord om te overleven in een globale en turbulente omgeving is om capaciteiten op te bouwen die je toestaan jezelf sneller te vernieuwen dan de concurrentie. Dit is het enige recept om geweldige prestaties vol te houden gedurende langere tijd. Energie-boosters besteden evenveel aandacht aan de manier waarop ze verandering implementeren als aan de strategie of oplossing die ze proberen te implementeren. Executive sponsors managen de globale capaciteit van de organisatie en ze evalueren regelmatig de kloof tussen de huidige en de gewenste veranderingscapaciteiten van hun organisatie. Verandering managen op een effectieve manier is een kerncompetentie in deze organisaties. Ze zijn energie-atleten; organisaties die gedreven worden door verandering. Om dit soort organisatie te zijn moet je iedere mogelijkheid om de veranderingsenergie van je organisatie te optimaliseren met beide handen grijpen en dit onderdeel maken van hoe je je strategie implementeert via een holistische benadering van veranderingsmanagement.

Een veranderingsarchitectuur ontwerpen om energie te boosten

Energie-boosters hebben executive sponsors geëngageerd met een ambitie om de verandering te omarmen. Dat engagement vertaalt zich naar de uitbouw van een veranderingsinfrastructuur die de energie boost van alle zes de veranderingsbatterijen. Veel bedrijven worstelen met het ontwerpen van een managementinfrastructuur die het runnen van de business ondersteunt. 'Energie-boosting' vraagt dat je nog een stapje verder gaat en een sterke veranderingsmotor bouwt om je veranderingscapaciteiten te kunnen ontwikkelen.

Figuur 59 • De essentiële componenten van een veranderingsarchitectuur

Principes en doelen van de veranderingsaanpak: het engagementsmodel

Het is even belangrijk de duidelijke wil uit te drukken om de manier waarop je je business uitbouwt te veranderen, als de duidelijke wil uit te spreken om de manier waarop je je business runt te veranderen. Zonder het eerste, zal de focus enkel bij de resultaten liggen en niet bij de manier waarop de resultaten zullen worden bereikt. We geloven dat dit belangrijk is. Henry Ford zei ooit: "Als ik de mensen had gevraagd wat ze wilden, zouden ze gezegd hebben: snellere paarden." Wij zijn er ook van overtuigd dat veel managers vandaag snellere resultaten willen, zonder echt te begrijpen welke type organisatie nodig is om deze resultaten te bereiken in een snel veranderende wereld. Daarom geloven we dat het cruciaal is dat topleiders hun wens om de organisatie-energie te boosten en de evenwichts- en flowprincipes te respecteren publiekelijk uitspreken. En dat ze dat met evenveel overtuiging doen als wanneer ze aankondigen dat ze hun financiële en andere prestatiedoelen zullen – of willen – halen.

Afhankelijk van je huidige energieprofiel, context en geschiedenis, kan je organisatie aan het begin staan van een meerjarig traject richting jouw nirwana. Dus wil je de boude langetermijnuitspraken zeker linken aan aantrekkelijke maar haalbare doelen voor de ontwikkeling van de veranderingscapaciteiten van jouw organisatie voor het volgende jaar. Naarmate de maturiteit van je organisatie groeit van jaar tot jaar, kunnen ook je jaarlijkse objectieven ambitieuzer worden. Maar van bij de start zou het duidelijk moeten zijn dat het uiteindelijke eigenaarschap van de ontwikkeling van veranderingscapaciteiten en de bepaling van de roadmap voor de verandering, bij de top ligt. Als er geen pleitbezorgers voor energie zijn op het C-niveau is er ook geen echt engagement om 'de manier waarop je je business verandert, te veranderen'. Met als gevolg dat de batterijen van het veranderingsmodel niets meer worden dan een managementbevlieging voor je organisatie.

Het masterplan voor verandering: het delivery model

Terwijl het *engagementsmodel* de doelen verduidelijkt met betrekking tot veranderingsprincipes en evoluerende kernmerken van de organisatie, van jaar tot jaar, moet het *ondernemingsmasterplan voor verandering* specifieke planningsinformatie voorzien voor alle sleutelinterventies. Dit omvat de start- en einddata voor snelle gewinprojecten, timing en budgetten voor grote investeringen, plannen voor kritische functie-overschrijdende projecten, planning van evenwicht- en flowevenementen en grote evaluatievergaderingen.

Terwijl modellen zoals het 8-stappenplan van Kotter duidelijk zijn over de optimale vaste volgorde van interventies, weten we dat de realiteit voor veel organisaties vaak heel anders is. Als de huidige focus van de organisatie ligt bij een belangrijk investeringsproject dat binnen de volgende paar maanden moet worden opgeleverd, geloven we dat dat project de focus van de hele organisatie verdient, en dat het terugtrekken van cruciale middelen uit dit project voor strategische brainstorming enkel leidt tot afleiding voor iedereen. Hoewel we echter niet geloven in een vaste volgorde van interventies, impliceert het vinden van een evenwicht tussen alle batterijen dat de organisatie gefocuste initiatieven neemt op alle niveaus (top-brug-basis) en dit minstens een keer per jaar. Het is niet het einde van de wereld als deze eerste initiatieven geen perfecte score halen voor hun aanpak. Voor de meeste organisaties zal het belangrijk zijn om de tijd af te bakenen voor hun inspanningen en om te leren van hun eerste ervaring. *Evenwicht stuurt perfectie.*

Verder kan de nood om *tempo en ritme* van de initiatieven te controleren niet genoeg benadrukt worden. Ritme zorgt voor zekerheid en dient daardoor als een regulerend mechanisme voor de hele organisatie. Als je in de infrastructuur van de organisatie een ritme inbouwt om initiatieven en doelstellingen te evalueren, zullen de meeste lokale initiatieven met dit ritme beginnen te synchroniseren, op dezelfde manier als de mysterieuze synchronisatie van slingeruurwerken. Ritme fungeert als de hartslag van je veranderingsaanpak – als je de hartslag van je veranderingsfoetus niet hoort na acht tot twaalf weken, is de kans vrij groot dat je veranderingsprogramma op een miskraam afstevent. En net zoals bij de ontwikkeling van een baby, is de hartslag meestal hoog bij de start van het programma en laat het zo snelle leercycli toe. Naarmate de organisatie verder ontwikkelt, zal ze ook beter in staat zijn om haar hartslag te controleren en te weten wanneer te versnellen om het tempo van de verandering te verhogen en wanneer te vertragen om de organisatie ruimte voor herstel te bieden.

Enkele slotobservaties met betrekking tot de duur van de initiatieven en het effect van de seizoensgebondenheid. Veel organisaties bepalen jaarlijkse initiatieven en linken die aan jaarlijkse doelen. Wij moedigen organisaties aan om de scope van hun projecten te beperken tot drie of vier maanden. Het is meestal beter om grotere objectieven op te delen in kleinere blokken die gemakkelijker geëvalueerd en aangepast kunnen worden als dat nodig is. Dit maakt het ook eenvoudiger om vooruitgang aan te tonen en samenwerking te stimuleren. De meeste organisaties worden geconfronteerd met significante seizoensgebonden effecten, ofwel door een toegenomen vraag of door een verminderde capaciteit tijdens bepaalde periodes van het jaar. Het hoogseizoen of dieptepunten op het vlak van capaciteit vragen dat alle resources focussen op het runnen van de business. Aan verbetering wordt in die periodes de facto niet gewerkt en als het toch opgelegd wordt, leidt het vaak tot frustratie in plaats van motivatie. Het is verstandig om bewust periodes in het jaar af te bakenen waarin veranderingsinspanningen tot een minimum worden beperkt. Alles wat groeit, verandering inbegrepen, zou het verschil tussen zomer en winter moeten respecteren.

Veranderingsleiders: het leiderschapsmodel voor verandering

Grote veranderingen vragen om groot leiderschap. Het zou al te gek zijn te investeren in een F1-bolide zonder na te denken over de gewenste kenmerken van de piloot, de teamleider en zelfs de pitstop-coördinator. Diepgaande verandering vereist dat de juiste mensen van de top tot aan de basis betrokken worden in je veranderingstraject. Jammer genoeg zien we veel organisaties waarin topleiders zich nooit hebben opgesteld als sponsors, het de managers uit het middenkader ontbreekt aan de cruciale vaardigheden om als veranderingsmanagers op te treden en managers van de lagere niveaus training en coaching missen om veranderingskampioenen te zijn.

Daaruit volgt dat de ontwikkeling van geschikte leiderschapsprogramma's essentieel is. Om de pleitbezorger te kunnen zijn van verschillende benaderingen om de batterijen op te laden en om rolmodellen te worden voor verandering, moeten leiders op alle niveaus vertrouwd raken met het belang van hun capaciteiten op het vlak van veranderingsleiderschap. Dit impliceert bereidheid en bovenal al doende leren. Leiderschapsvaardigheden ontwikkelen, betekent ook leiderschapscoaching. Als organisaties er niet in slagen om die leiderschapscapaciteiten te ontwikkelen die essentieel zijn om het eigenaarschap van de verandering aan te drijven (bereidheid, knowhow, vaardigheden en geloofwaardigheid), vervallen mensen gemakkelijk in hun dagelijkse gewoontes en oude routines. Coaching is een van de sleutelcomponenten van leiderschapsontwikkeling bij Toyota, waar zelfs een coach een coach heeft om zijn coaching te verbeteren en de implementatie van hun True North-waarden te verzekeren. Dat kan op het eerste gezicht overkill lijken, maar als je er even bij stil staat, is dit een geweldige manier om de meest kritische resources in je organisatie te ontwikkelen.

Leiderschapsvaardigheden voor verandering uitbouwen, vraagt tijd. Op korte termijn moeten veel organisaties hulp zoeken bij externe specialisten om hun leiderschapsvaardigheden voor verandering op alle niveaus te ondersteunen en te ontwikkelen. Sponsors werken typisch met veranderingsarchitecten om de globale transformatie uit te tekenen en veranderingsmanagers werken vaak met externe veranderingsagenten omdat ze extra ondersteuning zoeken bij het versterken van de kern – de managementinfrastructuur en de cultuur. Tot slot kunnen veranderingskampioenen voordeel halen uit het advies van veranderingsfacilitators om leiderschapsvaardigheden voor de lagere niveaus te ontwikkelen.

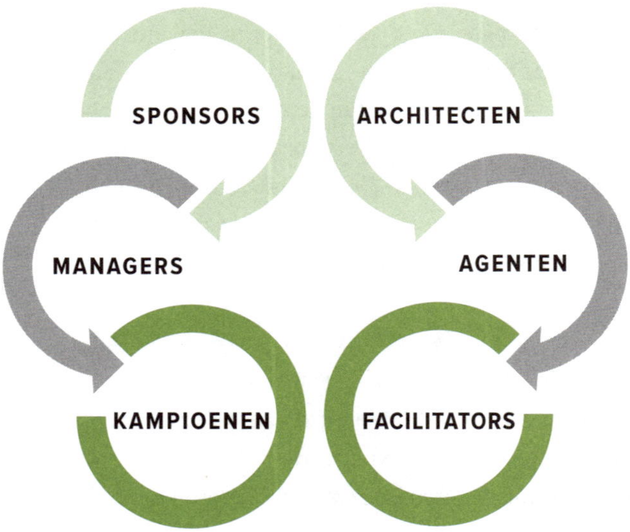

Figuur 60 • Interne en externe veranderingsmanagementrollen

Figuur 60 verduidelijkt verder hoe deze rollen elkaar moeten ondersteunen om een verschuiving in de mentaliteit en gedragingen van de hele organisatie te bewerkstelligen. Terwijl technische vaardigheden vaak van externe specialisten kunnen worden geleerd, is de coaching tussen de verschillende niveaus van cruciaal belang om mentaliteit en gedrag bij te sturen. Recent onderzoek van McKinsey rapporteert dat succesvolle veranderingen op voorhand tijd en inspanningen moeten leveren om transformatie-initiatieven te ontwikkelen die focussen op het kweken van begrip en overtuiging (sponsor), op het versterken van de verandering via formele mechanismes (managers), op het ontwikkelen van talent en vaardigheden (kampioenen), en op rolmodellering (iedereen). Terwijl leiders op alle niveaus zich op om het even welke van deze focusdomeinen kunnen concentreren, hebben we gemerkt dat als medewerkers zien dat de leiders op verschillende niveaus op elkaar afgestemd zijn, dit de geloofwaardigheid van het globale veranderingsprogramma een aanzienlijke boost geeft.[128]

Het menselijke netwerk: het beïnvloedingsmodel

Uiteindelijk impliceert organisatieverandering de verandering van individueel gedrag. Daar waar de sterke-verbinding-met-je-werknemers-batterij al verschillende manieren in de kijker zette om individuen doorheen verandering te leiden, zou het duidelijk moeten zijn dat het extreem belangrijk is om *de juiste mensen eerst te beïnvloeden*. Daarom zullen veel veranderingsboeken terecht de nadruk leggen op het belang van stakeholdermanagement bij het bepalen en implementeren van een veranderingsmanagementaanpak. Stakeholdergroepen, hun belangen en hun invloed op het succes van jouw veranderingsprogramma in kaart brengen is inderdaad een goede manier om leden te rekruteren voor je veranderingsteams en je communicatie-inspanningen te optimaliseren en te prioriteren. Verschillende mensen kunnen verschillende perspectieven en belangen hebben, en daarom moet je de gevolgen van conflicten en onenigheden door een politieke lens bekijken.

Ook al hebben 'macht' en 'politiek' een negatieve connotatie in veel organisaties, begrijpen hoe je mensen kan beïnvloeden is een *kritische* component van ieder veranderingsprogramma. Als je dit goed en om de juiste redenen doet, zorgt het voor minder pijn en betere resultaten voor iedereen. Er zijn twee grote concepten die vanuit dit perspectief in overweging moeten worden genomen. Het eerste heeft betrekking op de *bronnen van macht*. Het eerste type van macht dat meestal in ons opkomt, heeft te maken met positie en expertise, die in veel organisaties vaak hand in hand gaan als expertise wordt beloond met promotie. Duidelijke rolgebaseerde leiders en adviesexperten kunnen niet genegeerd worden in veranderingsinitiatieven – in feite moedigt het hierboven voorgestelde leiderschapsmodel organisaties aan om voortdurend leiderschapsvaardigheden te ontwikkelen op alle niveaus van de organisatie. Onderzoek heeft evenwel aangetoond dat dit type macht over het algemeen specifiek waardevol blijkt te zijn om routineuze activiteiten gedaan te krijgen.

Als het erop aankomt dingen te doen gebeuren in de context van een crisis of een groot veranderingsinitiatief, trekken basisemoties zoals angst en liefde ons naar die mensen waar we affectie voor voelen: mensen die we vertrouwen. Een inzicht in persoonlijke vriendschappen binnen de organisatie ontwikkelen, is daarom een tweede belangrijke bron van macht die niet onderschat moet worden. Als mensen die centraal staan in 'affectienetwerken' actief betrokken worden bij veranderingsinitiatieven, verandert dit de informele organisatie snel in een geïnformeerde organisatie.

We kregen regelmatig de vraag van executives hoeveel betrokkenheid nodig is om verandering te creëren in een organisatie. Verandering vindt plaats als je een verschuiving teweeg kan brengen in de *dominante coalitie* in je organisatie. Als je 10 procent van de centrale personen in het sociale netwerk van de organisatie betrekt, creëer je een kritische massa voor veranderingsenergie die de rest van de organisatie zal aansteken.

Het tweede belangrijke concept dat bijdraagt tot het beïnvloeden van stakeholders, heeft te maken met *de verandering van de basiskenmerken van het sociale netwerk van de organisatie.* Sterke hiërarchische structuren resulteren typisch in veel structurele gaten in het sociale netwerk, met de hiërarchische leiders die ageren als krachtige poortwachters tussen de verschillende groepen binnen de organisatie. Dit impliceert dat nieuwe ideeën en gedragspatronen in grote mate bepaald worden door aparte groepskenmerken. Dit resulteert in sterke microstructuren tussen afdelingen die de samenwerking rond organisatiebrede problemen vaak in de weg staan.

Daaruit volgt dat het veranderingsprogramma moet nadenken over manieren om structurele gaten en barrières in de organisatie te overwinnen. Dit omvat formele benaderingen zoals de oprichting van functie-overschrijdende teams en leergroepen (waar mensen hun ervaring delen met betrekking tot topics die tot wederzijds belang strekken, zoals kwaliteit, veiligheid, milieuproblemen of welzijn), maar ook de stimulering van de informele connecties tussen netwerken via sportevenementen of toeristische uitstapjes. Onderzoek heeft aangetoond dat rokers typisch informele netwerken creëren doorheen de organisatie, en dit zorgt ervoor dat ze gemakkelijker met elkaar in verbinding treden bij verandering – we suggereren dan ook om dit type sociale netwerken te dupliceren of er alternatieven voor te vinden.

Veranderingsinfrastructuur: het ondersteuningsmodel

Alle vorige factoren hangen in grote mate af van informatie, communicatie, opleiding en training. Het *ondersteuningsmodel* bepaalt de kenmerken van activiteiten die de beschikbaarheid en flow van informatie en kennis zullen vergemakkelijken. Dit omvat het uittekenen van een plan voor training en opleiding rond verandering, het vastleggen van richtlijnen en sjablonen voor informatie- en kennismanagement, het uitbouwen van een intranetwebsite, en het vastleggen van principes van visuele managementtechnieken om het globale veranderingsprogramma te ondersteunen. Verwaarloos in je communicatieplannen ook de rol van face to face vergaderingen en informele conversaties niet. Het is niet alleen de boodschap die telt, maar ook waar, wanneer en door wie die wordt gegeven. Zeker als je communicatie van de basis naar de top wilt promoten, zal je wellicht meer ontdekken tijdens een lunch buitenshuis dan in je kantoorruimte.

Terwijl de investering in tijd en middelen om de veranderingsinfrastructuur uit te bouwen, grotendeels afhangt van de omvang van de organisatie en de ambitie van het veranderingsprogramma, blijkt uit onze ervaring dat het niet nadenken over deze thema's uiteindelijk een aanzienlijke impact heeft op zowel het succes als de tijdige uitvoering van de veranderingsprogramma's. Zoals zovele organisaties hebben ervaren bij de implementatie van een projectmanagementbureau, kan de creatie van een veranderingsmanagementbureau resulteren in een bureaucratisch monster dat eerder energie vreet dan opwekt. Het is onze ervaring evenwel dat het probleem hierachter niets te maken heeft met de potentiële voordelen die een grondige implementatie van het ondersteuningsmodel kan bieden. Als de projectmanagement- en de veranderingsmanagementinspanningen een eigen leven beginnen te leiden, weerspiegelt dit vaak een cultuur die focust op controle, en niet op veranderen en leren.

Verdere verfijning en voortdurende verbetering

Eens je je veranderingsarchitectuur hebt bepaald, moet je ze 'opbouwen – uitproberen – bijsturen'.[129] De basis van hoe je je globale veranderingsprogramma moet implementeren en verfijnen is zo klaar als een klontje: je moet eenvoudigweg dezelfde regels en principes volgen die van toepassing zijn op complex en dynamisch projectmanagement. Je start op een beheersbare schaal, leert uit de resultaten, stuurt bij waar nodig en je herhaalt dit telkens opnieuw terwijl je stelselmatig de schaal vergroot. Deze aanpak ligt vaak ver van de realiteit voor de meeste organisaties. Sommige hebben eindeloze discussies om de ultieme big bang voor te bereiden, andere hangen voornamelijk Nikes motto aan – *just do it* – en glijden gemakkelijk weg van de vooropgestelde lerende aanpak naar resultaatgedreven interventies die puur mikken op het 'laaghangende fruit'. We zeggen niet dat het geen zin heeft te investeren in een grondig ontwerp van de veranderingsarchitectuur – wel integendeel. Maar zoals aangetoond in de vorige paragrafen, gaat dit ontwerp voornamelijk over het uittekenen van de principes van de vijf fundamentele veranderingsmodellen. Het gaat niet over het creëren van gedetailleerde Gantt-schema's of het uitvoeren van complexe statistische analyses.

Waar we op mikken, is de creatie van een reeks principes en modellen die je toelaten om specifieke projecten te selecteren die uitgetest kunnen worden zodat je er winst uit kan halen, maar meer dan wat dan ook, eruit kan *leren*. Dit impliceert dat, wanneer je je veranderingsprogramma begint te implementeren, er evenveel nadruk ligt op *evaluatie* als op *actie*. De meeste organisaties waar we mee hebben gewerkt, scoren in het bijzonder zwak voor evaluatie: ze nemen amper tijd om na te denken over de discrepantie tussen hun veranderingsambitie en hun eigenlijke veranderingsgedrag. Met als gevolg dat ze niet leren uit hun fouten of successen. Er is echter een zekerheid: verandering zonder bekrachtiging zal *niet* tot blijvende resultaten leiden. Het zal evenmin in sterkere veranderingscapaciteiten resulteren. Of je initiële focus nu top-down of bottom-up is, als je de tijd niet neemt om regelmatig je veranderingsaanpak te evalueren, zal je niet meer bewerkstelligen dan wat lawaai bij de start van je trip, of een tijdelijke grote impuls die amper een paar maanden aanhoudt en uiteindelijk eindigt in 'business as usual'.

Hier zijn een aantal alarmbellen waarvoor je moet uitkijken na een half jaar: er is geen verschuiving in het engagement van de topleiders; het netwerk van de mensen die betrokken zijn bij de veranderingen groeit niet; er zijn geen medewerkers aan de basis '*believers*' geworden; er werden geen kortetermijndoelstellingen gerealiseerd; er kan geen verschil in tijdsdruk worden gemerkt; of er zijn geen klanten die positief kunnen getuigen over de veranderingen die ze ervaren. Als enkele van deze signalen aanwezig zijn, heb je wellicht een grote show opgevoerd, maar niets meer.

Uiteraard zal je evenmin verandering zien voor *al* deze elementen. Sommige dingen zullen geweldig zijn, andere zullen een worsteling blijven voor je organisatie. Sommige verschuivingen kunnen gewoon van een paar individuen komen en zijn misschien enkel zichtbaar in een enkel departement. Onze aanbeveling is om *zowel naar sterktes als zwaktes te kijken.* Al te vaak focussen we voornamelijk op wat fout ging, op wat problemen veroorzaakte. Als het aankomt op verandering, is het even belangrijk om de zaken te identificeren die goed hebben gewerkt en moeten worden herhaald. Verandering gaat over het creëren van nieuwe patronen – dit impliceert het herhalen van positief gedrag.

Na een half jaar kan jouw *context* ook aanzienlijk veranderd zijn. Een nieuwe speler op de markt, een grote tegenvaller die je briljante vooruitzichten helemaal overhoophaalde en plots ligt er meer druk bij de resultaten en is er minder tijd en aandacht voor ontwikkeling. En dat is oké. Dit is wat veranderingscapaciteiten jou in essentie zouden moeten toelaten: je koers aanhouden terwijl je omgaat met nieuwe situaties.

We raden heel duidelijk aan dat je een 'pacemaker' introduceert om de vooruitgang van je veranderingscapaciteiten te evalueren, met een korte evaluatie halverwege en een meer gedetailleerde jaarlijkse evaluatie van je batterijen. De eerste zal je toelaten de vroege positieve veranderingssignalen te versterken en bij te sturen naar evenwicht en flow waar nodig. De laatste zal essentieel zijn om stapsgewijs je veranderingsambitie uit te breiden, om systematisch je netwerk van veranderingsleiders uit te breiden, en de veranderingsmaturiteit van je organisatie te ontwikkelen.

Positieve energie creëert meer energie

Succesvolle verandering en een veerkrachtige organisatie kunnen alleen maar bereikt worden via een periodieke evaluatie en ontwikkeling van de veranderingscapaciteiten van de organisatie die je geïndividualiseerde roadmap kan bijsturen. Het ultieme objectief is om de kortetermijn- en langetermijnbusinessnoden aan te pakken terwijl ze een kritische massa van veranderingsleiders ontwikkelen op alle niveaus van de organisatie. Externe veranderingsspecialisten zijn vaak nodig voor kortetermijnondersteuning om dit te bereiken. Echt succesvolle veranderingsinitiatieven worden evenwel gekenmerkt door de ontwikkeling van veranderingsleiderschap binnen de organisatie. Uiteindelijk is dit de enige manier om de complete voordelen uit de verandering te halen en ze ook duurzaam te maken.

Dit klinkt allemaal als heel veel werk, niet? We zouden liegen als we beweerden dat het niet zo was. Maar we kunnen wel garanderen dat je verrast zal zijn hoe weinig energie het soms vraagt om eraan te beginnen. En eens je positieve energie creëert, is het de kunst van veranderingsmanagement om die energie te gebruiken om *meer* energie op te wekken in andere batterijen. En hoe meer je het energieniveau in enkele batterijen kan verhogen, hoe gemakkelijker het zal worden om ook de batterijen die achterophinken te activeren. Als je de interventies op het vlak van evenwicht en flow goed inzet, zullen de zes batterijen van verandering zich als een dynamisch systeem gedragen met verschillende positieve verstevigingslussen.

De volgende casestudy zal je verder inspireren. Ze getuigt van de veranderingscapaciteiten van een van de toppers in onze database, die zijn capaciteiten heeft ingezet om zijn organisatie succesvol te veranderen met het oog op de digitale revolutie. We hopen dat deze case je ervan zal overtuigen dat het meest uitdagende paradigma dat moet worden doorbroken binnen organisaties, misschien wel dat is waarbij men gaat van het bekijken van verandering als de kost om pijn te managen, naar een perspectief dat investeert in verandering om de toekomst te sturen.

EEN VOORBEELD VAN EEN ENERGIEBOOSTER:

Hoe KBC zich klaarstoomt voor het digitale tijdperk

De KBC Group is een van de grotere financiële instellingen in Europa, met 36.000 werknemers die meer dan 10 miljoen klanten bedienen. Sinds zijn oprichting in 1998 heeft KBC steeds goede financiële resultaten kunnen voorleggen. In 2008 werd het bedrijf echter zwaar getroffen door de financiële crisis. Na zes turbulente jaren had de groep de winstgevendheid kunnen herstellen en terug kunnen brengen naar het niveau van voor de crisis door zich te ontdoen van verlieslatende units en door de organisatie te laten krimpen.

Vastbesloten om ervoor te zorgen dat KBC nooit meer in de financiële problemen zou geraken, lanceerde CEO Thijs een bedrijfsbreed cultureel programma – Pearl genaamd – om het vertrouwen en de trots bij de werknemers te herstellen en om een hiërarchisch bedrijf (met trage beslissingsprocessen, logge structuren en een gebrek aan transparantie) te veranderen in een meer wendbare organisatie die focust op prestaties, empowerment en verantwoordelijkheid.

Het bedrijf formuleerde ook het expliciete strategische doel om een voortreffelijke klantentevredenheid te bewerkstelligen via een consistente, kanaaloverschrijdende klantgerichte distributiebenadering. Het uitgebreide netwerk van bankfilialen en verzekeringskantoren zouden cruciale contactopportuniteiten blijven om rechtstreeks met de klanten in interactie te gaan, maar parallel daaraan zou het bedrijf ook volledig inzetten op digitalisering.

Het antwoord van KBC op digitalisering: de toon zetten aan de top

In april 2014 werd Erik Luts aangeduid als General Manager Direct Channels. Als lid van het Belgische Managementcomité van KBC, werd hij verantwoordelijk voor KBC's digitaliseringsinitiatieven in België. Eriks informatica-achtergrond had hem heel gevoelig gemaakt voor IT-trends die een impact hadden op de sector van de financiële diensten. Hij wist dat de digitalisering de sector radicaal zou veranderen en dat nieuwe spelers de traditionele businessmodellen van de gevestigde waarden zouden uitdagen. Het was cruciaal om veranderingscapaciteiten te ontwikkelen doorheen de organisatie om een antwoord te bieden op wat volgens velen een voortdurende verandering zou zijn voor de sector van de financiële diensten. In eerste instantie waren zijn collega's van het Managementcomité niet overtuigd van de nood aan verandering.

Er werd een team samengesteld met een 75-tal leden uit uiteenlopende afdelingen en functies om na te gaan in hoeverre KBC klaar was voor het digitale tijdperk en om een reeks feitenboeken samen te stellen die het pleiten voor verandering met echt bewijs zouden kunnen ondersteunen. Het team ontwikkelde feitenboeken rond Klantengedrag, Concurrentieanalyse en IT om disruptieve trends in de omgeving te documenteren en de implicaties ervan voor KBC te onderzoeken. De hoofdconclusie van deze oefening was dat de leiderspositie van KBC in België inderdaad vanuit verschillende hoeken onder vuur werd genomen. De uitdaging voor het bedrijf was om zijn leiderspositie te verdedigen en tegelijkertijd in te gaan op nieuwe opportuniteiten voor de toekomst. Op het einde van de rit stelde het team vijf digitale businessmodellen voor als mogelijke antwoordopties en ze werkten ook haalbaarheidsplannen uit voor elk scenario.

Luts voelde zich soms wanhopig tijdens de discussies met zijn collega's, maar na een paar maanden kreeg hij het Managementcomité ook aan boord. Het topteam voelde aan dat ze een '*band of brothers and sisters*' hadden gecreëerd en voelde de drang om vooruit te gaan. De topteam-batterij had een boost aan positieve energie gekregen.

In januari 2014, legde het Managementcomité van KBC België zijn digitale strategie ter goedkeuring voor aan het Directiecomité van de KBC Group. Ze noemden de strategie 'Klant 2020'. Centraal in het strategisch antwoord van KBC stond de transformatie van het toenmalige businessmodel dat uitging van een filialennetwerk naar een hybride model dat alle mogelijke kanalen voor bank- en verzekeringsklanten inzet. Het kernmodel ging uit van een enkel concept waarin alle kanalen (zoals filialen, agenten, adviescentra, internet, mobiel bankieren) volledig transparant waren voor de klanten – die zelf het kanaal bepaalden, niet KBC. Dit betekende dat de dienstverlening herdacht en hertekend moest worden vanuit het standpunt van de klant. KBC zou ook speedboten inzetten (zoals besproken in hoofdstuk 3) voor de andere digitale uitdagingen. Het nieuwe programma plaatste *de klantenbehoeften* – niet het product, de dienst of het distributiekanaal – radicaal centraal. De toegevoegde waarde voor alle businessunits van KBC België zou zich voortaan in de eerste plaats concentreren op het oplossingsgericht en toegankelijk zijn. KBC zou niet alleen een nieuwe set commerciële applicaties en producten aanbieden, maar zou ook de bestaande kerncapaciteiten versterken en als hefboom gebruiken en ook nieuwe capaciteiten opbouwen voor het digitale tijdperk. Het bedrijf startte een vereenvoudigingsprogramma op en investeerde in hybride klantentrips, data-analyse en online marketingcapaciteiten.

Een sterke kern uitbouwen met een solide deliverymodel

KBC Belgium investeerde 250 miljoen euro in de nieuwe strategie voor de periode 2014-20. Het Managementcomité besliste om afzonderlijke digitaliseringsprojecten te stoppen en alle andere projecten tot het strikt essentiële te beperken. Alle digitale innovaties werden gegroepeerd onder de noemer van Klant 2020. Het programma legde ook de beste mensen binnen de organisatie vast. Op amper enkele weken tijd, had het programma een 250-tal business- en IT-mensen gerekruteerd om de projectteams te bemannen. Er bestond veel weerstand bij het middenkader, die sommige van hun meest waardevolle medewerkers zagen vertrekken, maar het Managementcomité duwde door. KBC België creëerde ook een uitgebreide programmamanagementstructuur om de uitvoering van de Klant 2020-strategie te leiden en te coördineren.

Erik Luts en Johan Lema, de verantwoordelijke manager voor de distributiekanalen, waren de twee executive sponsors. Zij rapporteerden maandelijks aan hun collega's in het Managementcomité. Het programma omvatte zowel sporen naar commerciële eindproducten als sporen die zich concentreerden op de uitbreiding van basiscapaciteiten. Elk spoor werd geleid door een programmaspoormanager en een businesssponsor uit de hoogste regionen van de organisatie (zie Figuur 61).

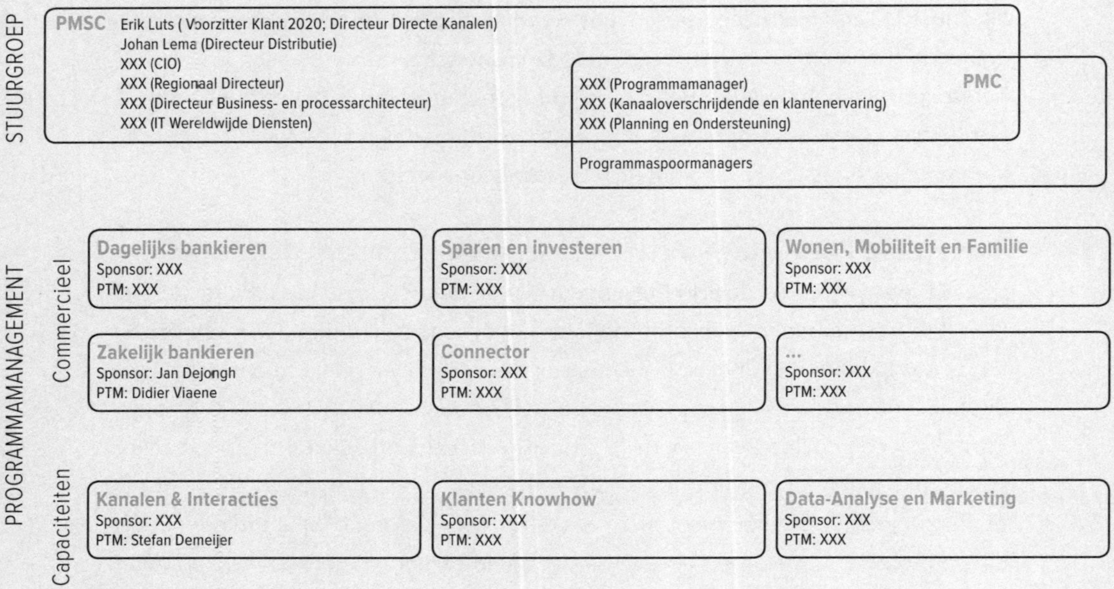

Figuur 61 • Klant 2020-programmastructuur

KBC's plan was om elke zes maanden een nieuwe golf aan projecten te lanceren. De focusgebieden en de verdeling van het budget over de commerciële, capaciteits- en andere investeringscategorieën werden gebaseerd op de omgevingsanalyse, strategie-update, technologie- en sectoranalyses en oefeningen rond dienstverleningsontwerpen. Het plan was om meer dan 250 projecten af te werken tegen 2020. Deze projecten moesten commerciële toepassingen en producten, verbeterde IT- en datacapaciteiten, en eenvoudigere processen voor de klanten en medewerkers opleveren. KBC evalueerde het programma om de zes maanden. Het Projectmanagementbureau verzamelde de feiten die de Programmamanagement-stuurgroep in staat stelde om de vragen rond de globale prestaties van het programma te beantwoorden. Leverde het project echte winsten op? Werden projecten op tijd en binnen het budget opgeleverd? Hoe stond het met de sociale vaardigheden? En met het engagement van medewerkers en sponsors?

Een sterke kern uitbouwen impliceerde ook sponsoring verzekeren en veranderingsleiders mobiliseren op alle niveaus. Het bedrijf stak heel veel moeite in de mobilisering van het seniorteam en een groep van veranderingsleiders. Het introduceerde ook een nieuwe manier van werken, uitgaand van focus, flexibiliteit en wendbaarheid. Dat was niet zo gemakkelijk voor een grote, overdreven gestructureerde financiële instelling. Dankzij de introductie van bootcamps, minimaal leefbare productontwikkelingen en empowered functie-overschrijdende teams, was het bedrijf in staat om ook de culturele transformatie in te zetten. Het managementcomité was geduldig en wist dat de culturele transformatie tijd in beslag zou nemen. En ze deden er alles aan om het goede voorbeeld te geven van het nieuwe gedrag. Topmanagers kwamen tussen om iedereen duidelijk te maken dat de digitale transformatie absolute prioriteit was. Het argument dat iets 'niet mogelijk' was, zou niet langer worden aanvaard.

Verandering in de Gemba

KBC Belgium investeerde veel in de communicatie en in het inspireren van de medewerkers. Meerdere keren per jaar organiseerden ze bedrijfsbrede conferenties – de zogenaamde *Inspiration Days* (inspiratiedagen). Wekelijks planden ze telefoongesprekken met het topteam waarop iedereen kon inbellen. Het team plaatste gigantische wanden in de gangen waar mensen hun commentaren en suggesties konden achterlaten en er werden schermen geïnstalleerd die Twitter-feeds weergaven om op die manier 'de stem van de klant' in huis te halen.

KBC zocht ook aansluiting bij zijn medewerkers en vroeg hen om nieuwe ideeën te delen die KBC zouden transformeren in een meer digitale en klantengerichte organisatie. Door op een '*agile*' manier te werken aan projecten, deel te nemen aan bootcamps en voortdurend project-overschrijdend de samenhang te controleren, waren deze medewerkers de motor voor Klant 2020. Elk project startte met duidelijke prestatiedoelstellingen en volgde een heldere methodologie die uit verschillende fases bestond. Het bedrijf voorzag training waar nodig. De staf stelde nieuwe projecten voor, verdedigde ze en was zowel voor de successen als voor de mislukkingen aansprakelijk. Figuur 62 stelt de levenscyclus voor van een Klant 2020-project.

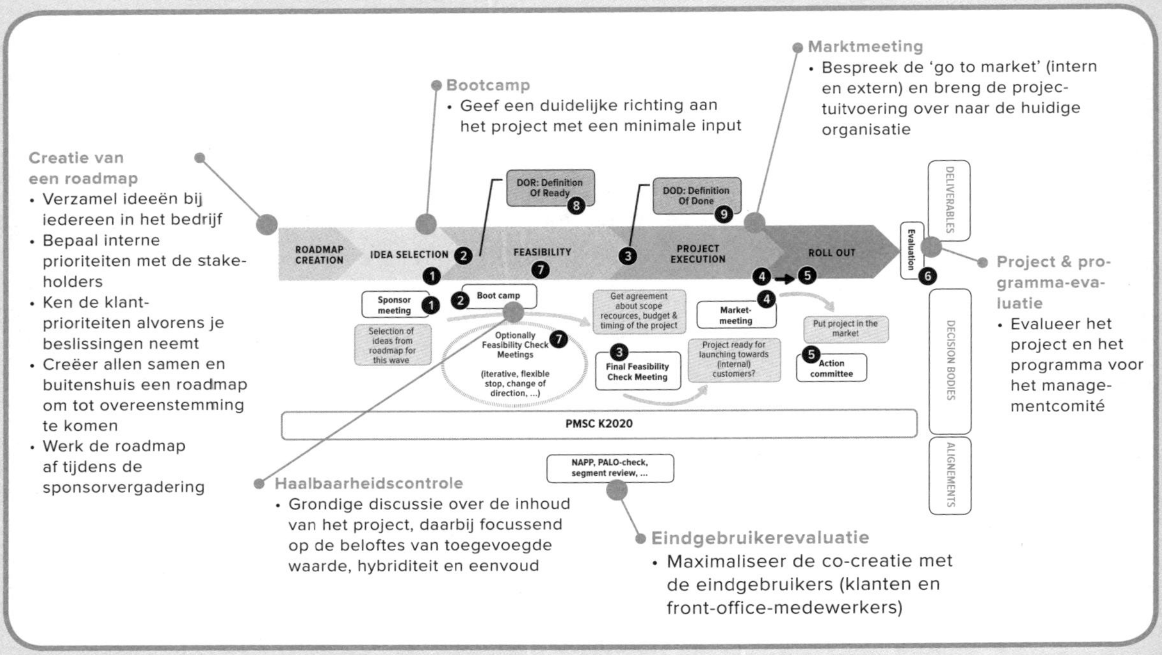

Figuur 62 • Levenscyclus van een Klant 2020-project

Globaal genomen was het Managementcomité van KBC Belgium tevreden met de initiële resultaten en ze waren het erover eens dat het Klant 2020-programma zijn beloften waarmaakte. Je kon voelen dat de leden van het Managementcomité zich meer en meer schaarden achter de digitale strategie van KBC. Het programma pakte uit met belangrijke en uiterst zichtbare resultaten en het budget was onder controle.

Toch waren er nog belangrijke bezorgdheden, zoals de snelheid en de oplevering van projecten. Een andere belangrijke zaak was om een sponsorcoalitie uit te bouwen – een meer uniforme aanpak om projecten te coachen. De sponsors hadden (bege)leiding en ondersteuning nodig. Het Managementcomité erkende ook dat er veel werk aan de winkel was in het frontoffice, waar de mensen klaagden over het hoge tempo van de verandering. Desalniettemin bleef het Managementcomité vastberaden om de vooruitgang verder te zetten op het gekozen pad.

Een voorbeeld van een energiebooster

KBC België is nog steeds een geweldig voorbeeld van een bedrijf dat volledig gaat voor *het boosten van de energie.* Er is een duidelijke wens om veranderingscapaciteiten te ontwikkelen om klaar te zijn voor een nieuwe, ontwrichte wereld. Dit gaat verder dan een gewone behandeling voor een energieziekte. Het is een totaal engagement om een nieuwe, betere en meer wendbare organisatie uit te bouwen. Dit idee wordt volledig ondersteund door het topteam. Het bedrijf heeft een goed uitgewerkt masterplan, een goed gestructureerd delivery model en een krachtige veranderingsarchitectuur. Bovendien besteedt de organisatie aanzienlijk veel aandacht aan het uitbouwen van een leiderschapsnetwerk en aan de uitbreiding van haar menselijk netwerk.

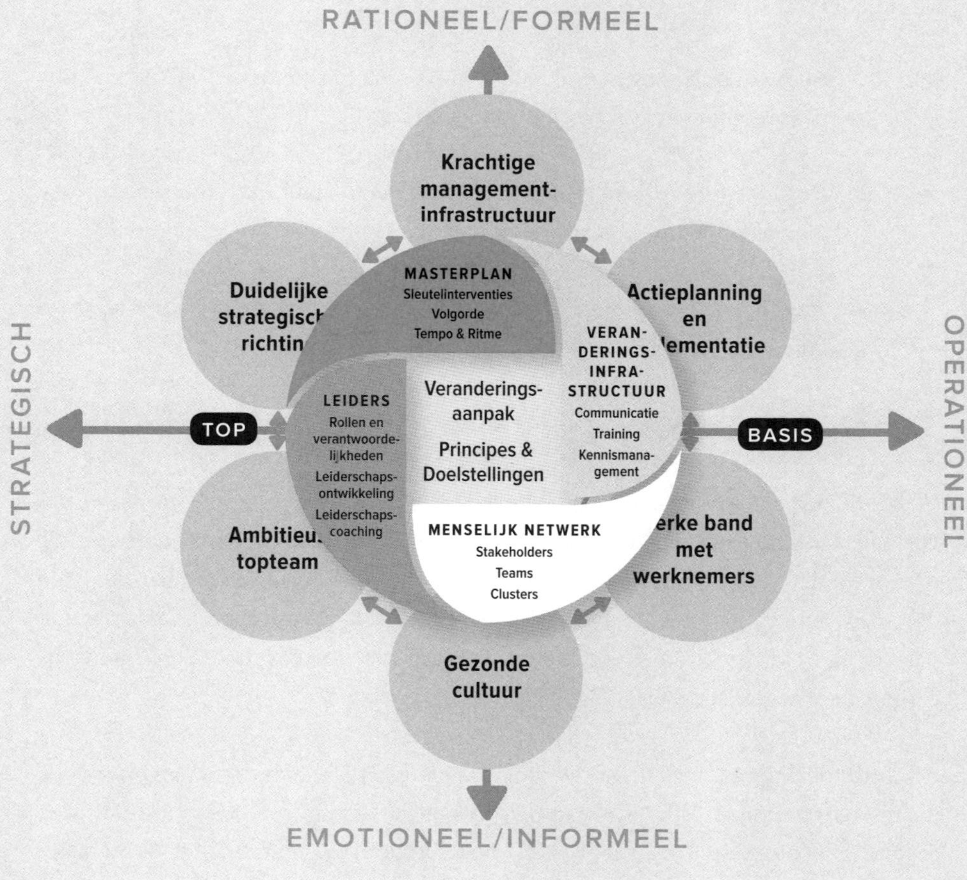

Figuur 63 • Energiestatus van KBC België in 2017

EINDCONCLUSIE

Veranderingsmanagement is energiemanagement. Veranderingsprojecten mislukken omdat er niet voldoende energie is om veranderingsprogramma's en initiatieven succesvol af te ronden. In dit boek identificeerden we zes energiebronnen die veranderingssucces bepalen:

- **Intellectuele energie** zorgt voor strategische focus en aandacht.
- **Spirituele energie** spruit voort uit een ambitieus topteam en genereert doelgerichtheid en betekenis.
- **Systemische energie** wordt gecontroleerd door een infrastructuur die prestatie en verbetering managet.
- **Sociale energie** heeft te maken met een gezonde cultuur die de energie vergroot via cohesie en gedrevenheid.
- **Psychologische energie** vergroot de zekerheid en de betrokkenheid van de medewerkers.
- **Fysieke energie** zet acties efficiënt om in voordelen en capaciteiten.

Verschillende activiteiten in je organisatie kunnen positieve energie opwekken om verandering aan te drijven of negatieve energie genereren die verandering in de weg staat. In extreme gevallen kan negatieve energie kortsluitingen veroorzaken die alle positieve acties volledig tenietdoen. De *zes batterijen van verandering* zijn een nuttig instrument om te evalueren welke organisatiepraktijken energie wegzuigen uit je organisatie, en welke je helpen om te slagen.

Als veranderingsleider is het jouw taak om de organisatie te doordringen met de juiste energie; om je organisatie te helpen haar strategische doelen te realiseren en er een positieve trip van te maken voor alle betrokkenen. Of je doel nu is om je organisatie terug op de rails te krijgen of om ze voor te bereiden op een nieuw tijdperk, veranderingsprogramma's zijn moeilijk te implementeren en vergen leiderschapsvaardigheden van alle managers in de organisatie. De batterijen van verandering bieden een raamwerk dat de rollen en verantwoordelijkheden van managers op alle niveaus van de organisatie verduidelijkt: top, midden en basis. De veranderingsuitdaging is om niet alleen de rationele batterijen van verandering te managen, maar ook om veel emotionele energie te injecteren in jouw organisatie zodat zowel managers als werknemers geëngageerd raken voor de koers van het bedrijf.

Organisaties slagen er niet in verandering te implementeren omdat ze het systematisch verwaarlozen om een of meerdere veranderingsbatterijen op te laden. Dit betekent initiatieven nemen om individuele batterijen van energie te voorzien. Het is evenwel even belangrijk om een goed zicht te hebben op de energiestatus van alle zes de veranderingsbatterijen en te diagnosticeren of je organisatie lijdt aan een specifieke veranderingspathologie. Je organisatie genezen impliceert veranderingsprogramma's ontwikkelen die uitgebalanceerd zijn en die flow creëren tussen de verschillende managementniveaus. We zijn ervan overtuigd dat dit boek jou van waardevolle inzichten voorziet om dit genezingsproces aan te pakken.

In de huidige turbulente omgeving moet de uitbouw van veranderingscapaciteiten een doorlopend proces zijn. De energieniveaus van je organisatie boosten is een voortdurend '*work in progress*'. Het KBC-verhaal illustreert dat je nooit klaar bent. Er zijn altijd wel nog batterijen die een extra oplaadbeurt kunnen gebruiken. Om je organisatie te laten drijven op verandering, moet je een veranderingsarchitectuur ontwerpen die alle energiebronnen systematisch met elkaar verbindt. Dit impliceert een *duidelijke bepaling van veranderingsdoelen en -principes, een doordachte planning* en *zorgzame ondersteuning*, maar even belangrijk, ook *leiderschapscoaching* en de *ontwikkeling van een stevig menselijk netwerk*. Deze vijf hoekstenen fungeren als bruggen tussen de batterijen. Ze veranderen de zes batterijen van verandering in een dynamisch energiesysteem van positief versterkende lussen.

We hopen dat we je geïnspireerd hebben om je veranderingstrip aan te vatten en de positieve energie in heel je organisatie te boosten. Veel succes!

Peter De Prins
Geert Letens
Kurt Verweire

Figuren

Figuur 1 • Nieuwe benaderingen van veranderingsmanagement 13
Figuur 2 • Bronnen van energieverlies bij verandering 17
Figuur 3 • Het model van de zes batterijen 19
Figuur 4 • De zes batterijen en hun ermee geassocieerde energietypes 22
Figuur 5 • Aantal opgeladen batterijen en veranderingssucces 29
Figuur 6 • Waarom je topteam-batterij leegloopt 40
Figuur 7 • Hoe succesvolle en onsuccesvolle hervormers scoren voor de topteam-batterij 41
Figuur 8 • De topteam-batterij opladen 43
Figuur 9 • Werken aan teamdisfuncties (Lencioni) 48
Figuur 10 • Van een lege naar een volledig opgeladen topteam-batterij 56
Figuur 11 • Waarom je strategiebatterij leeg is 69
Figuur 12 • Strategiescores voor succesvolle en onsuccesvolle hervormers 70
Figuur 13 • De vier essentiële strategische vragen waarop elk bedrijf een antwoord zou moeten zoeken 72
Figuur 14 • Verschillende strategiediscussies 77
Figuur 15 • Groeihorizons (Baghai, Coley en White, 1999) 85
Figuur 16 • Dubbele doelstelling/tweeledige organisatie (Govindarajan & Trimble, 2005) 86
Figuur 17 • Van een lege naar een volledig opgeladen strategiebatterij 88
Figuur 18 • Waarom je managementinfrastructuur-batterij leeg is 100
Figuur 19 • De managementinfrastructuur van succesvolle en onsuccesvolle hervormers 101
Figuur 20 • De bouwstenen van een krachtige managementinfrastructuur bepalen 102
Figuur 21 • Voorbeeld van een strategiekaart (Kaplan & Norton 2004) 105
Figuur 22 • Voorbeeld van een Kanban-bord voor het beheren van veranderingsinitiatieven, gebaseerd op Reiner Grau (2015) 108
Figuur 23 • Veranderingsprojecten en rollen 110
Figuur 24 • Van een lege naar een volledig opgeladen managementinfrastructuur-batterij 118
Figuur 25 • Waarom jouw cultuurbatterij leeg is 130
Figuur 26 • Hoe succesvolle en onsuccesvolle hervormers presteren voor de cultuurbatterij 131
Figuur 27 • Output van Barrett's Corporate Transformation Tool (Barrett 2006) 133
Figuur 28 • Quinn en Rohrbaughs Competing Values (Cameron & Quinn 2011) 135
Figuur 29 • Samenvatting: Van een lege naar een volledig opgeladen cultuurbatterij 150
Figuur 30 • Waarom jouw actieplanning en implementatie-batterij leeg is 160
Figuur 31 • Hoe succesvolle en onsuccesvolle hervormers scoren voor wat de actieplanning en implementatie-batterij betreft 161
Figuur 32 • Raamwerk om sleutelpunten voor verbetering aan te pakken 163
Figuur 33 • Lege versus opgeladen batterijen voor actieplanning en implementatie 177
Figuur 34 • Kübler-Ross verschuiving van de ervaring van verandering op de verschillende hiërarchische niveaus 186
Figuur 35 • Waarom jouw verbindingsbatterij leeg is 188
Figuur 36 • Verbindingsscores voor succesvolle en onsuccesvolle hervormers 189

Figuur 37 • Kleinere stappen genereren het grootste succes
– De band tussen het individu en de organisatie aanhalen 191
Figuur 38 • Het belang van organisatiestilte 202
Figuur 39 • Stabiliteitsmanagement:
Spreek over wat hetzelfde zal blijven en over wat anders zal zijn 203
Figuur 40 • Niet-Onderhandelbare Afspraken versus targets 205
Figuur 41 • Integratie van actieplanning en verbindingsinitiatieven 210
Figuur 42 • Van een lege naar een volledig opgeladen verbindingsbatterij 211
Figuur 43 • Top 10 van energievreters 216
Figuur 44 • Top 10 van energiebronnen 217
Figuur 45 • Pathologieën en veranderingseffectiviteit 219
Figuur 46 • De ijlende organisatie 220
Figuur 47 • De autistische organisatie 225
Figuur 48 • De chronisch zieke organisatie 230
Figuur 49 • De verlamde organisatie 234
Figuur 50 • De rol van context en geschiedenis in het bepalen van jouw veranderingsaanpak 235
Figuur 51 • De energieflow managen over de batterijen heen 242
Figuur 52 • De juiste toon zetten aan de top 244
Figuur 53 • Versterk de kern 246
Figuur 54 • Verandering leiden in de Gemba 251
Figuur 55 • TransMeth-model om verandering te leiden in de Gemba 254
Figuur 56 • Drie sleutelrollen in succesvolle verandering 257
Figuur 57 • Flow creëren bij verandering 259
Figuur 58 • Drie ambitieniveaus op het vlak van energie 272
Figuur 59 • De essentiële componenten van een veranderingsarchitectuur 274
Figuur 60 • Interne en externe veranderingsmanagementrollen 278
Figuur 61 • Klant 2020-programmastructuur 288
Figuur 62 • Levenscyclus van een Klant 2020-project 290
Figuur 63 • Energiestatus van KBC België in 2017 291

Eindnoten

1 Williams, R. (2012) "Tour de France 2012: Team Sky Master the Art of Tactics and Teamwork," The *Guardian*, https://www.theguardian.com/sport blog/2012/jul/20/tour-de-france-2012-team-sky, Website bezocht op 17 december 2016; Gale, R. (2014) "The Aggregation of Marginal Gains: What Can We Learn From the Sport of Cycling?," https://www.linkedin.com/pulse/20140702075656-16203190-the-aggregation-of-marginal-gains-what-can-we-learn-from-the-sport-of-cycling?articleId=8768046596212065254, Website bezocht op 17 december 2016.

2 Kotter, J.P. (2012) "Accelerate! How The Most Innovative Companies Capitalize on Today's Rapid-Fire Strategic Challenges – And Still Make Their Numbers," *Harvard Business Review*, November, 1-13.

3 Stanton Marris (2002) "Energising the Organization: Issue 01 – The Sources of Energy," http://www.stantonmarris.com/wp-content/uploads/2014/07/energising-the-organisation-issue-01-the-sources-of-energy.pdf, Website bezocht op 22 april 2017.

4 Schwartz, T. and Loehr, J. (2004) *The Power of Full Engagement: Managing Energy, Not Time, Is The Key to High Performance and Personal Renewal*, Reprint Edition, The Free Press, New York, NY.

5 Bruch, H. & Vogel, B. (2011) *Fully Charged: How Great Leaders Boost Their Organization's Energy and Ignite High Performance*, Harvard Business Review Press, Boston, MA.

6 Bruch, H. & Ghoshal, S. (2003) "Unleashing Organizational Energy," *MIT Sloan Management Review*, Fall, Vol. 45 (1), 44-51.

7 Bruch, H. & Vogel, B. (2011) *Fully Charged: How Great Leaders Boost Their Organization's Energy and Ignite High Performance*, Harvard Business Review Press, Boston, MA.

8 Dit is een exacte kopie van hoe we deze bronnen van energieverlies drie jaar geleden hadden gestructureerd. Met het verstrijken van de jaren hebben we enkele topics opnieuw geordend, gebaseerd op nieuwe inzichten. De essentie is echter om je hier de groepering van vele bronnen in zes clusters te illustreren.

9 Ibid., p. 14.

10 Haidt, J. (2006) *The Happiness Hypothesis: Finding Modern Truth in Ancient Wisdom*, Basic Books, New York, NY.

11 Rodgers, C. (2006) *Informal Coalitions: Mastering the Hidden Dynamics of Organizational Change*, Palgrave MacMillan, Houndmills, Basingstoke.

12 Aangepast van Land, M., Hex, N. & Bartlett, C. (2013) "Building and Aligning Energy for Change: A Review of Published and Grey Literature, Initial Concept Testing and Development," *NHS Final Report*, 1-58.

13 Fotheringham, W. (2013) "Tour de France: How Team Sky Climbed to the Top and Stayed There," https://www.theguardian.com/sport/2013/jul/21/tour-de-france-team-sky-froome, website bezocht op 20 december 2016.

14 Harrell, E. (2015) "How 1% Performance Improvements Led to Olympic Gold," *Harvard Business Review*, October, 1-5.

15 We gebruikten de volgende stelling om 'globaal veranderingssucces' te meten: "De implementatie van het veranderingsprogramma was succesvol". We namen ook drie effectiviteitsmaatstaven voor veranderingsprocessen op: (1) Het veranderingsprogramma werd geïmplementeerd binnen de voorziene tijdsperiode; (2) Het veranderingsprogramma bereikte de vooropgestelde prestatiewinsten; en (3) De resultaten van het veranderingsprogramma zijn duurzaam.
De indicatoren om de 'harde' prestaties te meten waren een gemiddelde van: (1) product- en dienstverleningsindicatoren; (2) operationele en interne procesindicatoren; (3) klantgebonden indicatoren; (4) financiële indicatoren; en (5) marktgerelateerde indicatoren.
De indicatoren voor de 'softe' prestaties waren gebaseerd op: (1) werknemersgebonden indicatoren; en (2) op leiderschap gebaseerde indicatoren. We gebruikten een zespuntenschaal (van 0 tot 5) om de verschillende scores van veranderingseffectiviteit te meten. Bedrijven met een gemiddelde score lager of gelijk aan 2 hadden een 'negatieve' veranderingseffectiviteit. Bedrijven met een score van 2 tot 3 werden als 'ietwat negatief' gelabeld. Bedrijven met een score tussen 3 en 3,75 kregen een 'ietwat positieve' score voor veranderingseffectiviteit. En bedrijven die gemiddelde scores van 3,75 of hoger lieten optekenen belandden in de 'positieve' categorie. De labels voor onze vragenlijst waren de volgende: 0 – Volledig oneens; 1 – Oneens; 2 – Eerder oneens; 3 – Eerder eens; 4 – Eens; 5 – Volledig eens.

16 Myatt, M. (2015) "Marissa Mayer: A Case Study in Poor Leadership," *Forbes*, artikel gepubliceerd op 20 november; Alden, J. (2015) "The Last Days of Marissa Mayer?", *Forbes*, December 14th; Bacon, D. (2016) "Lessons We Can Learn from CEO Marissa Mayer's Leadership at Yahoo". https://www.linkedin.com/pulse/lessons-we-can-learn-from-ceo-marissa-mayers-leadership-doug-bacon, Website bezocht op 29 augustus; Mattone, J. (2016) "Yahoo's Problem? A Massive Lack of Leadership at the Top," *Huffington Post*, March 28th.

17 Myatt, M. (2015) "Marissa Mayer: A Case Study in Poor Leadership," *Forbes*, artikel gepubliceerd op 20 november.

18 Ibid.

19 Myatt, M. (2015) "Marissa Mayer: A Case Study in Poor Leadership," *Forbes*, artikel gepubliceerd op 20 november.

20 McManus, P. (2014) "3 Types of Dysfunctional Teams and How To Fix Them," *Fast Company*, https://www.fastcompany.com/3033275/3-types-of-dysfunctional-teams-and-how-to-fix-them. Website bezocht op 26 augustus 2016.

21 Sull, D. (2009) *The Upside of Turbulence: Seizing Opportunity in an Uncertain World*, HarperCollins Publishers, New York, NY.

22 Casadesus-Masanell, R. (2014) "Setting Aspirations: Mission, Vision, and Values," *Core Curriculum in Strategy Reading*, Harvard Business Publishing, 1-30.
23 De respondenten van ons onderzoeksproject moesten op ongeveer vijftien vragen per batterij antwoorden. Deze vijftien vragen werden in vijf elementen per batterij gegroepeerd. We vroegen aan ten minste vier personen per bedrijf om de vragenlijst in te vullen. De scores liepen van 0 tot 5. Als de gemiddelde score tussen 0 en 2 lag, kreeg het bedrijf een 'negatieve' score. Als de score tussen 2 en 3 lag, gaven we de score 'laag negatief'. (Niet alle mensen waren het 'eerder eens'.) Als een bedrijf een score haalde tussen 3 en 3,75, kenden we een 'laag positieve' score toe. En bedrijven met een score van 3,75 of hoger kregen het label 'positief'.
24 David, S., & Congleton, C. (2013). Emotional agility. *Harvard Business Review, 91*(11), 125-128.
25 Ovans, A. (2015) "How Emotional Intelligence Became a Key Leadership Skill," *Harvard Business Review*, April, 2-5.
26 David, S. & Congleton, C. (2013) "Emotional Agility: How Effective Leaders Manage Their Negative Thoughts and Feelings," *Harvard Business Review*, November, 1-5.
27 Katzenbach, J.R. (1997) "The Myth of the Top Management Team", *Harvard Business Review*, November-December, 83-91.
28 "Band of Brothers" is een film die het verhaal vertelt van de Easy Company van de 101e Airborne Division van het Amerikaanse leger en hun missie in de Tweede Wereldoorlog in Europa, van Operation Overlord tot de dag van de overwinning op Japan (V-J Day) - http://www.imdb.com/title/tt0185906.
29 Walsh, D. (2016) "Five Strategies for Leading a High-Impact Team" (Article based on insights from Professor Leigh Thompson), *Kellogg Insight*, Kellogg School of Management, http://insight.kellogg.northwestern.edu/article/five-strategies-for-leading-a-high-impact-team, Website bezocht op 8 September 2016.
30 Lencioni, P. (2002) *The Five Dysfunctions of a Team: A Leadership Fable*, Jossey-Bass, San Francisco, CA.
31 De quote is gebaseerd op een persoonlijk interview met de directeur van een internationaal dierengezondheidsbedrijf.
32 Kirk, D. (1992) "World-Class Teams," *McKinsey Quarterly*, December, p. 5.
33 Verweire, K & Van den Berghe, L.A.A. (2006) "ING direct: Rebel in the banking industry", *Vlerick Business School Case Study*, 307-053-1, p. 1.
34 Black, J.S. & Gregersen, H. (2008) *It Starts with One: Changing Individuals Changes Organizations*, 2nd Edition, Pearson Education, Upper Saddle River, NJ.
35 Kotter, J.P. & Cohen, D.S. (2012) *The Heart of Change: Real-Life Stories of How People Change Their Organizations*, Harvard Business Review Press, Boston, MA.
36 Verweire, K., Kemperman, J., op 't Hoog, J., & Maas, P. (2016) "Interpolis: Becoming the Most Transparent and Trustworthy Insurance Company," *Vlerick Business School Case Study*, 316-0256-1, 1-16.
37 Montgomery, C.A. (1999) "Newell Company: Corporate Strategy," *Harvard Business School Case Study*, 9-799-139, 1-22; Harding, D. & Rovit, S. *(2004) Mastering the Merger: Four Critical Decisions that Make or Break the Deal*, Harvard Business School Press, Boston, MA.
38 Day, G.S. & Schoemaker, P.J.H. (2005) "Scanning the Periphery," *Harvard Business Review*, November, 135-48.
39 Leinwand, P., Mainardi, C. (2016) *Strategy That Works: How Winning Companies Close the Strategy-To-Execution Gap*, Harvard Business School Press, Boston, MA.
40 Martin, R.L. (2014) "The Big Lie of Strategic Planning," *Harvard Business Review*, January-February, 1-8.
41 Vermeulen, F. (2012) "So You Think You Have A Strategy," *London Business School Web Exclusive*, http://bsr.london.edu/lbs-article/629/index.html, Website bezocht op 20 maart 2012.
42 De respondenten van ons onderzoeksproject moesten op ongeveer vijftien vragen per batterij antwoorden. Deze vijftien vragen werden in vijf elementen per batterij gegroepeerd. We vroegen aan ten minste vier personen per bedrijf om de vragenlijst in te vullen. De scores liepen van 0 tot 5. Als de gemiddelde score tussen 0 en 2 lag, kreeg het bedrijf een 'negatieve' score. Als de score tussen 2 en 3 lag, gaven we de score 'laag negatief'. (Niet alle mensen waren het 'eerder eens'.) Als een bedrijf een score haalde tussen 3 en 3,75, kenden we een 'laag positieve' score toe. En bedrijven met een score van 3,75 of hoger kregen het label 'positief'.
43 Crawford, F. & Mathews, R. (2001) *The Myth of Excellence: Why Great Companies Never Try to Be the Best at Everything*, Crown Business, New York, NY.
44 *Product* verwijst naar de belangrijkste voordelen die een klant koopt; *prijs* betreft de kost van de goederen en diensten; *toegankelijkheid* beschrijft hoe gemakkelijk consumenten de goederen en diensten kunnen aanschaffen en gebruiken; *service* wordt gedefinieerd als alles wat een bedrijf extra doet voor zijn klanten voor, tijdens en na de aankoop; *verbondenheid* gaat over de kwaliteit van de relatie tussen klant en leverancier.
45 Pietersen, W. (2002) *Reinventing Strategy: Using Strategic Learning to Create & Sustain Breakthrough Performance*, John Wiley & Sons Inc., New York, NY.
46 Reeves, M., Haanaes, K. & Sinha, S. (2015) *Your Strategy Needs A Strategy: How to Choose and Execute the Right Approach*, Harvard Business School Press, Boston, MA.
47 Day, G.S. & Schoemaker, P.J.H. (2005) "Scanning the Periphery," *Harvard Business Review*, November, 135-48.
48 Debruyne, M. (2014) *Customer Innovation: Customer-centric Strategy For Enduring Growth*, Kogan Page Ltd., London.
49 O'Reilly III, C.A. & Tushman, M.L. (2016) *Lead And Disrupt: How To Solve The Innovator's Dilemma*, Stanford University Press, Stanford, CA.
50 Baghai, M., Coley, S. & White, D. (1999) *The Alchemy Of Growth: Practical Insights For Building the Enduring Enterprise*, Perseus Publishing & McKinsey & Company, New York, NY.
51 Hinssen, P. (2016) "How To Organize For The Day After Tomorrow – Remote Silo Innovation," http://www.forbes.com/sites/peterhinssen/2016/06/15/how-to-organize-for-the-day-after-tomorrow-remote-silo-innovation/#1f659a3b1617, Website bezocht op 22 februari 2017.

52 Govindarajan, V. & Trimble, C. (2005) *10 Rules for Strategic Innovators: From Idea to Execution*, Harvard Business School Press, Boston, MA.
53 Hinssen, P. (2016) "How To Organize For The Day After Tomorrow – Remote Silo Innovation," http://www.forbes.com/sites/peterhinssen/2016/06/15/how-to-organize-for-the-day-after-tomorrow-remote-silo-innovation/#1f659a3b1617, Website bezocht op 22 februari 2017.
54 Christensen, C.M. (1997) "We've Got Rhythm! Medtronic Corporation's Cardiac Pacemaker Business," *Harvard Business School Case Study*, 9-698-004, 1-18.
55 Herold, D.M. & Fedor, D.B. (2008) *Change the Way You Lead Change*, Stanford Business Books, Stanford, CA.
56 Black, J.S. & Gregersen, H. (2014) *It Starts with One: Changing Individuals Changes Organizations*, 3rd Edition, Pearson Education, Upper Saddle River, NJ, p. 86.
57 Christensen, C.M. (1997) "We've Got Rhythm! Medtronic Corporation's Cardiac Pacemaker Business," *Harvard Business School Case Study*, 9-698-004, 1-18.
58 Verweire, K. (2014) *Strategy Implementation*, Routledge Publications, Abingdon.
59 Kaplan, R.S. & Norton, D.P. (2004) "How Strategy Maps Frame an Organization's Objectives," *Financial Executive*, March/April, 40-45.
60 Kaplan, R.S. & Norton, D.P. (2004) *Strategy Maps: Converting Intangible Assets into Tangible Outcomes*, Harvard Business School Press, Boston, MA.
61 Grau, R. (2015) "The Life Cycle of an Initiative", Lean, Agile, Literature and Sport, http://rainergrau.blogspot.be/2015/06/the-life-cycle-of-initiative-step-4.html/, website bezocht op 30 oktober 2017.
62 Pyzdek, T., & Keller, P.A. (2014). *The six sigma handbook* (p. 25). New York: McGraw-Hill Education.
63 Radeka, K. (2012). *The mastery of innovation: a field guide to lean product development*. CRC Press.
64 Liker, J.K. (2004). *The Toyota Way*, Esensi.
65 Nonaka, I. & Takeuchi, H. (1995) *The Knowledge-Creating Company: How Japanese Companies Create the Dynamics of Innovation*, Oxford University Press, New York, NY.
66 Nonaka, I. & Takeuchi, H. (1995) *The Knowledge-Creating Company: How Japanese Companies Create the Dynamics of Innovation*, Oxford University Press, New York, NY.
67 Kniberg, H. & Ivarsson, A. (2012) "Scaling Agile @ Spotify," Crisp Consulting Blog, https://ucvox.files.wordpress.com/2012/11/113617905-scaling-agile-spotify-11.pdf, Bezocht op 31 maart 2017.
68 Huy, Q. (2015) "Who Killed Nokia? Nokia Did?", Insead Knowledge, Article posted September 22nd http://knowledge.insead.edu/strategy/who-killed-nokia-nokia-did-4268, Website bezocht op 31 augustus 2016.
69 Vuori, T.O. & Huy, Q.N. (2015) "Distributed Attention and Shared Emotions in the Innovation Process: How Nokia Lost the Smartphone Battle," *Administrative Science Quarterly*, 1-43.
70 Er kwam dit jaar juist een film uit (2017).
71 Schein, E.H. (2010) *Organizational Culture and Leadership* (4th Edition), John Wiley & Sons, San Francisco, CA.
72 Ibid.
73 Sackmann, S. A. (2011) "Culture and performance," in N. Ashkanasy, C. Wilderom, & M. Peterson (Eds.), *The handbook of organizational culture and climate*, 2nd Ed., p. 188-224, Sage Publications, Thousand Oaks, CA.
74 Tushman, M.L. & O'Reilly, C.A. (1997) *Winning Through Innovation: A Practical Guide to Leading Organizational Change and Renewal*, Harvard Business School Press, Boston, MA, p. 10.
75 Parr, S. (2014) "Culture Eats Strategy for Lunch," Blog gepubliceerd op 21 juli, http://bulldogdrummond.com/blog/culture-eats-strategy-for-lunch, Website bezocht op 24 oktober 2016.
76 Thompson, A.A. Jr, Strickland, A.J. III & Gamble, J.E. (2008) *Crafting & Executing Strategy: The Quest for Competitive Advantage – Concepts and Cases*, 16th Edition, McGraw-Hill/Irwin, New York, NY.
77 Katzenbach, J., Oelschlegel, C. & Thomas, J. (2016) "10 Principles of Organizational Culture," *strategy+business*, No. 82, Spring, 1-7.
78 Sumantra Ghoshal, London Business School, http://downloads.bbc.co.uk/worldservice/learningenglish/handy/ghoshal.pdf.
79 Katzenbach, J., Oelschlegel, C. & Thomas, J. (2016) "10 Principles of Organizational Culture," *strategy+business*, No. 82, Spring, 1-7; Katzenbach, J., Steffen, I. & Kronley, C. (2012) "Cultural Change That Sticks," *Harvard Business Review*, July-August, 1-9; PWC (2014) "A Perspective on Organizational Culture," *Strategy& Website*, http://www.strategyand.pwc.com/media/file/Strategyand-Perspective-on-Organizational-Culture.pdf, Website bezocht op 25 oktober 2016.
80 Barrett, R. (2006) *Building a Values-Driven Organization: A Whole Systems Approach to Cultural Transformation*, Butterworth-Heinemann, Burlington, MA, p. 38.
81 Cameron, K.S. & Quinn, R.E. (2011) *Diagnosing and Changing Organizational Culture – Based on the Competing Values Framework*, 3rd Edition, Jossey-Bass, San Francisco, CA.
82 Black, J.S. & Gregersen, H.B. (2008) *It Starts With One: Changing Individuals Changes Organizations*, Pearson Education, Inc., Upper Saddle River, New Jersey.
83 Heath, C. & Heath, D. (2010) *Switch: How To Change Things When Change Is Hard*, Random House Inc., New York, NY.
84 Denison, D. & Nieminen, L. (2014) "Habits as Change Levers," *People & Strategy*, Vol. 37 (1), 23-27.
85 Katzenbach, J., Steffen, I. & Kronley, C. (2012) "Cultural Change That Sticks," *Harvard Business Review*, July-August, 1-9, p. 8.
86 Thompson, A.A., Strickland, A.J. & Gamble, J.E. (2008) *Crafting and Executing Strategy: The Quest for Competitive Advantage: Text and Readings*, 16th Edition, McGraw-Hill, London.
87 Bulygo, Z. (2013) "Tony Hsieh, Zappos, and the Art of Great Company Culture," Kissmetrics Blog https://blog.kissmetrics.com/zappos-art-of-culture/, Website bezocht op 7 april 2017.
88 Beinhocker, E.D. (2006) "The Adaptable Corporation," *McKinsey Quarterly*, Number 2, 76-87.
89 Bock, L. (2015). *Work rules!: Insights from inside Google that will transform how you live and lead*. Hachette UK.
90 Bedrijven wier winstgevendheid schommelde tussen minder goed en beter ten opzichte van het sectorgemiddelde.
91 Williams, T., Worley, C.G. & Lawler, E.E. (2013) "The Agility Factor," strategy+business, http://www.strategy-business.com/article/00188?gko=6a0ba, Website bezocht op 8 november 2016, p. 5.
92 Deschamps, J.-P. (2008) *Innovation Leaders: How Senior Executives Stimulate, Steer, and Sustain Innovation*, John Wiley & Sons, Chicester, UK.

93 Horovitz, J. (2013) "Managing By Values To Create A Customer-Centric Organization," *Harvard Business Manager*, December, 1-7.
94 Verweire, K. (2014) *Strategy Implementation*, Routledge, Abingdon, UK, p. 271.
95 Horovitz, J. (2013) "Managing By Values To Create A Customer-Centric Organization," *Harvard Business Manager*, December, 1-7.
96 Scott, J. (1999) "The FoxMeyer Drugs' Bankruptcy: Was it a Failure of ERP?", *AMCIS 1999 Proceedings, Vol. 80, 3-222-25.*
97 Sinek, S. (2011) *Start With Why: How Great Leaders Inspire Everyone To Take Action*, Penguin, London.
98 Sobek II, D.K., & Smalley, A. (2011). *Understanding A3 thinking: a critical component of Toyota's PDCA management system.* CRC Press.
99 "Een Kaizen evenement is een gefocust en gestructureerd verbeteringsproject dat een functieoverschrijdend team inzet om een welbepaald werkveld met specifieke doelen aan te pakken binnen een versneld tijdsframe." - Van Aken, E.M., Farris, J.A., Glover, W.J., & Letens, G. (2010). "A framework for designing, managing, and improving Kaizen event programs." *International Journal of Productivity and Performance Management*, 59(7), 641-667.
100 Een scrum is een team van acht personen bij rugby. SCRUM software-ontwikkelingsteams gebruiken deze analogie om kleine teams te creëren van sterk geïntegreerde teamleden. Ze focussen op de creatie van bruikbare afgewerkte producten binnen een korte sprint van een tot vier weken. "Een sprint is een ontwikkeling binnen een timebox, wat betekent dat de einddatum van een sprint niet kan veranderen. Het team kan de afgeleverde functionaliteit wel verminderen tijdens de sprint, maar de opleverdatum kan niet veranderen." Rising, L., & Janoff, N. S. (2000). The Scrum software development process for small teams. *IEEE software*, 17(4), 26-32.
101 Masaaki, I. (1997). Gemba kaizen: een algemeen aanvaarde lagenkosten bedadering van management.
102 Liker, J.K. (2004). *The Toyota Way*, Esensi.
103 Krackhardt, D., Heckscher, C., & Donnellon, A. (2003). Constraints on the interactive organization as an ideal type. *Networks in the Knowledge Economy. Oxford University Press*, Oxford, 324-335.
104 Tuckman, B. W. (1965). "Developmental sequence in small groups". *Psychological bulletin*, 63(6), 384.
105 Agile is een software-ontwikkelingsmethodologie die bepaald wordt door het Agile Manifesto van Kent Beck et al. Belangrijke kenmerken zijn dat het mensgericht is, waarbij technologie en instrumenten een secundaire rol krijgen. Ze legt de nadruk bij een nauwe samenwerking met de klant en snel en herhalend empirisch ondervinden/leren. Fowler, M., & Highsmith, J. (2001). The agile manifesto. *Software Development*, 9(8), 28-35.
106 Keenan, P., Powell, K., Kurstjens, H., Shanahan, M., Lewis, M. & Bursetti, M. (2012) "How ING Bank Took Change to Heart", *BCG Perspectives*, https://www.bcgperspectives.com/content/articles/change_management_transformation_how_ing_bank_took_change_to_heart/, Website bezocht op 30 april 2017.
107 Hiatt, J.M. & Creasey, T.J. (2012) *Change Management: The People Side of Change*, Prosci Inc., Loveland, CO.
108 Kotter, J.P. & Cohen, D.S. (2002) *The Heart of Change*, Harvard Business School Publishing, Boston, MA.
109 Black, J.S. & Gregersen, H. (2014) *It Starts with One: Changing Individuals Changes Organizations*, 3rd Edition, Pearson Education, Upper Saddle River, NJ.
110 Maister, D.H., Green, C.H. & Galford, R.M. (2000) *The Trusted Advisor*, The Free Press, New York, NY.
111 Nunes, J. & Dreze, X. (2006) "The Endowed Progress Effect: How Artificial Advancement Increases Effort," *Journal of Consumer Research*, Vol. 32, March, 504-12.
112 Changefirst (2010) *Our Change Management Methodology Overview: How Changefirst Helps You Implement Change*, Changefirst Ltd. Publication, 1-19.
113 *Motivation and Employee Engagement in the 21st Century: A Survey of Management Views* (2009), Viki Holton, Fiona Dent and Jan Rabbetts.
114 Verweire, K. (2015) "Zenith Animal Health Denmark: Creating *'love affairs'* with customers," *Unpublished Vlerick Business School case study, 1-13.* De naam en land van herkomst van dit bedrijf zijn veranderend op vraag van het managementteam.
115 Beer, M. & Nohria, N. (Eds.) *Breaking the Code of Change*, Harvard Business School Press, Boston, MA.
116 Birkinshaw, J. & Gibson, C. (2004) "Building Ambidexterity Into An Organization," *MIT Sloan Management Review*, Summer, 47-55.
117 Cagna, A.-M. & Galunic, C. (2008) "Leadership, culture Change, and Transformation at AVIVA: Norwich Union Insurance – Case A & Case B," *Insead Case studies*, 408-034-1 and 408-035-1.
118 Ibid. Case B, p. 12.
119 Verweire, K., Kemperman, J., Op 't Hoog, J. & Maas, P. (2016) "Interpolis: Becoming the Most Transparent and Trustworthy Insurance Company," *Vlerick Business School Case Study*, 316-0256-1, 1-15.
120 Herold, D.M. & Fedor, D.B. (2008) *Change The Way You Lead Change: Leadership Strategies That Really Work*, Stanford Business Books, Stanford, CA.
121 McNulty, E.J., Foote, N. & Wilson, D. (2017) "Management Lessons from One Hospital's Dramatic Turnaround," *strategy+business*, Article published March 13th, Website bezocht op 11 April 2017.
122 Masaaki, I. (1997). Gemba kaizen: a commonsense low-cost approach to management.
123 Van Aken, E.M., Van Goubergen, D. & Letens, G. (2003) "Integrated Enterprise Transformation: Case Application in Engineering Project Work in the Belgian Armed Forces," *Engineering Management Journal*, Vol. 15 (2), 3-16.
124 Kotter, J. P. (2008). *A sense of urgency*. Harvard Business Press.
125 Basford, T., Schaninger, B. & Viruleg, E. (2015) "The Science of Organizational Transformations," *McKinsey Research Report*, 1-8.
126 Ackerman Anderson, L. & Anderson, D. (2010) *The Change Leader's Roadmap: How to Navigate Your Organization's Transformation*, 2nd Edition, Pfeiffer, San Francisco, CA.
127 ChangeFirst (2010) "Our Change Management Methodology Overview," *ChangeFirst White Paper*, ChangeFirst Ltd.
128 Basford, T., Schaninger, B. & Viruleg, E. (2015) "The Science of Organizational Transformations," *McKinsey Research Report*, 1-8.
129 Shapiro, S.M (2011) *Best Practices Are Stupid: 40 Ways to Out-Innovate The Competition*, Portfolio/Penguin, New York, NY.

Quotes

"In dit tijdperk van digitalisering worden de culturele en leidinggevende paradigma's, die verkregen worden door opleiding en jarenlange werkervaring, hard uitgedaagd.

Managers worden geconfronteerd met het gebrek aan effectiviteit van de traditionele managementmodellen in de nieuwe digitale omgeving. Ze worden wanhopig achtergelaten omdat er weinig levensvatbare alternatieven voor handen zijn.

In *Six Batteries of Change* slagen de auteurs erin de delicate balans tussen culturele aspecten van verandering en de resterende behoefte aan richting en structuur te vatten, wat nog steeds kenmerkend is voor elke succesvolle veranderings- en go-to-marketstrategie."

JOHAN THIJS | CEO van KBC Group NV

"Ik heb lang gewacht op de publicatie van een boek als *Six Batteries of Change* en raad het van harte aan. Er zijn veel boeken met modellen voor organisatieverandering, maar dit is verfrissend en gebaseerd op grondig onderzoek.

Six Batteries of Change is vlot geschreven, met stap-voor-stapinstructies en nuttige illustraties en voorbeelden. Dit is het geknipte handboek om veranderingen in jouw organisatie succesvol door te voeren. Begin nu aan je reis!"

KIM LASCOLA NEEDY | Decaan van de Graduate School en International Education aan de University of Arkansas

"Het verschil tussen *Six Batteries of Change* en de meeste andere boeken over verandering, is de reallife ervaring van de auteurs. Maar de echte knock-out is het volgende: wanneer je dit boek uitgelezen hebt, is het moeilijk om je niet af te vragen hoe het komt dat het niet eerder geschreven werd. Laad je batterijen volledig op!"

KOEN HOFFMAN | CEO bij Values Square (en voormalig CEO van KBC Securities)

"*Six Batteries of Change* biedt geweldige nieuwe inzichten over veranderingsmanagement.
Een aanrader voor leiders die op zoek zijn naar een veranderingsboost in hun organisatie."
JEROEN DE FLANDER | Auteur van *Strategy Execution Heroes* en *The Execution Shortcut*

"Het finetunen van de energiebronnen uit *Six Batteries of Change*, biedt een sterke basis die leidt tot praktische toepassingen die je fel vooruithelpen. Springt eruit tussen alle anderen!"
JEFFREY K. LIKER | Auteur van *The Toyota Way*

"Dit boek toont hoe je je organisatie van energie kunt voorzien, via zes principes die maar al te vaak worden genegeerd door CEO's die vastzitten in de verouderde *command-and-control*-stijl van leiderschap. Als je succesvol wilt zijn in het leiden van verandering, dan is dit het boek voor jou."
MICHAEL BEER | Emeritus hoogleraar aan Harvard Business School

"Dit boek brengt de 'harde' en 'zachte' kant van verandering samen in één kader met een ongelooflijke intuïtieve aantrekkingskracht. Elke leider die zijn of haar organisatie wil transformeren, vindt er onmiddellijk toepasbare inzichten in."
MARION DEBRUYNE | Decaan van Vlerick Business School